PowerPoint!让教学更精彩：

全彩

PPT课件高效制作（第3版）

孙方 著

電子工業出版社
Publishing House of Electronics Industry
北京•BEIJING

内 容 简 介

本书从教学设计的角度对课件及课件制作相关理论进行了梳理，从课件功能实现方法到 PowerPoint 软件应用技巧进行了系统的剖析，结合课件实际案例阐述了各种类型课件的设计思路，开发策略，以及实现方法，并提出了一整套利用 PowerPoint 高效制作课件的流程与策略。

本书适合大学、中学、小学及职业学校的教师，以及在线师范生。

图书在版编目（CIP）数据

PowerPoint！让教学更精彩：PPT 课件高效制作 / 孙方著. —3 版. —北京：电子工业出版社，2015.7
ISBN 978-7-121-26557-0

Ⅰ. ①P… Ⅱ. ①孙… Ⅲ. ①多媒体课件－图形软件 Ⅳ. ①G434

中国版本图书馆 CIP 数据核字(2015)第 151457 号

策划编辑：张慧敏
责任编辑：王　静
印　　刷：中国电影出版社印刷厂
装　　订：中国电影出版社印刷厂
出版发行：电子工业出版社
　　　　　北京市海淀区万寿路 173 信箱　邮编 100036
开　　本：787×980　1/16　印张：21.25　字数：434 千字
版　　次：2011 年 6 月第 1 版
　　　　　2015 年 7 月第 3 版
印　　次：2024 年 9 月第 27 次印刷
定　　价：69.00 元

凡所购买电子工业出版社图书有缺损问题，请向购买书店调换。若书店售缺，请与本社发行部联系，联系及邮购电话：（010）88254888，88258888。

质量投诉请发邮件至 zlts@phei.com.cn，盗版侵权举报请发邮件至 dbqq@phei.com.cn。

本书咨询联系方式：010-51260888-819，faq@phei.com.cn。

第3版序言

近两年PPT课件制作出现了一些新的变化，PowerPoint 2010得到越来越多人的认可和接受，PowerPoint 2013也开始进入更多人的视野。微课的出现改变了人们对数字资源（课件）和在线教学的看法，越来越多的人开始尝试以PPT为主要手段设计制作微课，课件的形式出现了很大的变化，一些课件设计的方法也在改进。

另外我在课件制作培训中也制作、积累收集了一些新的案例和资源，特别为书中一些特别的案例，提供了一些视频操作演示，对配套的下载文件资料也进行了更新和充实。

本次改版主要修订的内容包括以下几方面。

1. 对书中的一些案例的实现方法进行了更新，增加了一些利用PPT进行知识加工的案例。

2. 重新梳理了PPT课件制作和应用的辅助工具和网络学习资源。

3. 按微课设计的理念录制了一些重要的知识点和案例的视频，并增加了利用PPT制作微课一节内容。

4. 强化了视频录制与剪辑工具介绍，特别介绍了Faststone Capture在PPT视频转换中的使用，以及在PPT中实现视频内容点播的方法。

5. 增加了2014年、2015年进行课件制作培训中设计制作的资料。

特别感谢黑龙江省虎林市八五四农场学校郭立英老师参与本书改版工作，并提供了一些学科PPT课件案例。

孙　方

2015年4月20日

修订版序言

自本书第一版至今已近两年，期间我的心情一直非常忐忑，希望这本书能为喜欢课件制作的朋友提供些许帮助，也希望自己不会被读者骂得太厉害。同时也觉得自己很幸运，这本书得到了大部分读者的认可，并反馈了书中的一些问题，提供了很多建议。借本书修订版的机会，一并解决读者反馈的问题。

1. 关于书中配套资源下载问题

在编写本书时考虑到书中的内容与资料可以通过网络持续更新并且可以减少读者的购书成本，因而没有考虑制作资料光盘，而是通过在线学习网站提供配套素材与资料更新。本书配套下载文件内容主要包括本书案例、课件制作素材、图书宣传片及作者自我介绍PPT等。教师教学用的PPT讲稿、优秀PPT课件范例，以及更多新内容会继续通过网站提供下载服务，并继续提供免费的网上学习社区以实时与读者保持交流与沟通。

2. 关于相关案例缺乏具体详细的制作步骤问题的解决

我一直认为不管是教师还是师范生都是有一定课件制作基础的，不论是在大学中的计算机基础课程还是在职教育的一些应用软件培训中都可能接触过PPT制作软件，而且现在软件操作界面设计越来越直观，所以本书的重点并没有放在课件制作实现的操作步骤上，我认为掌握制作一个案例的详细过程是没有意义的，比如要制作一个按钮：从什么菜单，选择一个什么样的工具（矩形），设置线条什么颜色，填充什么颜色，在什么位置画一个长多少厘米，高多少厘米的矩形，然后选择文本框，输入什么文字，文字的颜色是什么，字号是什么，字体是什么……记住这些机械的操作过程就学会按钮的制作了吗？制作按钮有那么多种方法，为什么非要按照这种一成不变的步骤来学习呢？因此本书强调是一种设计思路和实现的方法，这些操作步骤读者完全可以自己总结出来，这样更容易让读者养成举一反三和思考的习惯，而不是机械地去记忆软件操作过程。在本书配套的下载文件中为读者准备了相应案例的支持和扩展PPT范例，练习实践后是能掌握这些方法的。

如果的确在操作PowerPoint上有困难，可以从www.etthink.com下载相关的PPT视频教程看一看。相信自己，所谓的视频教程和提供详细的操作步骤并不是学习软件最好的方法。尝试去做，才是最有效的，过于详细的和具体的操作只会妨碍你的思考和知识的灵活运用。

3. 从关注技术到关注教学问题解决的转变

技术是解决问题的一种方法或途径，是解决问题的基础。课件也一样，它为解决教学问题提供了一种策略、一种新方法，但教师需要关注的中心与重点仍然是教学问题。所以本书组织的线索与框架虽然是以课件为主，但探讨这些技术时皆是和具体教学问题紧密联系的，所以读者在学习过程中无须强迫自己要学习什么样的动画制作、什么样的配色技巧，而是养成从教学问题的解决来思考，这样在学习制作课件过程中就会更有目的性与针对性。

感谢大家对本书的关注与支持，我一直热爱PPT、热爱学习资源设计与制作，希望有机会与大家共同学习、共同前行！

孙　方

2012年11月5日

推荐序

早在三五年前，我就注意到一位活跃的教育技术爱好者孙方老师，他的网站名称叫“且行资源”（www.qiexing.com），上面有许多优秀的PPT课件、丰富的教学资源、教育技术方面的文章，还有各种新的实用的技术介绍。不久前，电子工业出版社的编辑告诉我，孙方老师新近出版了《PowerPoint！让教学更精彩：PPT课件高效制作》一书，希望我能够为这本书撰写序言，我高兴地答应了。

近年来，我看过电化教育杂志上曾经发表了几篇研究一线教师使用信息技术的调查报告，根据调查统计，教师使用最多的信息技术是上网浏览和收集信息资料，其次是使用Word，再次是使用PPT设计和演示教学课件。PPT作为与教学最密切的技术支持工具，已经成为新时代教师必须掌握的基本教学技能。从20世纪90年代以来，在教育部和各地教育行政部门的努力下，全国各省市组织实施了大规模的教师教育技术能力培训，大多数教师都初步掌握了用PPT设计教学课件的技能。现在，如果你去问身边的教师会用PPT吗？大家几乎都会不假思考地回答，都什么时代了，谁还不会使用PPT？

我参加过各地一些报告会和学校的公开课，发现许多教师在教学中演示自己设计的PPT仅仅是将Word中的文字简单复制到PPT中，没有充分发挥PPT的教学演示和辅助功能，还停留在学会使用PPT的初步入门阶段，需要进一步提高自己的PPT设计和使用的技能。要知道，一个设计优秀、符合教学规律的PPT课件，能够有效地辅助教师进行教学，吸引学生的注意力，帮助学生理解基本概念，深刻领会教师在教学中传达的“知、情、意”。

孙方老师编写的《PowerPoint！让教学更精彩：PPT课件高效制作》一书，从PPT课件设计的基本原理到设计PPT课件需要掌握的各种技能、PPT艺术设计的技巧等各个方面，进行全面系统的介绍，并通过具体的案例，帮助读者在“做中学”，提高设计制作PPT的综合素养。该书内容丰富、技术实用，我看后又学会了许多过去不知道的PPT课件设计技能，感觉受益匪浅。感谢电子工业出版社的编辑，为广大教师编辑出版了提高教学PPT设计技能的一系列丛书，这对于提高广大一线教师的现代教育技术能力很有帮助。

黎加厚

（教育部全国教师教育信息化专家委员会委员

上海师范大学数理学院教育技术系教授）

2011年5月31日

前　言

如果你是一名老师或是一名在校的师范生，一定遇到过下面这些情形：

你被要求制作一个课件，说是“被要求”，是因为你有很多的不情愿，却不得不做；你很想参加学校、省市、国家的课件比赛，却总是担心自己做得不够好。

很多教师因为这样或那样的原因，不得不学习一些课件制作与课件使用知识。但大多数的人，并没有从课件学习中得到快乐，从初始的兴趣激昂，满怀憧憬到最后的不堪其烦，直到放弃，你也许会有以下感受。

1. 使用课件太麻烦了，还不如用粉笔黑板的效果好！

2. 做课件太占用时间了，每天自己上课，批改作业，哪还有时间来折腾课件呢！

3. 看着别人做的课件都很好，自己做的课件怎么就做不好呢？还是请别人替我做吧！

4. 这是从网上下载的课件，与我设想的教学内容并不相同，没办法用呀！

是的，看着那枯燥乏味，难以理解的课件理论与烦琐的软件操作手册，有谁能不心生厌烦？

另外还有一种现象，一些教师在日常教学中不使用课件，教学效果也非常不错，偶尔使用课件却并没有带来所期望的效果。

为什么还要用课件呢？

课件只是用来克服你走上讲台的紧张心理吗?

课件只是用来展示教学内容的吗?

你并不是不需要课件，也不是不需要去学习课件制作技术，你需要的是以下一些内容。

1．正确地认识课件，让课件能发挥正确的作用。

2．一种快速高效的课件制作方法。

3．建立自己的课件素材资源库，在需要的时候快速找到它们。

4．将自己的教学思想与流程转换成课件的形式。

以上这些正是本书的目标。我们尝试将教学内容、课件实现与制作工具的功能合而为一，我们选择了PowerPoint这一耳熟能详的软件，让大家从课件的视角解读PowerPoint，让PowerPoint带大家走上高效课件制作之路。

本书并不是一本软件操作指南或是课件制作步骤的说明书，更多的是告诉你解决课件制作中问题的思路和方法。本书强调的是利用PowerPoint实现课件功能的思路与方法，这些思路与方法适合于PowerPoint 2003、PowerPoint 2007及PowerPoint 2010等不同的版本。

本书读者可以免费参加在线的PowerPoint课件制作教程学习。

本书培训平台地址：http://www.etthin.com，使用QQ号码可以直接登录。

在书稿的写作过程中，我得到了许多网络上认识和不认识的网友：北方、洛阳阿笑、BNULEO、蝇子、王伟、情意阿英、亚选、阿呆、儒道佛……以及老师：彭飞、王刚、王海波、朱永海、徐方、王辉……的大力支持和帮助，在此表示感谢。

另外在本书的写作过程中借鉴了大量网上的教程、案例与课件，在此向作者们表示感谢，如果感觉阅读中有问题，也请联系我，以便及时更改。

开始吧，让PowerPoint把你头脑中的教学想法展现出来!

孙 方

2011年5月10日

目　录

第1章

课件理论

只有正确认识了课件，才能做出能解决实际教学问题的课件。本章从内容加工、教学问题解决方面阐述了课件特点和功能。在了解课件的评价标准和课件作品分析基础上总结了课件设计制作过程中常见的问题与误区，在以后的课件制作实践中应当避免这些问题。

1.1 什么是课件

今天的学校教学设施与往日已有大不同，校校通、班班通、堂堂用等信息化工程的实施，使多媒体、电子白板已经是寻常物。受信息化教学的影响，教师被要求和鼓励使用课件等一些信息化的教学手段进行教学。“课件”是什么呢？是用多媒体给学生播放的“视频”或者是展示在投影板上的PPT吗？它有用吗？

与课件类似的还有很多专业术语：如CAI（Computer Assisted Instruction）、教学软件、电子教材、多媒体课件、多媒体CAI、计算机辅助教学、网络多媒体课件等，如图1-1所示。

图1-1

每个人对“课件”的理解都不同，至少有五种关于“课件”的定义：有人认为课件是一种软件，与其他软件不同的地方在于它是为实现特定的教学目标而设计的；有人认为课件是一种教材的形式；有人认为课件是一种应用程序；有人认为课件是讲稿；还有人认为用于教学的电子信息和数据就是课件等。

所有这些对课件功能的描述，或是对课件形式的解释，都忽视了课件的本质。课件的本质其实是一种借助数字化资源解决教学问题的方法与工具，它有以下两点特征：

1．数字化（形式上与传统的印刷学习材料不同）。

2．能够解决特定的教学问题（为什么课件能够解决教学问题呢？具体见教教学设计一章）。

下面通过8个实例来看一看课件的本质。

实例1：“认知结构”的教学课件

“认知结构”是认知学习理论中的一个核心概念，是“图式”的另一种说法，但不管是“认知结构”还是“图式”，初学者理解起来都比较困难，虽然可以想象每个人的大脑中都有一个自己所理解的“认知结构”，但它并不存在。那么如何向学生讲解这个概念呢？

可以考虑使用模型图表述，使“认知结构”这个概念形象化，并制作动画使学习者在接受新的知识点时引起“认知结构”变化（也就是模型之间连线的变化）。

将模型图用动画软件工具制作出来，如图1-2所示，这种结果本质上是教学设计与思想的体现。但如果仅仅是把“认识结构”的文字概念按教材上所写的输入到计算机中，就不能称之为课件。

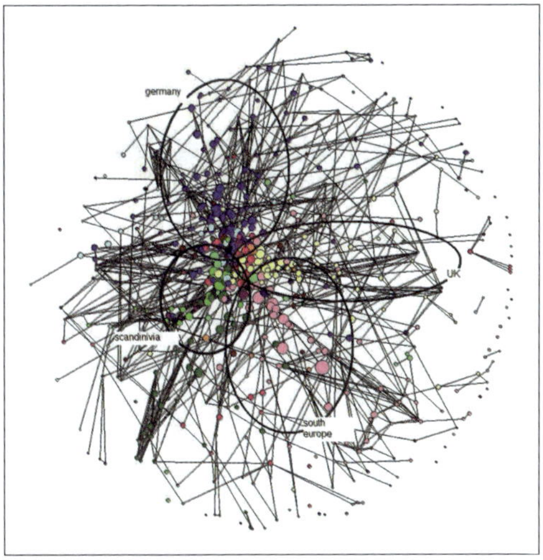

图1-2

因此，制作课件的大致流程为：确定要解决的教学问题（目标）→选择内容→教学方法/方式设计→用软件工具实现。

实例2：《鹅》的教学课件

在教授《鹅》这首诗的时候，为了让学生较好地理解诗歌中描述的鹅的形象与意境，可以考虑为学生创设一个真实或近似真实的情境：提供一些相关的图片、动画或视频等。

如图1-3所示，单纯的一幅图片，不能称之为课件，它充其量就是一幅图片素材。如果这幅图片是教师设计出来用于解决特定教学问题的，才能称之为课件。

实例3：《荷塘月色》的教学课件

在教授朱自清的《荷塘月色》这篇文章时，为了能让学生更好地理解课文内容，教师可以把作者的行程归纳出来。作者行走的路线有很多种表示方法，如果用软件工具实现出来，则这些内容就是课件或课件的一部分，如图1-4所示。

图1-3

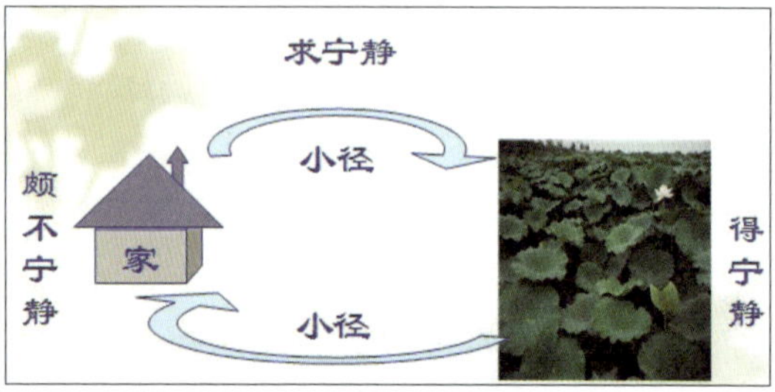

图1-4

课件是教学内容的另一种呈现方式，但不是课本内容的复制，而是教学内容的设计与加工。选择恰当的方式呈现教学相关内容，是使用课件的优势之一，是课件与其他教学材料的不同之处，也是课件的精华与特色之处。

实例4：甲烷的分子结构

在物理或化学等课程教学中，有大量的物理现象与化学现象是没有办法直接观察的，有一些物质结构也是看不到的，学生理解起来有困难。进行这些内容的教学时，教学设计最大的任务就是将这些内容更直观地展示出来！

如图1-5所示，用小球表现物质的分子结构是不是更直观？如果能实现模型的旋转，效果会更好！

课件制作就是要将你的想法更好地实现。

实例5：钠与水进行反应的教学课件

如图1-6所示是设计的钠与水进行反应的实验，学生可以通过课件了解实验流程和其中关键注意事项，以及实验现象。

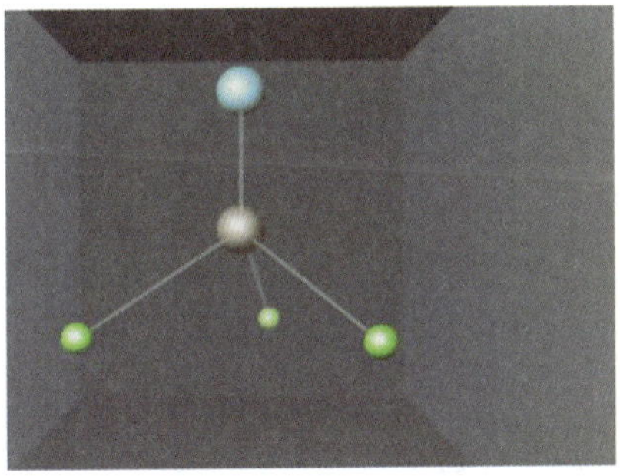

图1-5

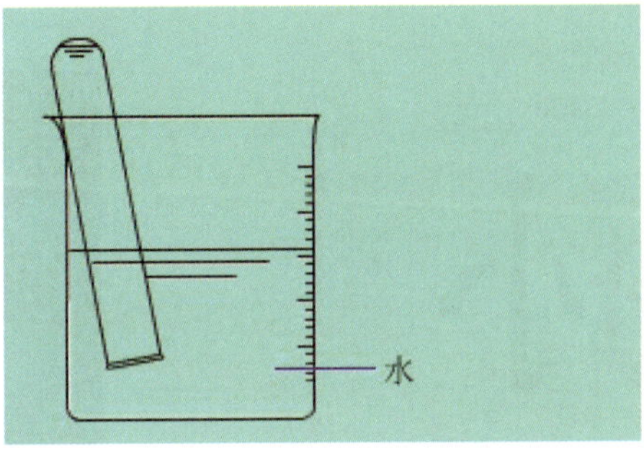

图1-6

实例6：四则运算课件——速算24游戏

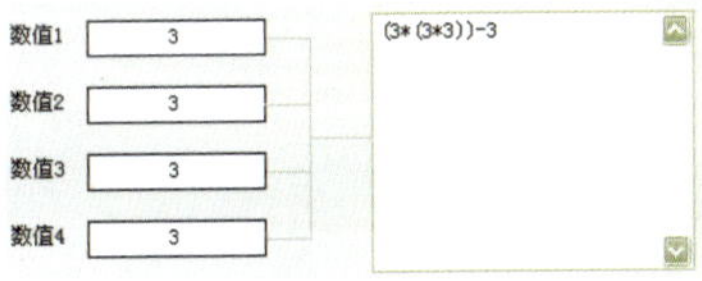

图1-7

在数学四则运算的教学中，为了提高学生的学习兴趣，巩固学生对四则运算规则的应用，可以设计一个“速算24”的游戏，如图1-7所示，虽然它是一个游戏，但也是课件。使用计算机可以随机生成数字，快速地将内容呈现出来，生成的题目更客观。

实例7：识字教学课件

在低年级的语文教学中，识字是重要的内容，一般要求儿童能按标准的书写过程书写汉字，用规范的读音朗读汉字，可以借助软件工具设计一个可以提供标准读音的识字动画。

如图1-8所示，这个设计不仅解决了写字笔画规范的问题，也提供了标准的读音，更重要的是，这个课件不单可以作为教师演示、呈现教学内容的工具，学生也完全可以利用它来学习识字内容。这种课件可以用于教师辅助演示与学生自主学习。

实例8：色与光的教学课件

课件是教学设计思想的体现，课件传播的过程同时也是教学内容传播的过程。借助课件，教师可以学习其他人的教学设计思想，以及这种思想与过程的实现方法，作为学习者可以从中获取自己需要的知识。

如图1-9所示，这是一个关于色彩理论的教学课件，可以在课堂教学中使用，也可以放在网络上供更多的学习者在线学习。

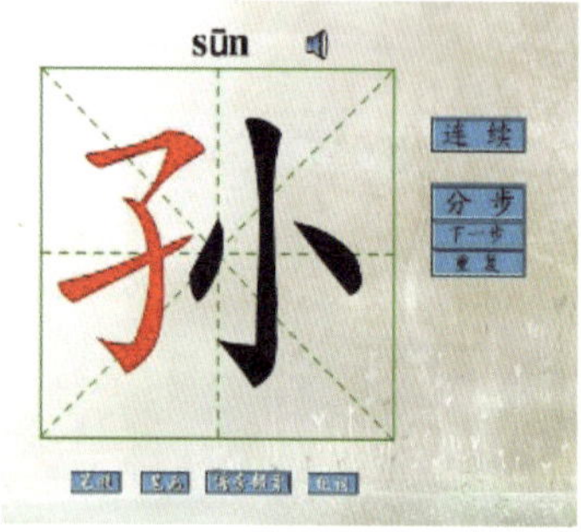

图1-8

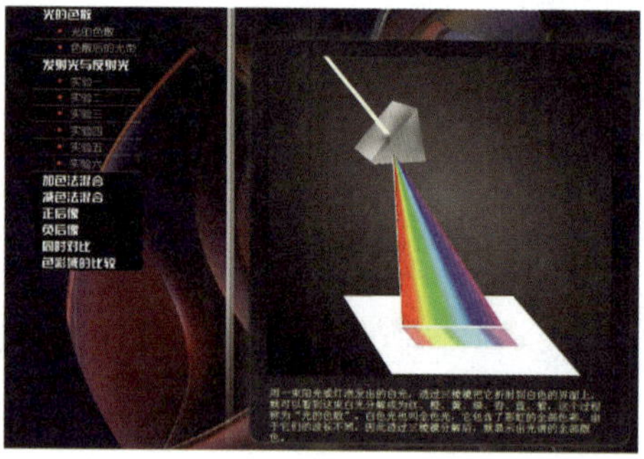

图1-9

课件概括起来有三大功能：情境创设、化抽象为直观、交互练习。在教学中设计与使用课件时，一定要围绕这些功能去做。

1.2 一个“好课件”的标准

评价一个课件的好与坏，要先看这个课件有没有实现课件设定的目标，或部分实现课件应当实现的功能。

一般课件应当具备哪些具体的功能呢？图1-10展示了课件对教师、学习者以及传统的学习材料（如教材等）带来的影响和变化。

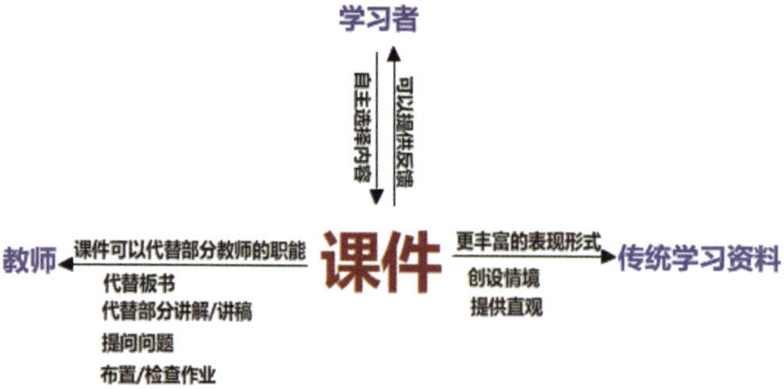

图1-10

课件可以响应学习者特定的操作，为每一个学习者实现特定的学习反馈，为学习者提供相关的支持和认知工具。在课件中集成一定的教学策略，可以代替教师的部分功能，如利用课件可以代替板书，代替部分内容讲解，统计学习者学习信息等。从内容来看，课件又有别于传统的学习材料，相比印刷材料，课件有更丰富的表现形式，可以为学习者创设学习情境，直观化、多样化地呈现知识。

要实现这些应有的功能，课件就离不开教学设计，这是课件的核心，即为了实现特定的教学目标而设计实现的教学策略和过程。所以衡量一个课件的好与坏，要看课件的教学设计与教学设计实现得如何。但在现实中，特别是一些课件比赛中，很多人更刻意追求使用复杂的技术来制作绚丽的界面及特别的应用动画，这样就背离了课件设计的目的。

另外，课件有不同的使用对象与使用环境，所使用的方法也存在一些差异，学生的接受方式也多不相同，如果仅以课件的应用效果来评价课件的好坏是不客观的。

什么是公认的好课件？如何来评价一个课件？下面试着从教学性、科学性、艺术性和技术性来分析一个课件的质量。

1.2.1 教学性

教学性是评价课件最重要的维度。之所以要制作和使用课件，就是为了解决一些教学中使用其他手段无法解决的问题和教学中的一些难点。所以评价一个课件的质量，首先看它能够解决哪些内容，能够实现哪些教学目标。

优秀的课件可以实现教学设计及教学策略，如果一个课件体现不出来一定的教学设计思想与教学策略，那它只是教学内容的堆砌。

多媒体课件可以运用适当的教学策略指导学生学习，更好地体现“因材施教的个别化教学”，这也是课件的交互性体现。

另外课件可以直接通过图片、声音、动画、视频逼真地展现多姿多彩的视听世界，也可以通过一定的设计对宏观和微观事物进行模拟，对抽象、无形事物进行生动、直观的表现，对复杂过程进行简化再现。

如何从课件中体现教学设计呢？可以从以下几方面来考虑。

（1）课件是否可以通过链接、概念图、直观导航等方式组织教学内容，并且是否选择了恰当的文字、图片、动画等表现形式；

（2）教学内容是否能体现使用课件的优势；

（3）教学内容呈现的顺序是否符合学习者的认知规律；

（4）教学内容同一时间呈现量的多少是否会造成学习者产生认知负担；

（5）教学内容是否按照一定的规律或结构组织在一起；

（6）课件能否为学习者提供及时、充分的反馈信息。

如图1-11所示，与其说它是一个课件，不如说它是一本电子书。但在现实中，随处可见类似的课件。不考虑课件表达的优势，缺乏内容的设计是课件制作中的最大问题。

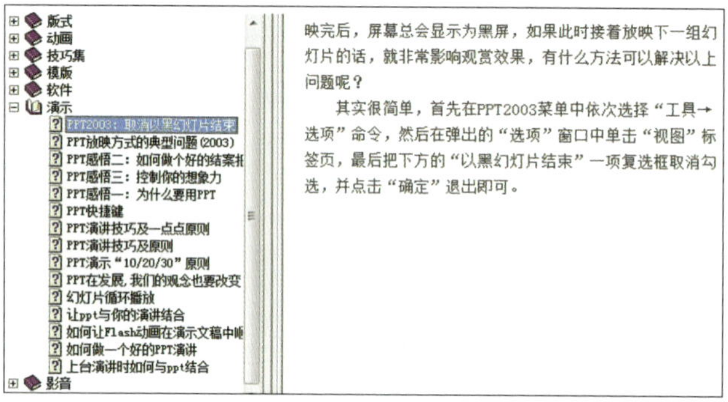
版式
动画
技巧集
模版
软件
演示
PPT2003：取消以黑幻灯片结束
PPT放映方式的典型问题(2003)
PPT感悟二：如何做个好的结案
PPT感悟三：控制你的想象力
PPT感悟一：为什么要用PPT
PPT快捷键
PPT演讲技巧及一点点原则
PPT演讲技巧及原则
PPT演示“10/20/30”原则
PPT在发展，我们的观念也要改变
幻灯片循环播放
让ppt与你的演讲结合
如何让Flash动画在演示文稿中
如何做一个好的PPT演讲
上台演讲时如何与ppt结合
影音
映完后，屏幕总会显示为黑屏，如果此时接着放映下一组幻灯片的话，就非常影响观赏效果，有什么方法可以解决以上问题呢？
其实很简单，首先在PPT2003菜单中依次选择“工具→选项”命令，然后在弹出的“选项”窗口中单击“视图”标签页，最后把下方的“以黑幻灯片结束”一项复选框取消勾选，并点击“确定”退出即可。

图1-11

不要总想着在一个版面上塞进更多的内容。如图1-12所示，当这样密密麻麻的内容出现在你的眼前，不觉得有些恐怖吗？

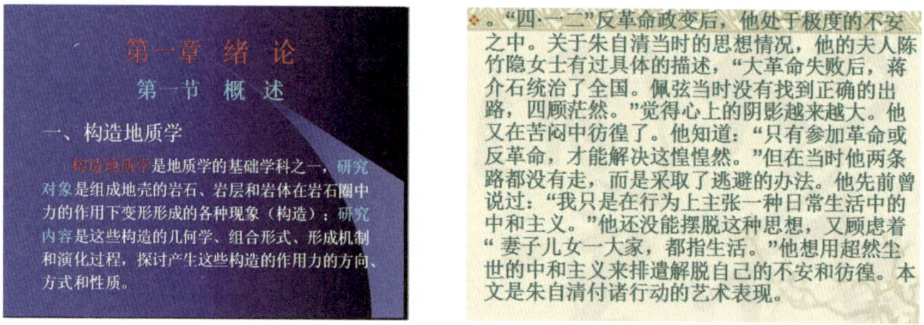
第一章 绪 论
第一节 概 述
一、构造地质学
构造地质学是地质学的基础学科之一，研究对象是组成地壳的岩石、岩层和岩体在岩石圈中力的作用下变形形成的各种现象（构造）；研究内容是这些构造的几何学、组合形式、形成机制和演化过程，探讨产生这些构造的作用力的方向、方式和性质。
。“四·一二”反革命政变后，他处于极度的不安之中。关于朱自清当时的思想情况，他的夫人陈竹隐女士有过具体的描述，“大革命失败后，蒋介石统治了全国。佩弦当时没有找到正确的出路，四顾茫然。”觉得心上的阴影越来越大。他又在苦闷中彷徨了。他知道：“只有参加革命或反革命，才能解决这惶惶然。”但在当时他两条路都没有走，而是采取了逃避的办法。他先前曾说过：“我只是在行为上主张一种日常生活中的中和主义。”他还没能摆脱这种思想，又顾虑着“妻子儿女一大家，都指生活。”他想用超然生世的中和主义来排遣解脱自己的不安和彷徨。本文是朱自清付诸行动的艺术表现。

图1-12

阅读普通的印刷材料时可以做标记，但在课件中你能随意标记出关键信息吗？这就需要课件设计者去处理。

如图1-13所示，与其说它是一个课件，还不如说它是一个讲稿或讲稿的提纲。它所能起到的作用与黑板板书相同，其产生的效果完全取决于使用者自身对内容的理解。这样的课件不能帮助学习者更深入地理解学习内容。

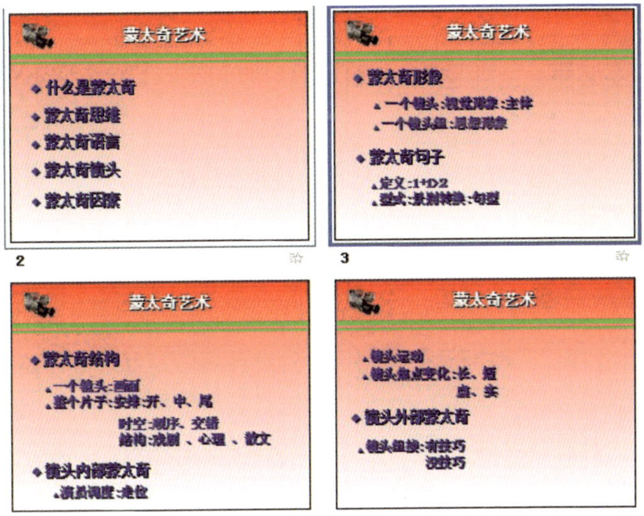

图1-13

课件在呈现教学内容上与纸质教材相比所具有的优势在于：直观、具体、生动形象，可以实现向任意内容跳转，可以实现交互。设计、制作与使用课件，就要突出课件的这些优势。

1.2.2 科学性

课件的科学性有两层含义：一是指课件内容正确、逻辑严谨、层次清晰，没有教学内容方面的知识性错误；二是指课件的表现形式、所使用的素材、动画与模拟内容符合科学规律。

教学内容是否准确无误是非常重要的，课件中的每一个字，每一张图，都必须是正确的。多媒体课件的一个特点就是通过多媒体特性可以让学习者留下深刻印象，但如果学习者记住的是错误的内容，那么还有什么意义？

如图1-14所示，这是一个课件演示：用PH试纸检测液体酸碱度。在动画的最后，如果PH试纸所变的颜色与真实的现象相差太大，则有可能会影响学习者对内容的正确认识。

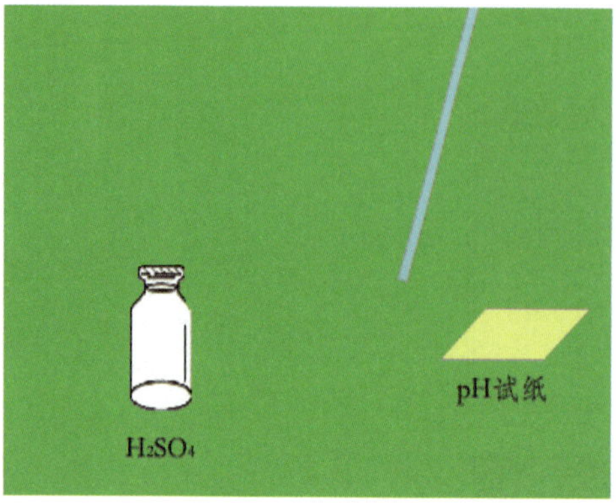

图1-14

如图1-15所示是利用课件演示光线的可逆性，但在光线可逆时，箭头的方向并没有更改，让人看上去感觉很别扭，不能体现出设计动画内容的科学性。

如图1-16所示，此课件内容结构设计不清，像是文章写作顺序，又像是对内容的归纳。“无不”“空白”“首尾”在这里都很难理解对应的是什么内容。

图1-15

图1-16

1.2.3 艺术性

课件的艺术性简单地说就是课件是否美观好看，特别是在课件比赛中，艺术性是评价课件的一个重要标准。

课件的艺术性在很大程度上决定了课件的表现力。

课件的艺术性主要体现在课件的界面设计与课件所使用屏幕对象的艺术性上。影响课件的艺术性因素有很多，例如界面的布局、使用的色彩、字体、动画、声音等。

但课件又不同于其他多媒体作品，它并不追求色彩的艳丽，动画的多样。简洁统一才是课件艺术性的基本原则，简洁与统一本身也是对应的。只有统一才有可能做到简洁，界面简洁的课件才能保证让学习者将注意力集中于课件的教学内容上；统一简洁的界面也可以提高课件的易用性，让课件操作更容易。

如何做到课件的界面统一简洁呢？

（1）用尽可能少的颜色；

（2）用尽可能少的字体；

（3）导航的方式与位置尽可能一致；

（4）统一的音效：包括操作的提示音和背景音乐；

（5）用尽可能少的动画方式，除必须要借助动画表现课件内容和控制课件内容展现顺序外，过渡性的动画与切换效果尽可能统一；

（6）使用风格一致的模板或背景。

如图1-17所示，这样的课件不能给人美感，不同的色彩、不同的文字效果、不同的背景，让人感觉非常凌乱。

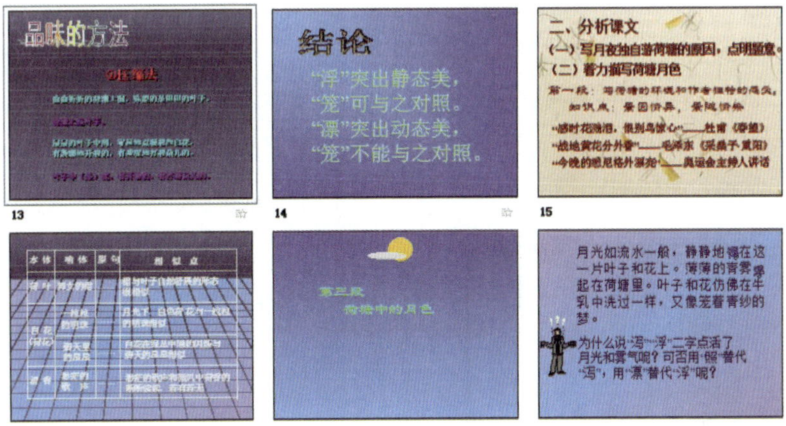
品味的方法
13
结论
“浮”突出静态美，
“笼”可与之对照。
“漂”突出动态美，
“笼”不能与之对照。
14
二、分析课文
（一）写月夜独自游荷塘的原因，点明题意。
（二）着力描写荷塘月色
15
月光如流水一般，静静地泻在这一片叶子和花上。薄薄的青雾浮起在荷塘里。叶子和花仿佛在牛乳中洗过一样，又像笼着轻纱的梦。
为什么说“泻”“浮”二字点活了月光和雾气呢？可否用“照”替代“泻”，用“漂”替代“浮”呢？

图1-17

如图1-18所示，这个课件除了字体与字号不统一，最大的问题在于没有利用好背景模板，文字位置不当，排版没有对齐，间隙不统一。

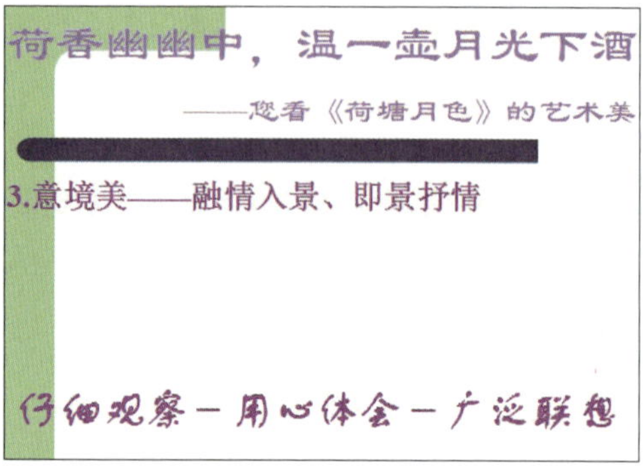

图1-18

1.2.4 技术性

技术性是指课件开发所采用的工具与使用的功能，以及实现的课件交互方式。另外，课件的技术性还体现在课件运行的兼容性与稳定性上。

课件的技术性具体体现在以下几个方面。

（1）课件能在不同的计算机上正确运行，字体能够正常显示，外部链接文件能正常播放，对系统的依赖性小；

（2）课件内容加载速度快，声音与画面同步，响应迅速；

（3）课件交互合理，能响应使用者的不当操作。

使用声音可以增强课件的表现效果，但如果声音播放不出来，那么效果可想而知。所以要确定课件能正常播放，如图1-19所示。

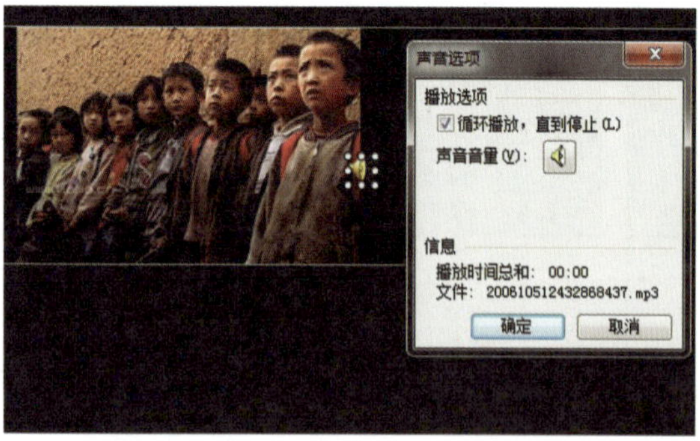

图1-19

如图1-20所示，这个课件只是将教学内容按顺序显示，没有其他交互方式。

如图1-21所示，虽然这个课件在加载内容时，提供了进度指示与等待动画，但长时间的等待会极大影响课件使用者的使用感受，特别是多次使用相同课件时。

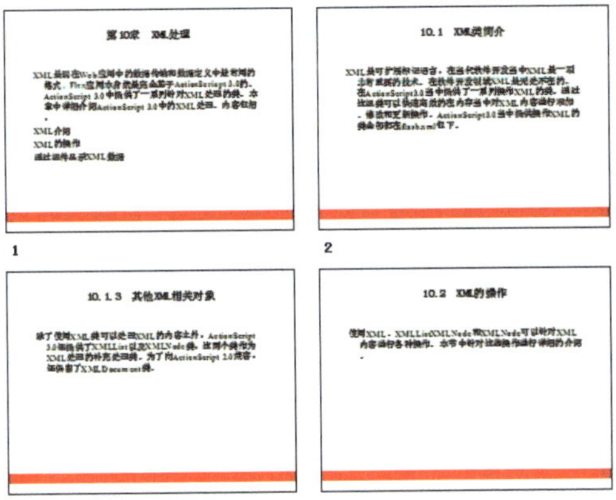

图1-20

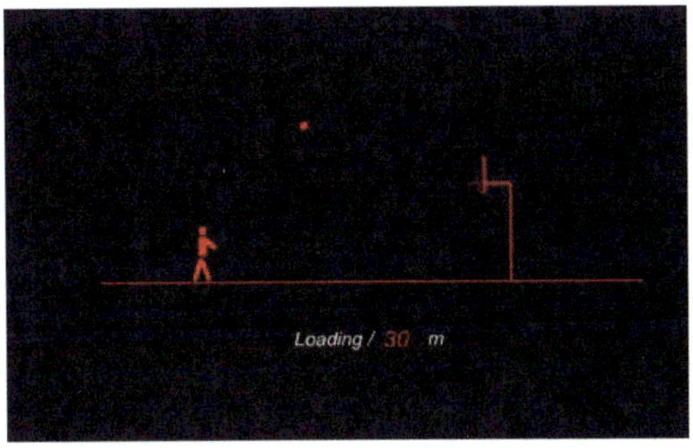

图1-21

很多课件在制作过程中不考虑动画复杂程度，不考虑视频与音频对计算机性能的要求，导致课件不能正常使用。

以上内容是评价课件的4个标准，以及课件制作中一些常见的问题。那么，一个优秀的课件具体是什么样呢?

读者可以从 www.etthink.com 下载：《动画小天地》《秋天》《欧姆定律》《布朗运动》《儿童学拼音》这些国家级获奖作品，试着用以上4个标准对这些课件进行品评。

1.3 课件制作常见问题和误区

1. 书本搬家

课件是教学内容的载体，但制作课件并不是简单地将教学内容从书本上转移到幻灯片上。

把书本上的内容原样变成PPT，并不能帮助学习者理解相应的内容，课件自然也起不到“优化”教学的效果，这样的课件，反而会束缚教师的教学思路和方法（如图

1-22所示）。

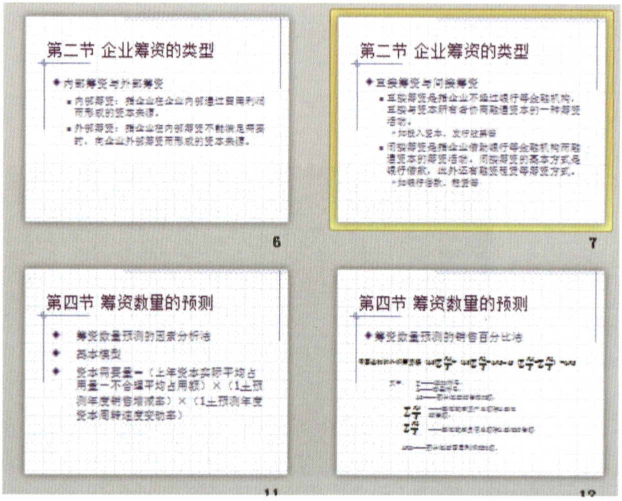

图1-22

解决方法和策略：

造成课件照搬书本的根本原因是没有对教学内容进行加工，所以可以从以下几方面改善课件。

（1）简化内容。对书本的内容进行简化提炼，根据教学内容的知识结构图，在制作课件时，可以按知识结构图的方式组织教学内容（具体方法请参考第3章）。

（2）转换内容的表现形式。课件可以借助文字、图片、声音、动画以及视频等多种表现方式呈现教学内容，因此制作课件时应当发挥课件的多媒体特性，将原本抽象的，难以理解的文字内容转换形式，借助图片或动画等形式表达出来，化抽象为直观，帮助学习者更好地理解学习内容。

通过多媒体方式展现内容还具有以下优势：通过多样方式展现内容比使用单一方式展现内容更有效，多样化的内容展现方式可以适用不同学习者的学习风格，例如有人倾向于文字阅读，有人倾向于读图或通过声音接受信息等。

2. 滥用多媒体

在课件制作中另一个常见问题是过于追求课件的多媒体效果。在如图1-23所示的界面上，共有5个动画，这些动画与教学内容没有太大的关系，并不是借助动画来加工内容，仅起到简单的装饰作用——甚至连修饰美化的效果也没有，因为当动画太多，界面凌乱时，会干扰学习者的注意力。

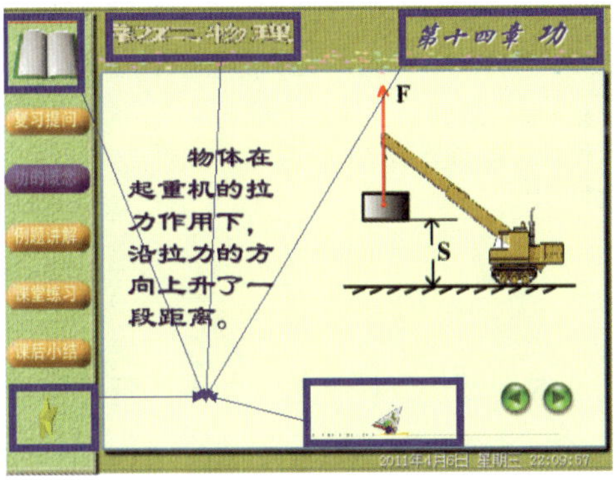
第十四章 功
F
物体在起重机的拉力作用下，沿拉力的方向上升了一段距离。
S

图1-23

出现这种问题的原因在于很多课件的评比标准过于看重课件的多媒体因素，强调要有动画、声音等多媒体要素，而忽略了实际教学内容的需求，这样做课件是“为了动画而使用动画，为了表现技术而使用技术”。

解决方法和策略：

（1）树立课件界面以“简洁为美”为最基本原则，课件的主要作用在于传播教学内容，而不是展示制作技术（具体方法请参考第9章）。

（2）在课件中使用动画、声音、视频或图片等多媒体表达方式时，要符合内容的呈现认知规律，使用多媒体要有利于教学内容的表达（参考第5~7章）。

3. 用课件代替备课与讲稿

如图1-24所示，这是语文课件《智取生辰纲》中的一段内容，这段内容如果让教师直接用自己的语言来讲与放在幻灯片上放映效果会有区别吗？

如此来做课件，教师上课时好像只能照着幻灯片读了。

有很多课件在制作过程中，将教学目标、教学重点、难点等内容都放到课件中，这样的课件究竟是给谁用的？

课件是教师实现特定教学目标的一种方法，是更有效呈现教学内容的一种途径，但在实际制作和使用过程中，很多教师只是将课件做成了自己的备课稿、讲稿或板书（见图1-25），这是无法充分发挥课件优势的。

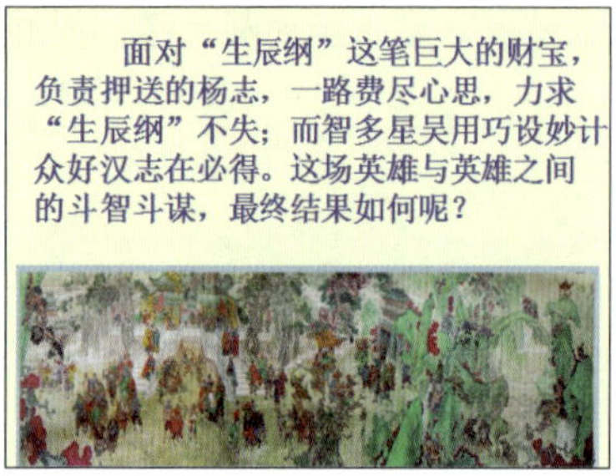
面对“生辰纲”这笔巨大的财宝，负责押送的杨志，一路费尽心思，力求“生辰纲”不失；而智多星吴用巧设妙计众好汉志在必得。这场英雄与英雄之间的斗智斗谋，最终结果如何呢？

图1-24

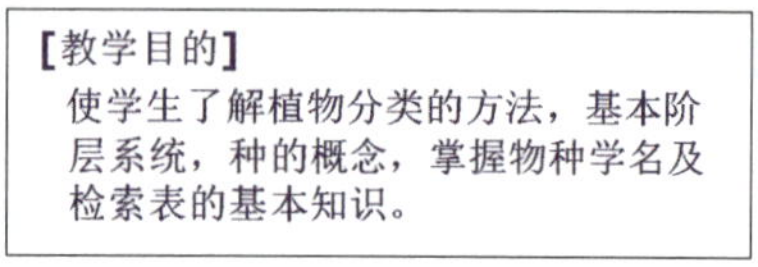
[教学目的]
使学生了解植物分类的方法，基本阶层系统，种的概念，掌握物种学名及检索表的基本知识。

图1-25

解决方法和策略：

（1）做课件前，应先取舍，不要想着把所有内容都放到课件里。如果能直接用口头语言表达得很清楚，为什么要用课件代替自己的口头表达？

（2）分清课件的使用对象，教学用的课件是给学生看的，课件的设计思路、经验、心得……不要放到课件里，学习者不需要知道这些。

4. 没有导航或导航混乱

许多使用PowerPoint制作的课件没有导航，使用这样课件让人会不知道身在何处，大多数情况下只能按顺序展示幻灯片。教师在教学过程中自然也只能按幻灯片的顺序进行教学。

造成这种现象的原因是教师在制作课件时仅仅考虑到了自己教学的过程和思路。

如图1-26所示，《雪地里的小画家》课件进行了导航设计，在使用时教师可以随时返回课件的目录，但此目录仍然是按教学过程设计的，如：朗读课文—看图识字—学习生字—课文思考—练习题—课后拓展等。这样的导航只是了胜于无，它能起到什么作用呢？我们仍然要按照幻灯片设计好的顺序去教学，很难改变。

没有导航的课件，在课堂使用过程中仅能按设计好的顺序和思路按部就班地进行教学，限制了教师的教学思路，也不利于课件的推广和重复使用。

解决方法和策略：

（1）改变按教学过程设计制作课件的思路，转换为依据目标与知识点设计课件。课件的导航也需要依据知识点进行设计（知识点的提炼见教学设计与概念图相关章节）。

（2）简化过渡内容，从一个知识到另一个知识之间的组织顺序具有内在的规律，但如何安排取决于教师的选择，所以不需要把这一部分内容做到课件中。

图1-26

1.4 课件制作软件与工具

“工欲善其事，必先利其器”，选择什么样的课件制作软件与工具，会大大影响课件制作的效率，但这也取决于制作的课件需要实现的功能。当前课件制作软件众多，如PowerPoint、Flash、AuthorWare、VisualBasic、几何画板等，它们各有特色，功能各异，不论用哪一种工具，都应当了解这些工具以下几方面功能：

（1）多媒体集成功能：熟悉如何插入文本、图片、动画、声音等内容形式；

（2）内容组织功能：控制课件内容呈现顺序；

（3）交互功能：实现按钮、菜单、热区、拖放、文本输入等交互功能和反馈信息呈现方式；

（4）发布功能：掌握课件最终以什么形式（格式）存储与发布。

PowerPoint利用插入功能，可以非常方便地为幻灯片添加多媒体内容，并能利用自定义动画控制演示的顺序，如图1-27所示。

PowerPoint的VBA功能也很强大，可以实现课件中的交互功能。

PowerPoint最大的优势在于易于掌握，其用户众多，几乎学校里每一台计算机都安装有PowerPoint软件，修改、编辑、发布很方便。

在第2章中会详细从课件制作的角度，为读者介绍PowerPoint软件的使用及在课件设计制作中的一些技巧。

Flash是二维动画的标准，同时也是优秀的多媒体集成开发软件，它是利用库组织管理内容，用帧控制内容的播放顺序，如图1-28所示。

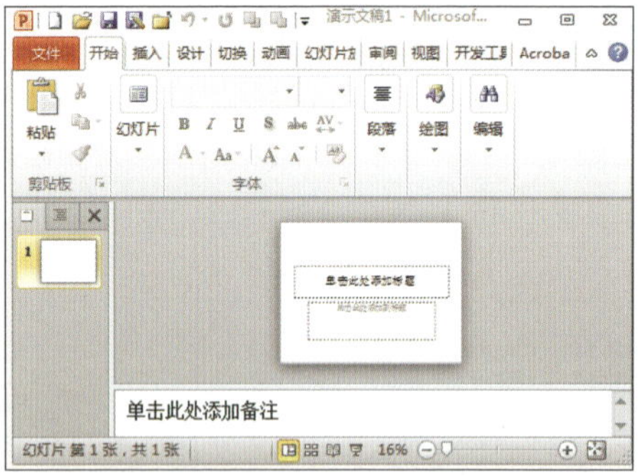

图1-27

图1-28

强大的ActionScript脚本语言，几乎可以让Flash实现你能够想到的所有功能。Flash发布的文件非常适合在网络上传输，并且能与PowerPoint等众多软件紧密集成。

将Flash强大的交互功能与PowerPoint高效结合，可以非常高效地开发课件。

Authorware利用图标管理内容，以及利用流程线控制内容呈现的顺序，直观易学，如图1-29所示。

虽然Authorware在课件开发中有很多优势，但在发布7.0版本以后，Adobe公司已经公告不再开发新版本，现在其已经慢慢淡出课件制作者的视线。

几何画板与其他软件工具相比，有着明显的学科特征，几何画板也可以和PowerPoint等工具集成使用，如图1-30所示。

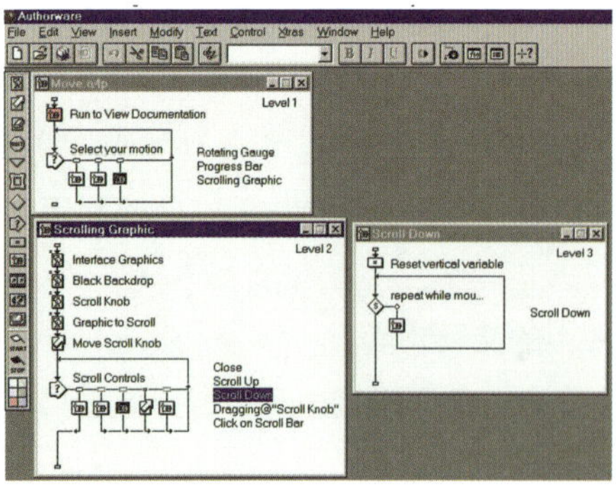

图1-29

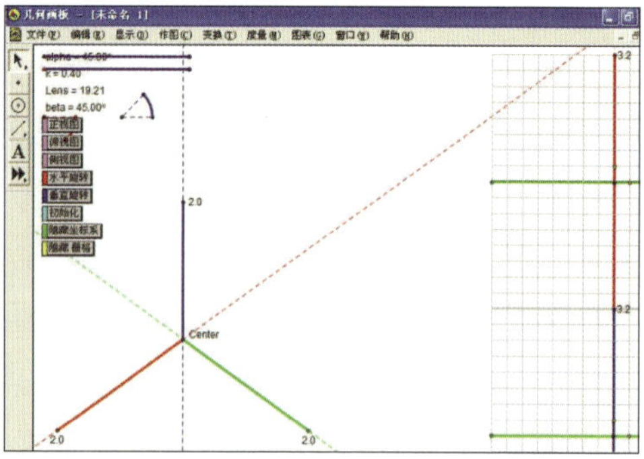

图1-30

第2章

从课件的角度认识PowerPoint

制作PPT课件时，先要了解PowerPoint软件的功能，特别是对多媒体集成、编辑、排版等这些课件制作经常用到的功能。熟悉一些PowerPoint软件操作使用上的技巧还能够提高课件制作效率，其中主要包括PowerPoint软件界面定制、素材管理、对象快速复制、移动、对齐、替换等。本章最后介绍了PowerPoint课件制作的一般过程。

PowerPoint也被称为演示文档，简称PPT，但其并局限于作为演讲时的视觉辅助工具。不同的人用PowerPoint做不同的事情，有的用来做产品、活动或公司等的宣传动画，有的用来做演讲、会议的讲稿，有的用来做课堂的教学课件。因而PowerPoint的用法不一，不同的场合使用要求也不相同。

人们对于使用PowerPoint有两种看法，一种人认为PowerPoint太简单，很小儿科，很多评奖的课件都没有PowerPoint的份儿。另一种人认为PowerPoint很神奇，认为PowerPoint可以做所有事情，PowerPoint能处理文本，PowerPoint能编辑图像，PowerPoint能制作动画，但PowerPoint并不是Word，也不是Photoshop ，更不是Flash。

PowerPoint不是万能的，做课件不是要用PowerPoint解决所有问题，从演讲者的角度看，PPT是一个辅助演示的工具；从课件制作者的角度来看，PowerPoint只是一个教学内容展示和交互设计工具。PowerPoint善于的是多媒体集成和视觉化展示。

用PowerPoint做课件，先要从课件的特点和功能上看使用PowerPoint时需要注意的问题。

（1）课件不是讲稿，不要把PowerPoint当成Word来用，PowerPoint并不善长文字编排；

（2）课件不只是提纲，课件是教与学的中介，是教师解决教学问题的一种方法。虽然PowerPoint能代替板书的功能，但其重要的功能是帮助你解决教学中遇到的问题，使用PowerPoint设计课件的重要任务是设计教学内容和响应学生的选择。PowerPoint制作的课件要展示的是你的教学思路和设计，而不只是呈现讲课提纲；

（3）课件不是动画或视频，PowerPoint中的动画功能主要是用来控制内容的呈现方式和交互内容设计，不能把PowerPoint当成专业的动画设计软件来学习。要制作一些动画效果，使用FLASH更高效，不妨花一点时间了解FLASH动画的制作方法。

PowerPoint不神奇，神奇的是教学的想法与设计，PowerPoint只是实现你的想法与设计的一种工具，如图2-1所示。

如何利用PowerPoint快速高效地制作自己需要的课件呢?

在2.2节总结了一些策略和技巧，这里先介绍一下PowerPoint软件功能与课件功能之间的对应关系。

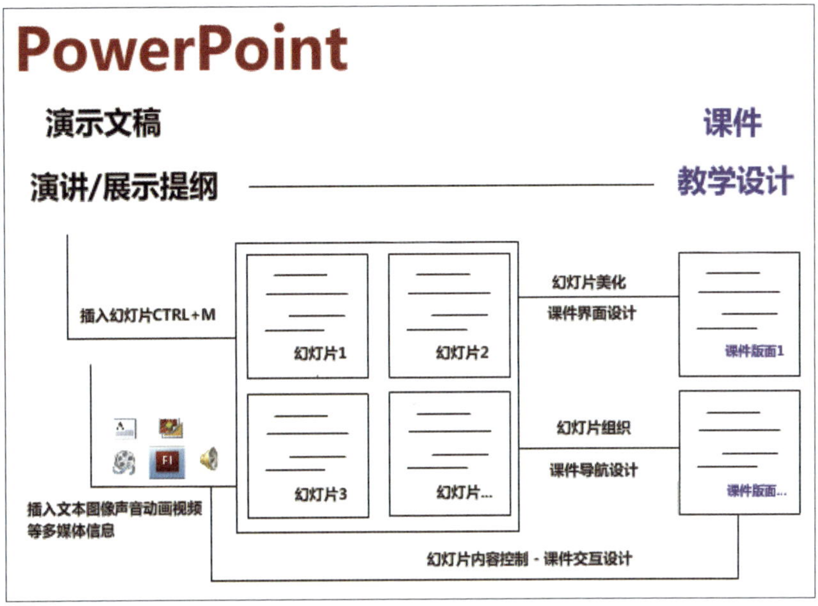

图2-1

制作课件没有一成不变的操作步骤，学习使用PowerPoint制作课件时不要死记硬背那么多的菜单与命令，理解了PowerPoint的一些功能，就可以马上灵活使用它。所以在学习PowerPoint时，不要强迫自己去背诵一些操作过程，应当去思考做出这些效果是利用PowerPoint哪些功能实现的，制作课件需要什么样的功能，对应的需要使用PowerPoint中什么功能。为了方便讲解，我们约定几个术语：

（1）演示文档：PowerPoint制作的作品保存的文件类型，通常为.ppt或.pptx格式，PPTX为PowerPoint 2010版或2013版的默认文档保存格式，推荐大家使用PowerPoint 2010版或2013版代替2003版。PowerPoint 2010版或2013版软件下载及应用请参考本书下载文件中的资料。在这里我们称它为PowerPoint课件或PPT课件。

（2）幻灯片：演示文档是由一张或多张幻灯片组成的，幻灯片是演示文档存放内容的地方，可以是文字、图片、动画等。在放映时，一张幻灯片就是一个独立的界面。

（3）占位符：用来提示在幻灯片上插入内容的符号，有预置的格式和样式，起到引导和提示的作用，在放映时并不会显示出来。占位符只有在母版视图里才能插入使用，这种功能对设计幻灯片模板（课件界面布局）特别有用，可以帮助用户在使用模板时获得一定的指引和帮助。

图2-2

（4）幻灯片版式：将占位符按一定位置组合排列就是幻灯片的版式，一般有一定版式的幻灯片适合做特定的内容，如标题幻灯片适合用于做课件标题。但在实际课件制作中，使用默认版式并不多，可以在空白幻灯片上设计自己需要的版式（插入占位符，进行排列组合）。

（5）Ribbon功能区：在PowerPoint 2003中，我们使用的是下拉菜单操作方式，但在PowerPoint 2007或2010中，PowerPoint操作界面有了非常大的变化，这里将菜单改称为Ribbon，也称之为功能区（后面统称为功能区），如图2-3所示。与下拉菜单不同，功能区中的按钮及命名分组更为合理，并且都可以修改位置。另外功能区具有“智能”响应功能：选中图片，会自动出现图片格式Ribbon菜单；选中文本框，会出现文本格式Ribbon菜单……

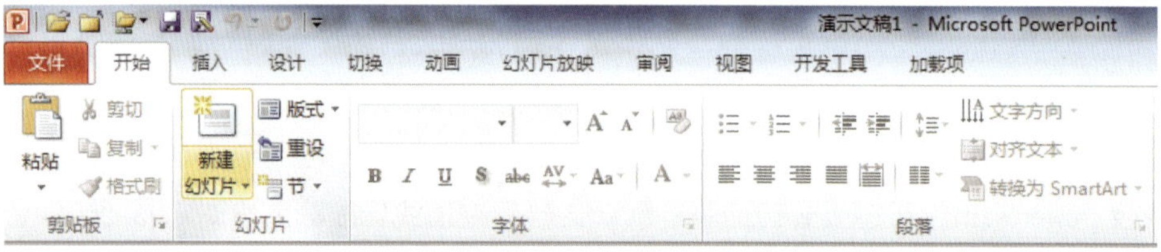

图2-3

2.1 PowerPoint功能与课件制作

每天世界上至少有3亿人在看PPT[1]，无论是在公司、企业还是学校，PPT已经成为人

1. PowerPoint制作的文档简称PPT，可能来源于PowerPoint 2007以前版本默认保存文件的后缀名为.ppt。

们学习和交流的重要信息技术工具，

有的人使用PPT做演讲，有的人使用PPT做汇报或答辩，也有的人使用PPT做广告宣传等。我们用PowerPoint来制作教学课件，要从课件的角度来认识PowerPoint，而不只是把它看作视觉辅助的工具，如表2-1所示。

表2-1 PowerPoint在课件制作方面的应用

课件设计与实现需求	PowerPoint软件功能
多媒体信息集成功能	利用插入文本框、艺术字功能输入文字内容 利用插入图片、截屏、相册、剪贴画、图片、SmartArt及自绘图形等功能输入图片内容 利用插入媒体功能输入声音与视频内容 利用自定义控件功能输入Flash动画内容 利用自定义动画功能制作动画
内容呈现顺序与呈现方式	利用幻灯片组织内容 利用进入与退出自定义动画控制幻灯片上内容要素出现与消失顺序及方式
课件界面设计与实现	利用幻灯片的模板或背景可以统一设置背景 利用配色方案可以统一管理色彩 利用幻灯片切换效果和自定义动画可以增加内容过渡效果 利用填充、叠放功能可以实现渐变、透明度、阴影、三维等效果 利用幻灯片母版可以管理不同幻灯片的背景与风格 利用设计及集成的图片样式效果可以实现多种艺术效果 利用占位符可以自主设计课件模板
课件交互设计与实现	利用超链接功能可以实现任意内容间的跳转 利用动作设置可以模拟热区与热对象交互方式 利用自定义动画及触发器功能可以实现菜单等多种交互方式 利用PowerPoint的VBA功能可以实现信息内容组织与控制的交互方式
课件内容的发布及扩展性	PowerPoint作为微软Office软件的一部分，有着非常高的普及率，方便课件传播 PowerPoint可以发布为EXE、PDF或转换成SWF及多种视频格式，方便通过网络或光盘发布 PowerPoint可以与几何画板，AuthorWare等其他课件制作工具配合使用 PowerPoint支持插件及加载项功能。

当前PowerPoint存在多种版本，有PowerPoint 2003、2007、2010和2013，其中PowerPoint 2003与2010版的使用最为普遍，推荐读者使用PowerPoint 2010版，因为其多媒体素材集成与编辑功能要比PowerPoint 2003更出色，更便于课件设计与制作。PowerPoint 2013虽然从界面与功能上进一步对2010版进行了改进，但是软件的通用性和安装普及性还需要时间，这里重点介绍一下PowerPoint 2010的特性。

1. 更为直观快捷的Rabbion菜单

与传统的菜单相比，Rabbion菜单具有以下优势。

（1）自动响应用户选择

Rabbion菜单能自动化感知用户的选择，从而提供有针对性的工具，例如在幻灯片中选择图片，则PowerPoint提供了与图片格式相关的命令，如图2-4所示。

图2-4

（2）个性化定制（具体内容参考2.2.1节）

2. 丰富的多媒体编辑功能

PowerPoint 2003具备强大的多媒体集成功能，包括对图片、声音、视频、动画等素材的集成，但无法编辑和修改播放的多媒体对象；PowerPoint 2010则在多媒体素材编辑和修改功能上有了很大的改善，包括去除图像背景、剪切音频视频素材等，这些基本的多媒体编辑功能为课件制作提供了极大的便利。

3. 便捷的对象调整方法

PowerPoint 2010对幻灯片及插入幻灯片中的元素提供了便捷直观的操作方法，如幻灯片的缩放、复制，对象的选择、排列对齐，动画刷等（具体操作参考2.2节）。

2.2 PowerPoint课件高效制作策略

PowerPoint课件制作过程也是课件内容素材加工、集成与整理的过程，为提高课件制作效率，遵循一些规范和原则是必需的，下面总结了一些提高课件制作效率的策略。

2.2.1 策略一：常用操作，一步直达

在课件制作过程中，经常会频繁进行一些操作，如文件保存、插入图像、替换图像等。利用PowerPoint软件的界面定制功能，将常用的一些命令放置在快速访问工具上能够大大提高课件制作的操作效率。

PowerPoint 2003版与2010版界面差别较大，在使用PowerPoint 2010版时，不要以2003版的方法去找那些操作命令或按钮在什么位置，而是思考制作课件需要哪些功能，将这些常用的命令找出来，集中放在自己熟悉的位置，这样以后无论软件如何升级，都可以做到以不变应万变。

1. PPT快速工具栏定制

在PowerPoint功能操作区中单击鼠标右键，在弹出的菜单中选择“自定义快速访问工具栏”命令，如图2-5所示。

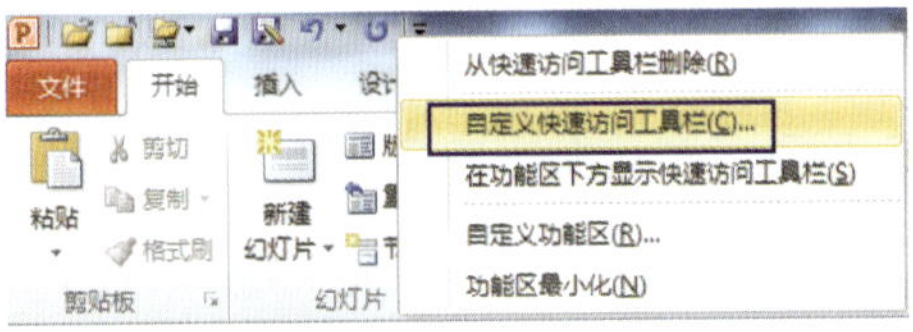

图2-5

可以根据自己的习惯和常用操作，把最常用的操作命令加入到快速访问工具栏中，如文件的打开、保存、关闭，对象的对齐方式、叠放次序等（课件制作中常用的命令通常包括文件操作、对象插入、对象编辑等），如图2-6所示。

2. 按操作习惯设置自定义功能区

新版本的PowerPoint取消了PowerPoint 2003的下拉菜单操作方式，可能会让你在刚开始时使用不习惯。另外PowerPoint 2010提供了自定义功能区功能，可以按自己的习惯设置。在功能区单击鼠标右键，在弹出的菜单中选择“自定义功能区”命令进行设置，还可以创建新的“功能区”，如图2-7所示。

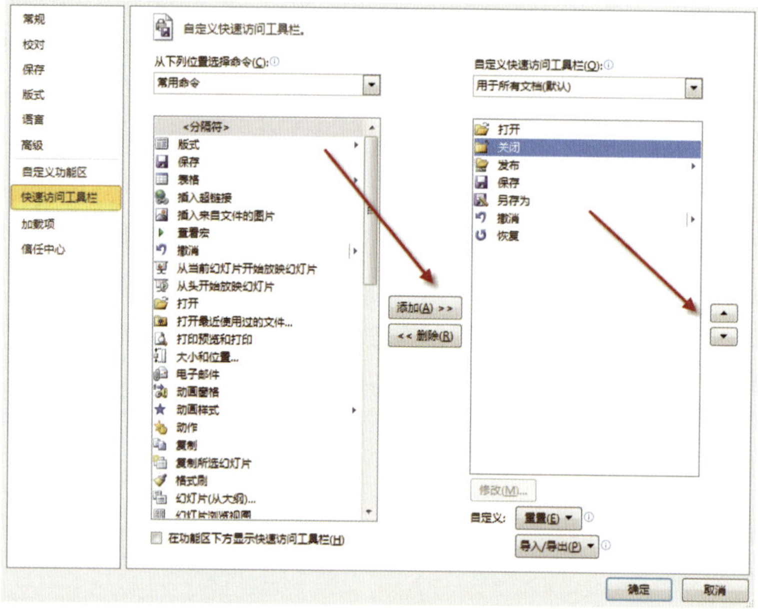
常规
校对
保存
版式
语言
高级
自定义功能区
快速访问工具栏
加载项
信任中心
自定义快速访问工具栏。
从下列位置选择命令(C):
常用命令
自定义快速访问工具栏(Q):
用于所有文档(默认)
打开
关闭
发布
保存
另存为
撤消
恢复
添加(A) >>
<< 删除(R)
修改(M)...
自定义:
重置(E)
导入/导出(P)
在功能区下方显示快速访问工具栏(H)
确定
取消

图2-6

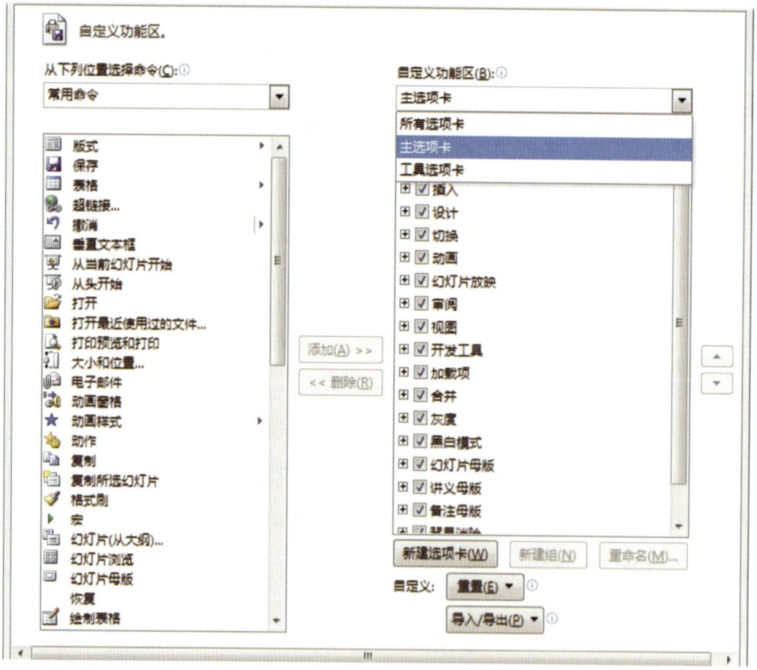
自定义功能区。
从下列位置选择命令(C):
常用命令
自定义功能区(B):
主选项卡
所有选项卡
主选项卡
工具选项卡
添加(A) >>
<< 删除(R)
新建选项卡(W)
新建组(N)
重命名(M)...
自定义:
重置(E)
导入/导出(P)

图2-7

在PowerPoint 2010中完成个性工具栏和快速访问工具栏的设置后，可以将这些设置导出为.exportedUI配置文件，方便以后软件重装或在其他工作场所导入配置文件（在本书下载文件中提供一个示范配置文件，定制了一些课件常用操作，请导入试一试）。

3. PowerPoint 2010快捷操作功能

除了可以对PowerPoint的操作功能进行自定义与设置，还可以对PowerPoint选项进行一些更改，以符合课件制作需求，例如更改PowerPoint撤销次数的限制等，PowerPoint选项设置如图2-8所示。

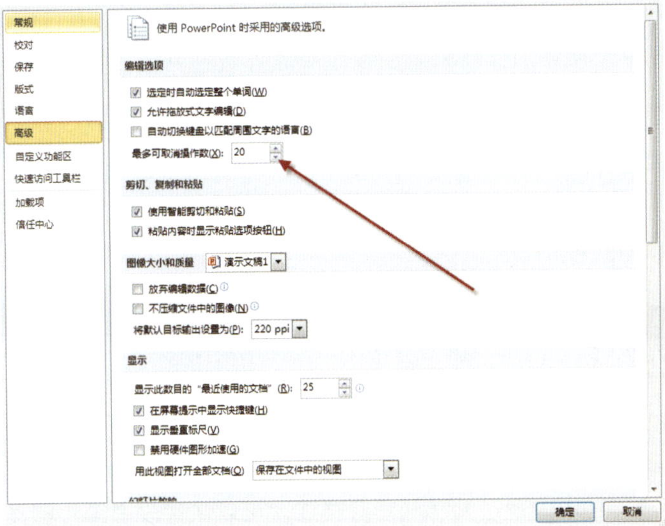

图2-8

注意

PowerPoint 2003从工具菜单进入选项设置，PowerPoint 2010从“文件”选项卡进入选项设置。撤销是课件制作中最常用的操作，比复制、粘贴操作使用还频繁，可以使用Ctrl+Z组合键调用。

4. 备份和恢复PowerPoint的自定义设置

在制作课件时经常需要进行多媒体素材的编辑，如果对绘制的对象、图像，以及音频、视频对象操作频繁，则可以利用自定义设置，将这些常用命令单独分组，如图2-9所示。

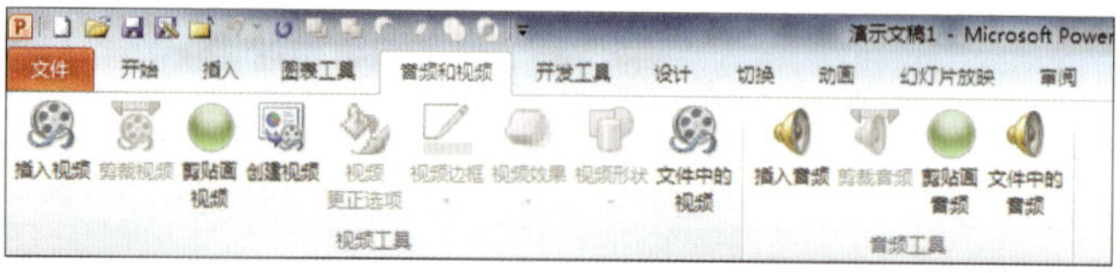

图2-9

将设置好的操作界面导成一个独立的文件，以后在重装软件或在其他机器上使用时， 导入界面配置文件就可以了，如图2-10所示。

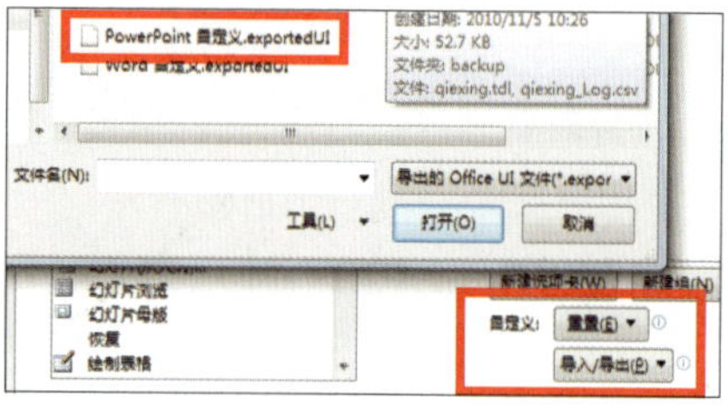

图2-10

在PowerPoint中还有一些其他的快速操作技巧，总结如下。

（1）在PowerPoint 2007或2010中内置了文字和图片样式，可以快速改变图片和文字的显示效果。

（2）利用格式刷功能（双击），可以批量改变对象的格式设置，在PowerPoint 2010中，还有动画格式刷，对动画的设置也可以复制。

（3）在幻灯片浏览视图下，可以快速调整幻灯片的显示顺序，对幻灯片进行移动、复制等操作。

在PowerPoint 2003中可以直接在幻灯片窗口中进行切换，或从视图菜单中切换。

（4）使用“对齐”命令，可以对多个对象位置进行统一排列，如图2-11所示。

（5）按住Ctrl键后，用鼠标拖动对象，可以快速复制对象。

（6）使用Ctrl+Z组合键用来撤销操作。

（7）可以在状态栏中快速改变幻灯片的显示比例，如图2-12所示。使用PowerPoint

2010右下角的按钮可以快速切换幻灯片模式，快速设置幻灯片显示比例。

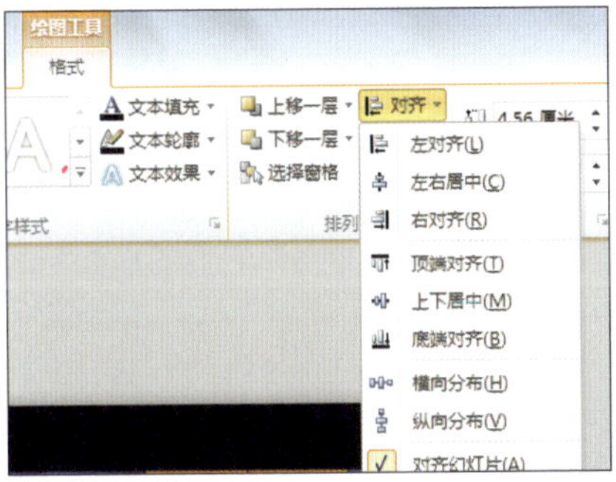

图2-11

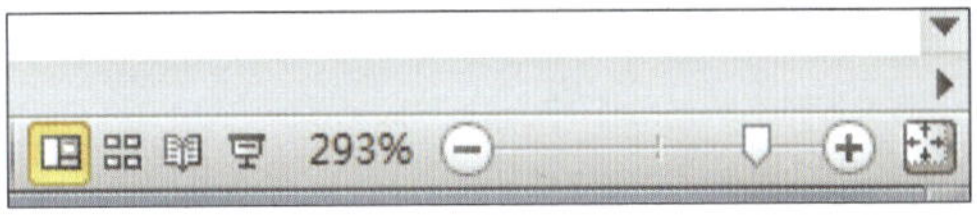

图2-12

（8）快速添加幻灯片

在已有幻灯片上单击鼠标右键，在弹出的菜单中选择“复制幻灯片”命令，或直接按Enter键可插入空幻灯片。

（9）替换字体

在设计完PPT演示文稿后，发现有一种字体用的不合适，如何换成其他字体？

在运行别人制作的PPT演示文稿时，若遇到系统没有的字体，PowerPoint会自动转化为PowerPoint设置的默认字体，一般为宋体，这会让演示文稿变得很难看。通常我们需要逐一改变字体，但这样比较耗费时间，也是一件非常乏味的工作。

在PowerPoint 2003中可以利用“格式”菜单中的“替换字体”命令，在弹出的对话框中分别选择“替换字体”和“替换为字体”选项，然后按“替换”按钮即可全文替换。

（10）使用快捷键

在对软件操作界面进行定制的基础上，操作一些常用命令的快捷键能够在一定程度上提高效率，如利用F5（Shift+F5）键放映幻灯片，使用方向键或Ctrl+方向键可以对对象进行精确移动等。下面是PPT课件制作中常用的快捷键。

Ctrl+C：复制。

Ctrl+X：剪切。

Ctrl+V：粘贴。除可以复制对象外，还可以复制对象的格式和样式，按Ctrl+Shift+C组合键复制格式，按Ctrl+Shift+V组合键粘贴格式，相当于格式刷功能，但是格式刷在跨幻灯片操作时不方便使用，可以用此快捷键。

Ctrl+D：粘贴复制的对象及最近一次的操作。

Ctrl+鼠标选中对象后拖动：复制当前对象。

Ctrl+Z：撤销。

Ctrl+S：保存。

F4：重复上一次操作。

Ctrl+[或Ctrl+]：放大或缩小文字，改变文字大小更直观。

Ctrl+M或Ctrl+Enter键（幻灯片窗格）：插入新幻灯片。

F5：放映幻灯片。

Stift+F5：从当前幻灯片开始放映。

W：放映模式下白屏。

B：放映模式下黑屏。

Ctrl+P：放映模式下笔迹批注。

Ctrl+E：放映模式下笔迹擦除。

Ctrl+T：放映模式下调用任务栏（方便切换程序，等同Alt+Tab组合键）。

Esc：退出放映模式。

（11）PowerPoint中对象的选择与重命名

如果在制作PPT时，幻灯片上的对象太多，而且有重叠的，就为对象的选择与编辑带来了极大的不便，PowerPoint 2010中提供了一个选择窗格工具，可以帮助我们解决这些问题，具体功能介绍如下。

使用窗格功能可以快速调整幻灯片上对象的层次、选择被遮挡的对象、隐藏幻灯片上的一些对象、为幻灯片中的一些对象起一个有意义的名字等。如图2-13所示是一个PPT动画，因为对象太多在操作时可以充分利用“选择窗格”命令！

图2-13

选择窗格位置：“开始”→“选择”→“选择窗格”命令，如图2-14所示。

下面介绍如何利用PowerPoint的“选择窗格”命令，解决以上问题。

① 调整显示对象的顺序

第一种方法：默认情况下，可以在要调整的对象上单击鼠标右键，在弹出的快捷菜单中选择相应的选项调整显示顺序，例如是上移一层（或置于顶部），还是下移一层（置于底部）。

第二种方法：在窗格中选择一个对象，单击向上或向下按钮就可以非常方便地调整它们之间的层次了，如图2-15所示。调整后的效果可以在幻灯片上实时观看到。

② 隐藏部分对象

看到选择窗格中的眼睛图标了吗？单击一下即可显示或隐藏对象。

③ 重命名对象

双击选择窗格中对象的名称，即可给它们重命名，这样你再也不用担心不知道像“textbox1-2-3”这样的文件都是哪些内容了，在自定义动画时也会更方便。

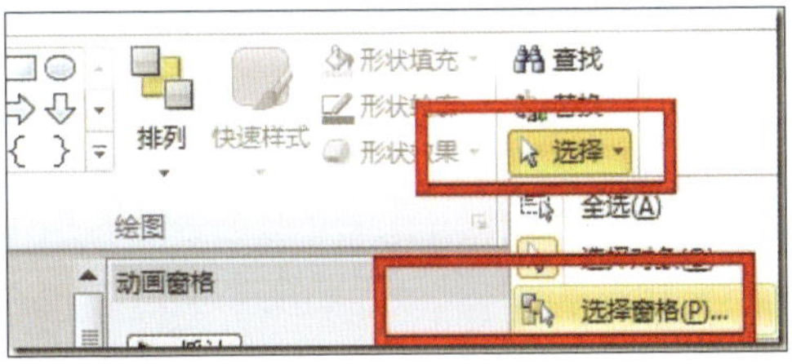

图2-14

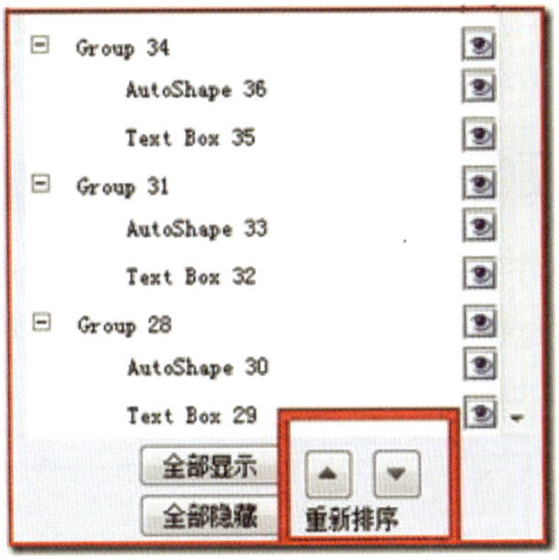

图2-15

④ 选择对象

单击即是选择，想要选择什么对象，在窗格中单击想选择的对象就可以了。

注意

在PowerPoint 2003里没有选择窗格，可以将对象分散到多张幻灯片上制作，然后再复制合成。

（12）设置和使用默认格式

在制作课件过程中，需要经常插入文字，但每次插入文字后都要修改字体；绘制线条时，每次都要修改线条的粗细；绘制的形状时，每次都要改变填充样式。在PowerPoint 2010中可以将这些对象设置为默认格式，从而不需要重复修改。

2.2.2 策略二：素材管理，见名知意

素材的搜集、整理、编辑是课件制作的重要环节。如果能做到素材一次搜索重复使用、见名知意，则能大大提高效率。建议采用以下方式对素材进行管理。

（1）用尽可能丰富的文件名描述（现在Windows支持255个字符长度文件名）文件内容，这样可以在不打开文件的情况下就能了解素材的内容和用途。文件的命名应当包括素材可以用在课件哪个环节及基本属性，如对背景图片可以采用颜色+图形内容（主题）+背景方式的形式命名。

（2）利用Everything进行素材搜索，Everything是一个小巧灵活的文件名搜索软件，可以让用户瞬间获取搜索结果，不需要用户打开一个个文件夹再打开素材文件查看内容是否符合需求。

（3）利用百度网盘等工具做好素材的同步与备份。

用户在制作课件过程中，经过一段时间的积累可以建立与自己学科相关的素材库，通过网络硬盘能够快速与同事之间共享素材，避免了每一次制作课件时都要上网重新查找素材的过程。

2.2.3 策略三 ：母版主题，统一个性

PowerPoint能成为最常用的课件制作工具，随手可得和易于修改的模板、PPT课件案例是重要的原因。在模板使用上经常遇到以下一些问题：

（1）对自己选择的模板总不满意，在选择模板过程中费时过多。

（2）对幻灯片上的内容批量修改或替换困难。

每一张幻灯片中都有幻灯片“母版”中的内容（可以进入母版视图查看），因此对于幻灯片中通用的内容的修改可以在幻灯片母版上进行。在设计和使用母版时要注意以

下问题：

（1）母版上一般不放课件的具体内容，要分清哪些内容放在母版上，哪些内容放在幻灯片上。

（2）多次使用的内容（一般为框架、标记等）才需要放在母版上，一次性使用的内容不需要放在母版上。

（3）一些布局相同的幻灯片可以使用同一个母版。

PowerPoint中的母版和多母版技术的应用能够为PowerPoint课件界面提供深度定制与编辑的功能，PowerPoint 2010中引入了主题的概念，为实现课件界面与内容相对分离提供了可能。本书结合PowerPoint中的主题和母版技术，以及PowerPoint中的替换图片功能，总结了一套基于主题的PowerPoint课件界面设计方法，能够有效地对课件界面进行管理和编辑，提高课件界面设计的效率，具体内容见第9章。

2.2.4 策略四：精简内容，突出主题

教师习惯按自己的教学过程设计制作PowerPoint课件，在内容上倾向求大求全，有的把讲解的每一句话都放在课件中，反而忽略了课件对特定教学问题的解决。输入这些不必要的内容既影响课件制作效率也影响课件的使用效果，这样的课件让使用者依赖PowerPoint，让教学过程变成幻灯片的放映过程。

但也正因为PowerPoint课件应用场合是在课堂教学环境下，师生在同一空间范围内，在PowerPoint课件制作过程中不需要过多考虑交互设计因素，PowerPoint课件制作过程中要解决的主要问题是：教学内容的直观呈现、结构化呈现，让一些不容易理解的内容变成容易理解的内容，以帮助学习者更好地理解教学内容。

2.2.5 策略五：重用内容，剖析结构

在PowerPoint课件设计与制作过程中如果能够实现界面与内容的相对独立可以提高课件制作的效率。从PowerPoint课件的内容结构分析中也能发现诸多相同元素，对这些内容可以通过重用幻灯片的方式进行统一管理，重复使用。

PowerPoint课件一般结构可以分为课件封面（片头）、课件导航、课件主界面（目录）、课件内容、课件帮助（使用说明）、课件封底（结束或退出）、片尾、课件版权说明等。对于这些共同的结构，教师可以在平常制作课件的过程中将它们统一在一个独立的PowerPoint文件中，在需要的时候通过共用幻灯片的方式将内容插入到课件中以节约重复制作的时间，同时方便管理和共享交流，如图2-17所示。

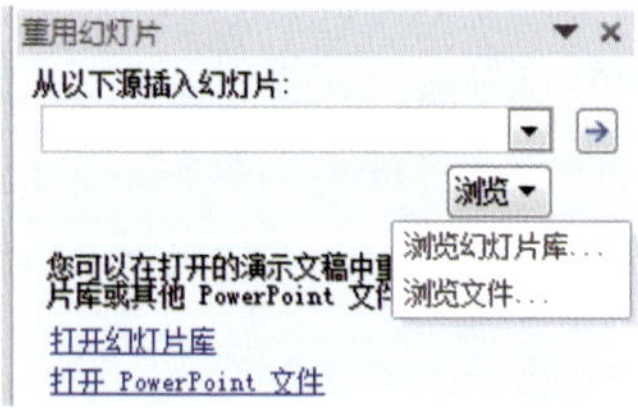

图2-17

利用重用幻灯片的方式，而不是复制粘贴幻灯片的方式有两个优势：其一，不影响课件应用的主题（模板）显示效果，不需要对外观显示效果再重新进行设置和编辑。其二，对幻灯片管理比较集中，可以将喜欢的幻灯片集中放在一个PPT里管理，查找方便。

2.2.6 策略六：插入文件，积件实现

积件思想自20世纪90年代产生以来，关于课件的“可重用性”、“基元化”、“标准化”等思路已经得到初步实现，并提出了积件库建设的实践研究，包括多媒体资料库、微教学单元库、资料呈现方式库、教与学策略库、网上环境积件资源库等多种形式。但因为缺乏有效的整合平台，并没有得到广泛的应用。在以教师为制作主体的课堂教学用PowerPoint课件设计与制作过程中，也是如此，积件思想没有得到应用和体现。根本的原因在于教师在制作PowerPoint课件过程中仅仅是将PowerPoint视为多媒体内容集成和展示的工具，而没有从积件整合的思路上去进行实践。要提高课件的重用效率，最根本的方法是教学内容要独立。微教学单元库是很好的思路，教师在制作PowerPoint课件时并不需要将所有内容整合到一个PowerPoint文档中，而是按知识点或知识单元制作成独立的PowerPoint文档，如图2-18所示。

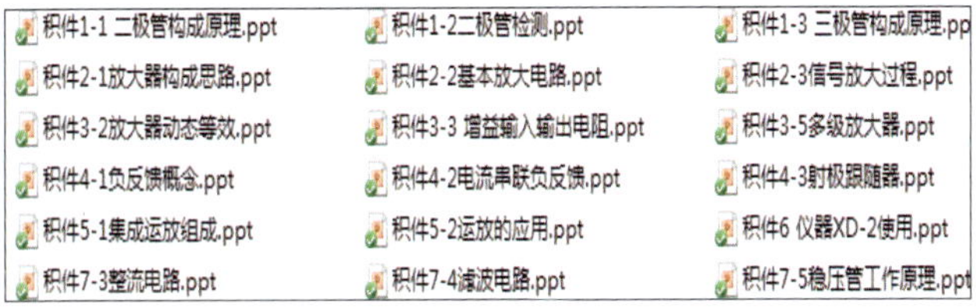

图2-18

这些微教学单元（独立的PowerPoint文档中）与具体的教师信息无关，与课件的界面主题无关，与具体的课堂教学流程无关，因此能够灵活应用到不同的课件中。要使用这些“积件”，具体的实现方法是利用PowerPoint中的插入对象功能，如图2-19所示。

图2-19

以上对PowerPoint课件制作过程中的操作行为、素材管理方法、界面设计方法、课件设计观念等方面对提高PowerPoint制作与应用效率的作用进行了探究，希望这些策略能帮助教师在设计和制作PowerPoint课件时节约一点时间，让PowerPoint课件更好地为课堂服务。

2.3 PowerPoint课件制作的流程与方法

设计课件内容时要考虑三个核心要素。

（1）表现内容要素：指课件所要传递的教学信息，如哪些内容适合在课件中展示，哪些内容适合在教学过程中由教师讲解或利用其他方式呈现。

（2）表现形式要素：指课件以什么样的形式表现教学信息，如音频+视频、文本+视频、音频+文本+图片等，如何将教学内容转换成这种形式是课件设计制作的一个重点和中心；

（3）技术实现要素：指为把教学内容按照预定的表现形式表现出来，而采用的技术实现方案。

除以上三个要素外，课件制作还需要考虑需求分析、应用测试等。完整的课件制作流程如图2-20所示。

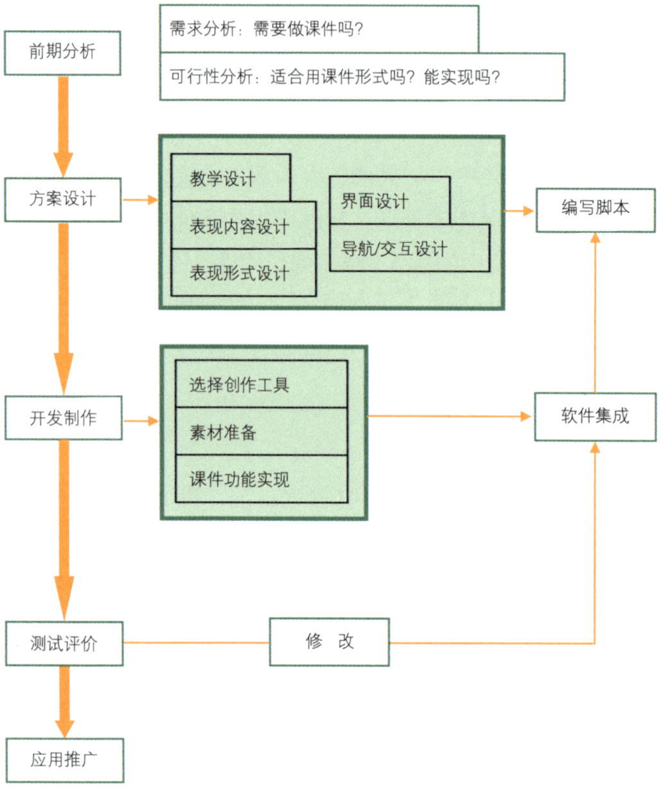

图2-20

在日常课堂教学中，按照上面的流程制作一节课的课件过于烦琐，如果教师能把备课过程与课件制作过程结合起来，可以减少课件的设计与制作环节，与脚本相比，教师更熟悉教案的编写，教师可以在教案编写过程中进行课件设计，如图2-21所示。

（1）哪些内容需要借助多媒体方式表达，是使用图片还是动画，需要声音效果吗。

教案编写中要体现这些内容通过什么方式显示出来，这也是设计与使用多媒体课件的优势之一。

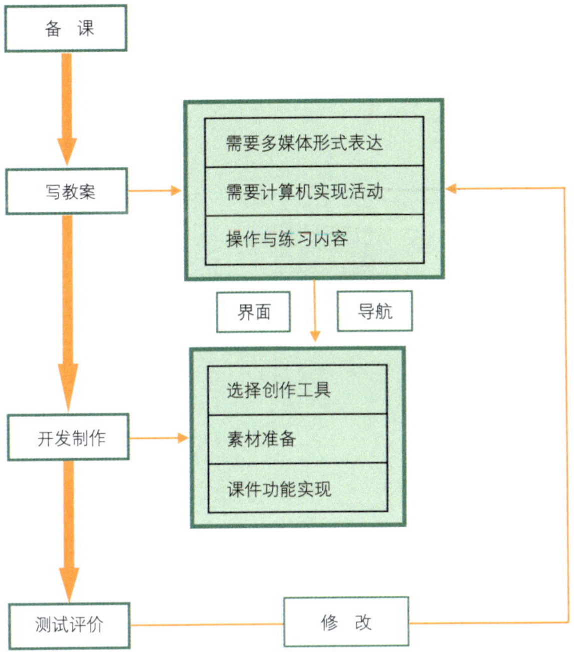

图2-21

（2）哪些教学任务或活动需要通过计算机来实现，如创设学习情境、模拟实验过程等。

（3）哪些内容更适合使用计算机来完成，如随机出题，提供个别学习指导，及时向学习者提供反馈信息，统计答题情况等。

下面是一个依据课件制作要求编写音乐课《小蜻蜓》教案的示例，在这个教案示例中首先编写教案，如表2-3所示。

表2-3 编写教案

引导策略	教学活动
1．新课导入	1．运用谜语，激发学生兴趣，用谜语引出小蜻蜓 2．谜语内容用文字和声音两种方式呈现，并且是同步的 3．介绍小蜻蜓的生活习性及成长过程（图片），激发学生热爱自然，保护益虫的兴趣
2．新课内容	1．歌词内容 2．教师朗诵
3．学习新歌 情境表演	1．出示歌词图谱 2．教师范唱 3．听录音范唱，看小蜻蜓动画：动画内容的描述……

依据编写的教案，设计出课件的导航结构，如图2-22所示。

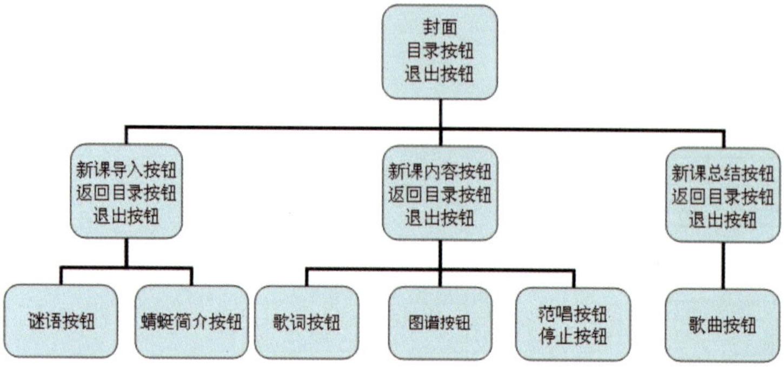

图2-22

在实际课件制作过程中，也可以忽略“列出大纲”、“编写脚本”等过程。但是一定要进行构思，要清楚自己用课件解决什么样的教学问题，哪些内容要做到课件中，哪些不需要做到课件中，内容用什么形式呈现等。

没有好的构思，就没有好的课件。很多初学者在制作课件时，往往把注意力放在某张幻灯片上，而对这张幻灯片在整个课件中起什么作用，与其他幻灯片有什么联系，用什么技术手段或媒体来达到教学目的考虑不多。还有一些教师在制作课件时，经常是信马由缰，走到哪儿算哪儿。这样做出来的课件，往往就成了讲话提纲，缺乏结构性，也缺乏对教学问题和教学内容的针对性设计，影响课件使用效果。

第3章

课件中的教学设计

教学设计是课件制作的灵魂，也是课件质量的保证，但容易被人忽略。本章基于课堂教学应用情境和各种学习理论、知识加工观点介绍了PPT课件教学设计的原则和要注意的问题，特别强调了课件内容（知识结构和导航）设计和加工（视觉化）方法。

有一篇谈多媒体PPT的文章，大致的意思是：多媒体教学普及率越来越高，学校的老师从以前的写板书，变成了演示PPT，很多教师患上了“PPT依赖症”。PPT变成了“拉洋片”演示，让学生应接不暇。平时还好，如果碰巧遇到机器发生故障，那课堂教学就严重受影响。这样的媒体教学只是解放了老师，耽误了学生。

这是PPT的问题吗？PPT是用来帮助写板书的吗？

还有很多人认为，使用多媒体课件上课，教师的讲授成了放映，接二连三的点击鼠标成了教师的主要工作，一幅又一幅图像画面让学生们看得眼花缭乱。于是，感悟语言魅力变成了欣赏图片美景，思考解题的过程变成了动态的解题流程，甚至实验操作也被搬到课件上。这样上课虽然很“现代化”，但却不能取得什么好的教学效果。

有人认为，使用多媒体：教师失去了对教学方法、手段与路径的选择！教师的讲授过程完全不是根据自己的教学思路和学生的学习情况予以延伸开展，而是顺着课件既定的流程一路直下。

这是课件的问题吗？是自己设计与使用的课件本身有问题，还是自己使用的方法、方式有问题呢？

没有人认为PPT课件会代替演讲者，为什么到教学中就有人认为PPT课件可以代替教师了呢？

实际上这并不是PPT课件的问题，而是课件设计与使用过程中的问题！

那么我们到底需要什么样的课件？怎样制作出自己需要的课件？我们需要什么样的课件，我们需要课件实现什么样的功能，需要根据自己的教学目标来设定，即明确课件要解决什么教学问题。所以课件的设计制作必须和教学设计结合起来。

制作在课堂教学中使用的课件要明确以下内容。

1. 不要求全面

制作一个在课堂教学中使用的课件，不是要把所有的教学内容都放到PPT上。

那么PPT上要放哪些内容呢？

（1）语言难以描述的内容和现象，利用PPT可以直观展示出来的内容；

（2）教学的重点内容与关键信息，但要注意简洁；

（3）一些事件和实验变化发展过程，可以用PPT动画的方式呈现；

（4）学生不方便观看的实验现象，实物模型等。

2. 要有明确的内容导航结构

教学过程虽然是一个线性的过程，但也充满了不确定性，我们只能设计这节课我们要讲哪些内容，实现哪些教学目标，但如何实现，具体的过程却会因为课堂的变化而变化。

一个好的课件，应当能适应课堂的变化，能够从课件的任意一部分内容进入到另一部分内容，方便教师掌控。所以在设计课件时，要明确你的教学要解决哪几个问题，可以分为哪几个部分，这是内容导航设计的基础。

3. 明确问题，能用课件解决吗？用课件怎么解决

大家都知道教学要由浅入深，由直观到抽象，化繁为简，但实现起来并不简单。课件能帮助解决这样一类的问题。

利用多媒体，如图片、视频、动画直观地组织、呈现教学信息，可以帮助学习者理解一些内容。

除直观地展示内容以外，课件还可以用来模拟一些情境，设计一些游戏等方式解决教学中一些问题。

教学设计是影响课件设计的重要内容，是决定课件水平的关键。

3.1 快速进行教学设计的方法

在PowerPoint中制作课件前，不妨先让自己构思一下，哪些内容需要使用课件，想一想课件准备如何用，要做什么样的课件，要用课件做什么，课件能帮助你解决什么教学问题，列出这些问题及解决方法。

想一想课件可以分为哪几个部分，课件可以为学生提供哪些学习材料和学习工具，可以为教师提供哪些在教学中要用到的材料，这就是课件的教学设计中的具体问题。

课件的教学设计决定了课件的教学效果与质量，教学设计主要要做的就是根据学习者的特点和教学目标，合理地选择教学媒体（内容呈现与表现方式）、教学的呈现顺序，以及知识点划分和教学单元的设计，以使得课件能够达到最优的教学效果。

3.1.1 学习理论与课件教学设计基本原则

学习理论与课件教学设计基本原则如表3-1所示。

表3-1 学习理论与课件教学设计基本原则

<table>
<tr><th></th><th>学习理论基本观点</th><th>课件教学设计遵循一般原则</th></tr>
<tr><td rowspan="2">行为主义学习理论</td><td>学习是刺激与反应的联结</td><td>利用多媒体为学习者多样化呈现内容</td></tr>
<tr><td>强化是学习的重要条件，反馈要及时
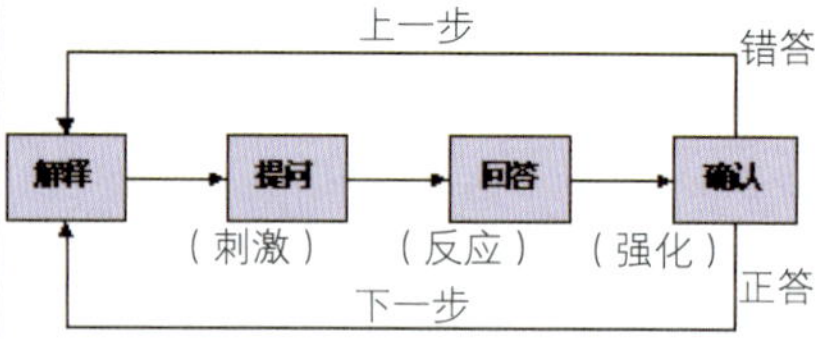

程序教学思想</td><td>将教学内容分解为一系列小的教学单元
注意提出问题的难易程度，要保证学生经过一定的努力，能正确回答
对学生的回答要及时反馈，提供强化（如奖励和指出不足等）
设计人机交互，及时向学习者提供学习反馈信息和强化信息，如问题回答正误，学习内容进度提示等</td></tr>
<tr><td rowspan="2">认知主义学习理论</td><td>重视学习者已经有的知识经验与认识结构对学习的影响</td><td>用直观的形式向学习者显示学科内容结构，让学习者了解教学内容中涉及的各类知识元之间的相互关系</td></tr>
<tr><td>学习是信息加工的过程，学习者能够学习的内容取决于自身的短时记忆容量，应当避免认知负担</td><td>组块化组织内容，避免同时呈现太多学习内容</td></tr>
<tr><td>建构主义学习理论</td><td>强调情境、协作与表达对学习的影响，强调以学习者为中心</td><td>利用多媒体创设与当前学习主题相关的、尽可能真实的情境
尽可能为学习者提供丰富的多角度的学习资料
以任务或问题的方式组织学习内容</td></tr>
</table>

课件内容的呈现，要尽可能使在一个屏幕上同时出现的知识点或关键信息简洁、清晰、有条理。控制教学内容呈现的信息量，避免出现认知负荷问题。

记住两点：简洁和逻辑是PPT课件的最基本要求，唯有简洁，才能保证你的内容能被学习者注意到，只有清晰的逻辑，才能保证思维与课件内容呈现的连续。

3.1.2 课件制作时选择内容的表现形式

制作课件，不是依据教材来制作课件，而是依据问题和目标来制作课件，很多课件内容并不是教材中的，至少表达和呈现方式上有很大的不同。如果只利用教材中的内容就能很好地解决这些问题，那我们还要做课件吗?

所以对于课件内容的选择：不是去寻找与教材内容相关的内容，而是思考要解决教学中遇到的问题，还需要哪些材料，哪种类型的材料，这些材料可以是图片、动画等形式，可以借助课件制作工具将其组织呈现出来。

要注意知识的逻辑结构，课件呈现的时间长短与数量，要符合学习者的认识规律。

（1）人的长期记忆是无限的，而短期记忆却很有限，但是，长期记忆必须通过短期记忆来积累。所以不要同时将过多内容展示给学习者，而是要拆成很多片段（组块化）。

组块化规律并不仅仅指将内容按一定的规则进行分类显示，也指按完形理论（人们有倾向将没有封闭的图形认知为封闭的，将按规则排列的东西认知为一个整体）在内容呈现时将显示区进行组块化。如图3-1所示，此页面实际可以看成三个组块。

（2）同时利用左右脑记忆和思考（多种感观刺激）。人的思维有两种基本方式：抽象逻辑思维和直观形象思维，人接受信息的途径也各有不同，有人倾向于阅读文字，有人喜欢浏览图片、听声音材料，但对于同一知识内容，如果能采用多种感观刺激，会有比较好的学习效果。多媒体教学中的双通原理，就是依据人对信息加工有两种编码（语言编码和图形编码），可以同时为学习者提供这两种类型内容。

如图3-2所示是一个景深概念的内容设计，文字的定义与描述很抽象，可以在课件设计中用图片与文字结合的方式来描述。

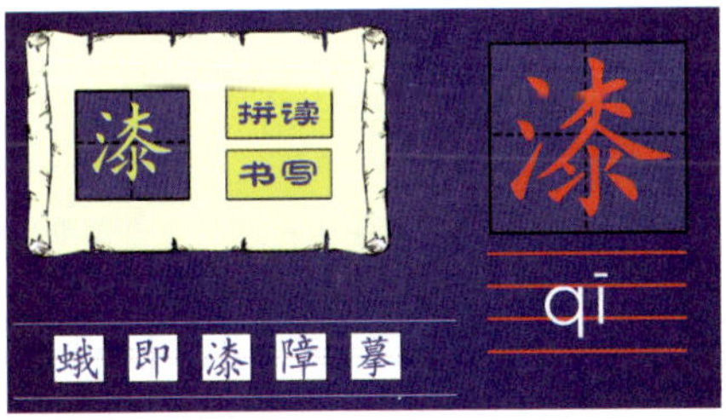

图3-1

图3-2 景深的概念

景深的概念：在被摄主体(对焦点)前后，其影像仍然有一段清晰范围，这就是景深。

又如在《电视编导》课程中讲解镜头的概念时，文字教材是无法提供实例的，在课件中就可以借助学生耳熟能详的镜头，如可以通过《阿甘正传》片头中的那个羽毛镜头、《拯救大兵瑞恩》中的各种战争场面镜头来辅助学生理解各种镜头的特点和功能。

在课件内容呈现设计中要综合应用多种表达方式，选择恰当的呈现方式，如表3-2所示。

表3-2 课件的多种表达方式

	信息表现形式特点	课件应用原则
文字	文字是一种比较抽象的符号，表现教学内容难以激发学生的思维和兴趣，但是对新的概念、定义的记忆或者规则的组成则往往能起到好的效果	课件中文本信息是一般教学内容的主要表现形式，文本信息不要多，要简洁、精练
图形图像	图形、图像以其客观形象的画面表达其他媒体难以表达的信息，所谓“一图胜千言”。图像色彩丰富，层次感强，信息量大，可以真实地建构教学情境	图形可以让学习者一目了然，直接揭示实物的结构和外观等 图形可以通过参数的改变而改变形状特征，所以可以通过数学公式中的参数的调整来揭示本质、解释原理、表现事物结构特征和运动规律的功能 界面、背景和各种插图基本上都选用图像。图像以其逼真、生动和形象的教学功能，常用来提供较高质量的教学感知材料
动画	动画是对事物运动、变化过程的模拟。它有利于描述事物的运用、变化的过程，从而有利于学习者发现规律、弄懂原理、掌握概念。此外，经过长期设计的动画更加生动、有趣，有利于激发学习者的学习兴趣和学习积极性	动画可以提供动态的信息，非常容易引起学习者的注意，但也极容易带来视觉干扰，在动画选择上要注意动画的形式、速度。要严格控制课件界面中同时出现的动画数量
声音	声音有利于限定和解释画面。在教学中利用声音传递教学信息，是调动学生使用听觉接收知识的必要途径。标准的解说，动听的音乐有利于集中学习者的注意力，陶冶学习者的情操，激发学习者的潜力	1．提供声音示范或解说 2．美化课件，增强课件表达效果，如添加音效或背景音乐等 3．模拟真实的环境 4．利用声音引起学习者注意
视频	与动画媒体相比较，视频是对现实世界的真实记录。视频媒体的信息含量大，有很强的感染力，能产生身临其境的感觉，一般用来表达图形、图像、动画难以表达的知识，如技能操作知识，实验性知识等	1．提供示范的对象 2．创设情境 3．提供历史记录片段

3.1.3 建构主义教学思想下的课件设计方法

建构主义学习理论是当前进行新课程改革的理论基础，也被越来越多的老师所接受。

建构主义学习理论强调教师要为学习者创建“真实”的学习或任务情境，而并非只是作为一个“听讲者”和“接受”知识的容器，所以其教学设计指导思想是：为学生创建一个便于理解、参与、表达的学习情境，将学习内容置于（或者分解到）情境里。

建构主义学习理论对传统的接受式课堂教学方式带来非常大的冲击，但在课堂环境中，如何让学生参与到学习过程中来，摆脱纯粹的“听讲者”角色也非常困难，总不能在课堂上一直提问，让学生不停地回答问题就代表学生参与学习活动了！

在课堂的教学环境中，很难为学生提供一个真实的参与学习情境，但可以基于问题，基于任务，为学生设计不同的问题情境和任务情境。

如图3-3所示是计算机文化基础课中关于二进制的课件设计实例，课件设计者并没有按传统的“位”或“权”的概念来讲解内容，而是设计了两个问题：“猜年龄”和“烽火传兵”来进行教学（详见本书下载文件配套案例中的“猜猜你多大了”文件）。

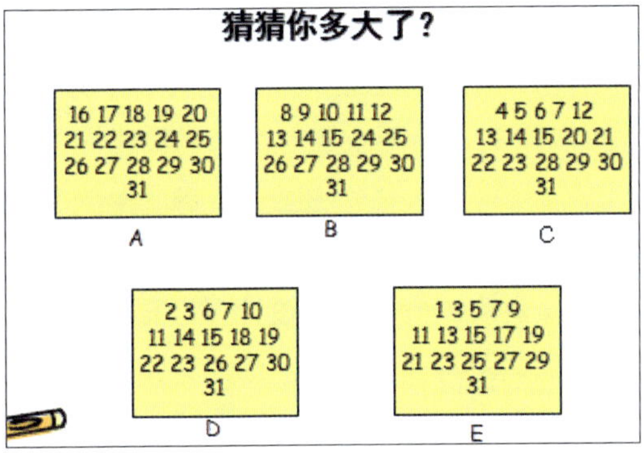

图3-3

引导学牛参与“猜年龄”的游戏可以让学生了解二进制数是如何转换成十进制数的。

通过“猜年龄”的游戏，学生更容易理解不同位置的数代表不同的大小。

建构主义学习理论思想下的课件设计理念，不是只为学生提供学习内容和资源，而是让课件能为学生探究学习创设条件，引导学生对这些内容进行思考、探究。

如图3-4所示是《大气压强》课件中的一个片段，在课件中设计“检验筷子”实验，引导学生对相关学习内容的关注。

这个检验筷子会不会断的实验并不是用课件来模拟真实的实验，而是通过描述，为学生提供了做真实实验的“场景”，因为这个实验在真实环境中很容易做。

如图3-5所示的这个课件片段，没有为学生提供具体的实验结果，也没有为学生提供具体的学习内容，同样这个课件在课堂教学中使用时，也会出现不一样的选择，但为学生提供了一个思考的空间，一个理解与观察物理实验意义的情境。

桌子

图3-4

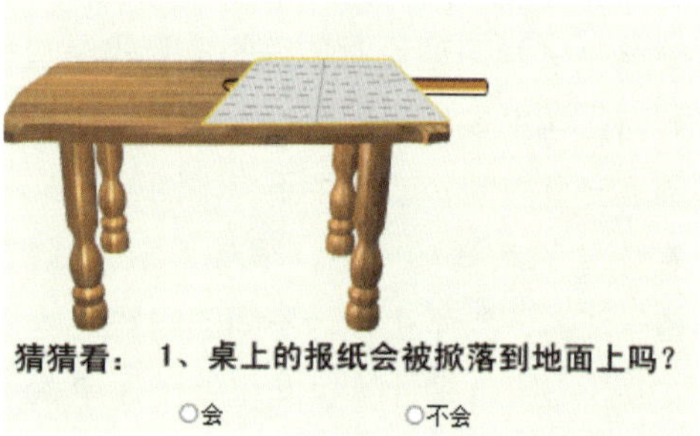
猜猜看：　1、桌上的报纸会被掀落到地面上吗？
○会
○不会

图3-5

基于建构主义学习理论对课件进行教学设计时，要把握一点：学习内容是置于情境之中的，引导学生参与情境比单纯讲解和呈现内容更重要，情境不仅为知识的理解与应用提供了具体"应用"的场合，也为吸引学生参与，帮助学生理解知识提供了可能性。这样学生学习到的知识是具体的、实在的、可以用的，而不仅仅是前人总结出来的概念、原理、定律。

课件中的教学内容是通过计算机屏幕分屏呈现的，无法在一个屏幕上将所有的学习内容同时呈现出来，那么这些内容的呈现顺序以及呈现的方式如何设计呢？除要考虑知识自身的逻辑结构以外，更要考虑这些内容之间的联系与教学规律。下面介绍几种组织课件内容结构的教学设计方法。

3.1.4　基于教学流程的结构组织方式

基于教学流程的课件结构设计方式，就是依据课堂教学环节和过程组织课件内容。

一般传统的课堂教学包括：导入新课、复习旧课、传授新知识、巩固练习、小结、作业等环节。不同的课程或不同类型的课程，教学环节和流程不尽相同。例如对练习课而言只需要设计课件的问答结构，按一定的顺序将练习内容和应答反馈内容呈现出来即可，如图3-6所示。

一般语文课程的教学环节可能包括：作者生平介绍、写作背景、识字词、内容诵读、文章赏析、写作特色等，如图3-7所示。

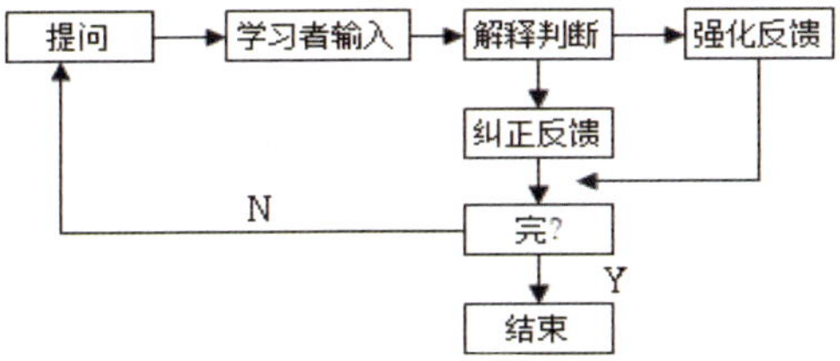

图3-6

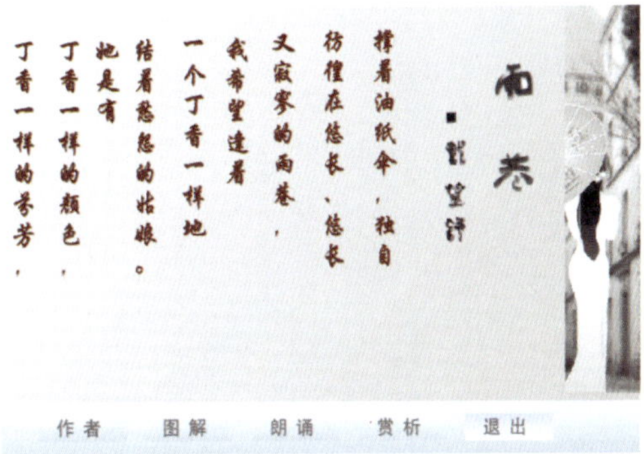

图3-7

数学课程的教学一般可能包括定理归纳、演绎、实例证明、作业练习、生活应用等环节，如图3-8所示。

物理化学类的课程可能会有实验演示模拟等过程，如图3-9所示。

对于不同学科的教师，要根据自己所授课程内容的特点，设计出合理的教学流程，根据教学流程与步骤来组织课件内容。

图3-8

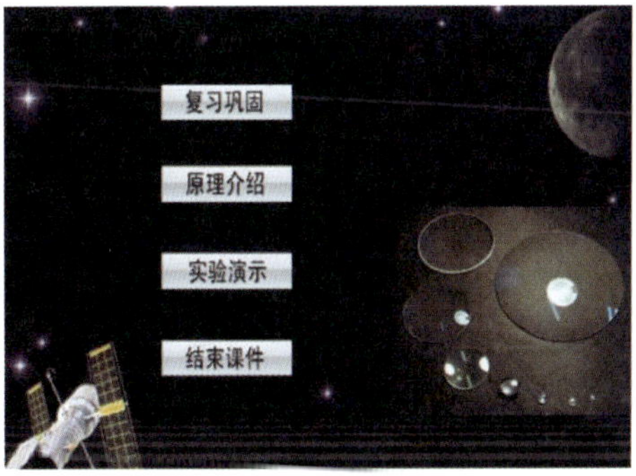

图3-9

3.1.5 基于内容结构的课件结构设计方法

基于内容结构的课件结构设计是以学习材料自身的逻辑结构或顺序来组织材料的一种方式。

最简单的就是以学习材料原有的章节标题作为课件内容的结构，或者以知识点结构来组织课件内容，如图3-10所示。

图3-10

知识点结构一般有以下三种形式：直线型、树型、网型。不管是哪一种形式，多媒体课件都可以很好地利用这样的顺序和结构来组织内容，如图3-11至图3-13所示。

图3-11

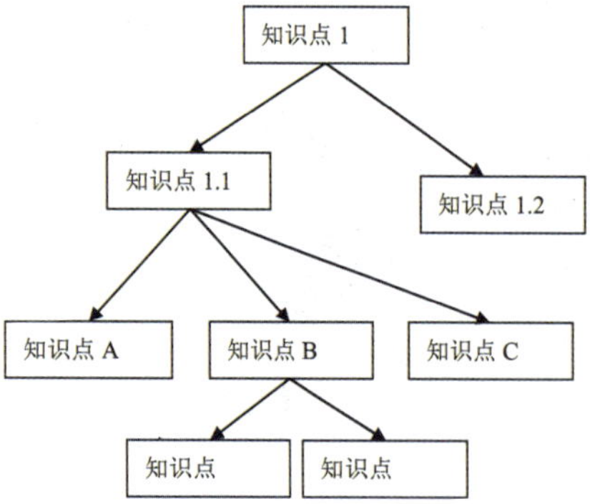

图3-12

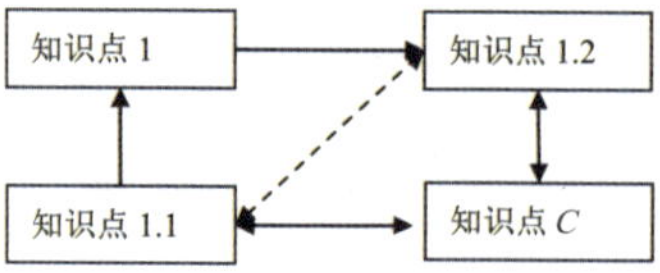

图3-13

3.1.6 基于活动的课件结构设计方法

上述两种组织内容的方式，一种是以教师活动为中心，一种是以学习内容为中心，都没有体现以学生为中心的思想，如何改变这种现状呢？

尝试以任务情境或活动来组织内容是方法之一，虽然当前利用多媒体创设完全真实的知识情境比较困难，但利用问题情境或任务情境也可以很好地激发学习者的学习主动性。

人类所学习的知识内容都直接或间接地来自于自身的实践活动，所以大多数学习内容都可以在现实生活中找到相应的案例，学习者也倾向于用所学的知识解决生活中相关的问题，如图3-14所示。

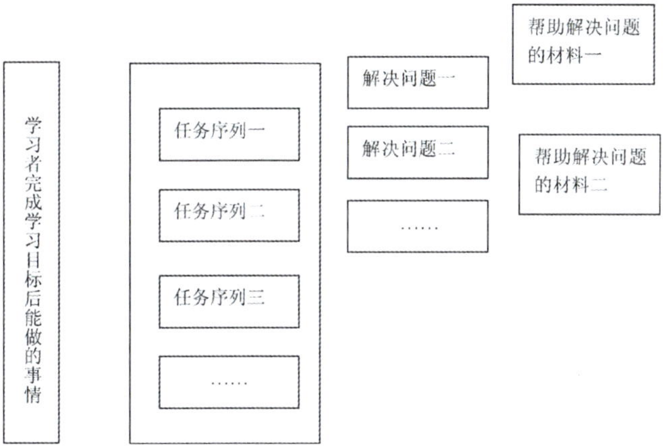

图3-14

如图3-15所示是实验室蒸馏石油课件的内容，要达到学习目标，学生必须能正确地进行实验器材组装，这正是设计组装实验器材的任务。

在学生操作时，教师要提供器材使用和组装的必要指导，有别于传统的直接介绍实验装置。

如图3-16所示是一个引导学生活动的课件片段，让学生体验和观察对称图形的特点。

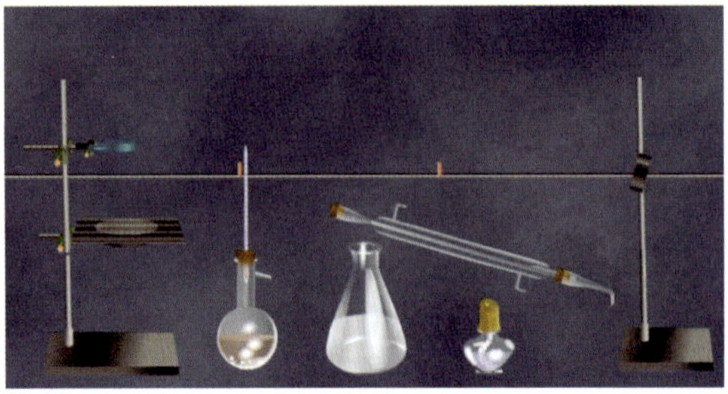

图3-15

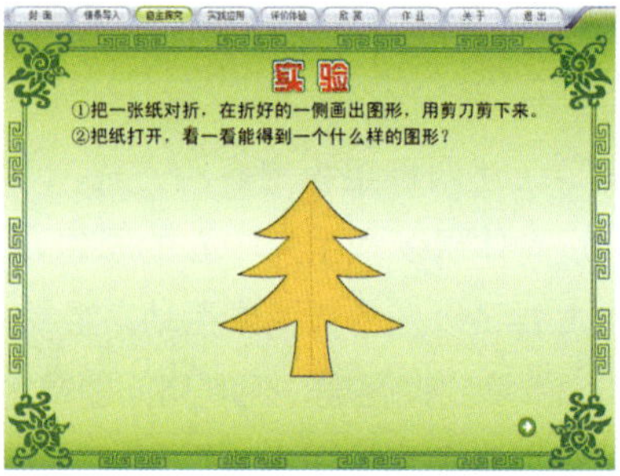
封面
作业
关于
退出
实验
①把一张纸对折，在折好的一侧画出图形，用剪刀剪下来。
②把纸打开，看一看能得到一个什么样的图形？

图3-16

认识和了解我们国家省份行政区的划分及其位置是中学地理课的基本目标，单纯地通过图片或者文字描述去记忆，对很多学生来说可能是非常枯燥的，也很困难，如何解决这个教学问题呢？我们用课件又能做些什么？可不可以使用拼图游戏？通过找不同等游戏形式来做地图的拼图可以让学生主动参与，有参与的记忆远比靠识记符号和文字容易有效果。

3.2 积件思想在PowerPoint课件制作中的应用

一般的课件是针对整堂课设计制作的，缺乏灵活性，有时会限制教师的教学个性，适用于这个教师的课件，未必适合其他教师使用，从而影响课件的推广与资源共享。在实际的课堂教学过程中，有时也并不需要一个完整的课件。

所以，我们可以为课件做一个很少的知识单元，在使用的时候可以任意组装，也可以将课件内容单元与课件各组成部分分离，如片头、片尾、帮助、退出都可以是独立的部分，以后可以非常方便地应用到其他的课件里，这样也提高了效率。使用PowerPoint“组装”课件，并不一定是通过复制幻灯片进行，也可以直接在幻灯片中插入别的PPT文档：利用“插入”选项卡中的“插入对象”功能，将已经制作好的演示文档（包括其他类型的文件）组装起来，如图3-17所示。

通过功能区的“新建幻灯片”命令可以重复使用幻灯片，具体操作如图3-18所示。

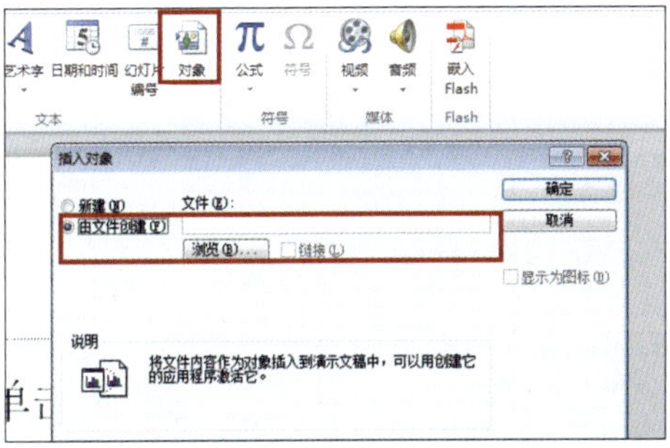

图3-17

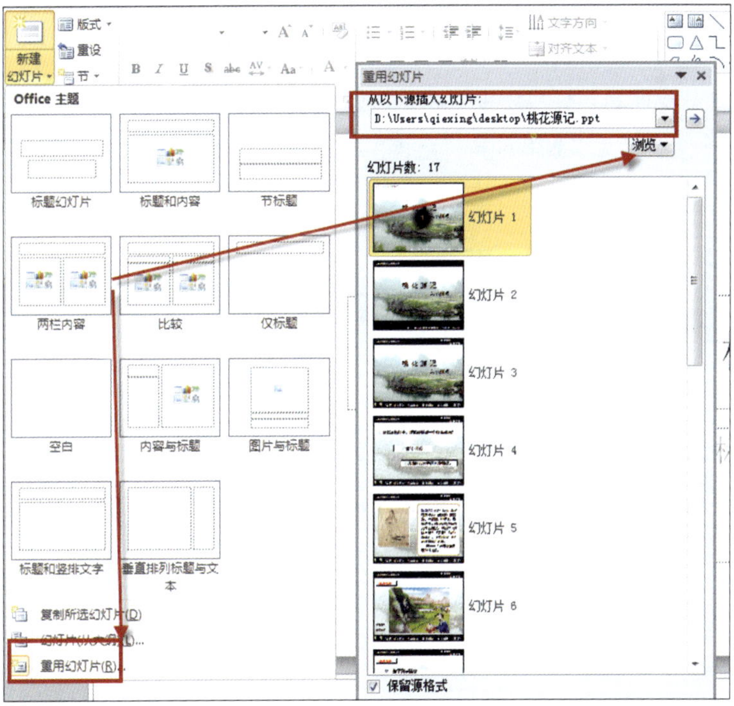

图3-18

如图3-19所示是一个低频电路的PowerPoint课件积件库，它并没有将教学内容做成一个整体，而是按知识点分开来做，这样不仅使用更灵活，也避免了在编辑体积太大、幻灯片太多的课件时，软件操作上带来的不便。

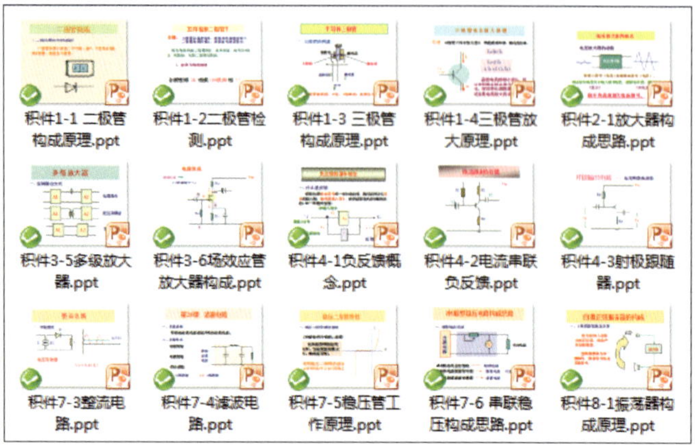

图3-19

对素材的管理可以通过文件和文件夹实现，也可以将常用的图标、图像、声音素材集中在PPT文件中，使用时只需要选择复制即可，如图3-20所示。

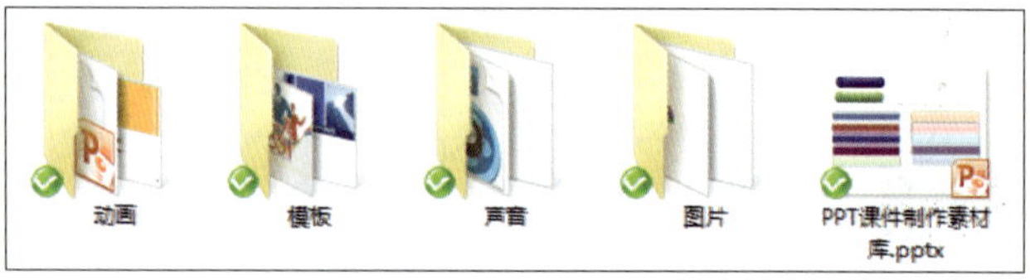

图3-20

建立素材库时，一定要对素材进行细致的分类，方便以后查找、管理和使用。如声音素材可以按各种特效分类，或按音乐的类型进行分类，按钮可以按照按钮的形状分类，图标可以按图标的功能分类等（对于素材的管理也可以参考2.2.3节的素材管理方法。）。

3.3 知识加工方法

PowerPoint作为一种演示工具软件，是一种靠可视化来影响观众的软件，而不是仅靠观众自己阅读来获取内容。如何让PowerPoint利用图片、图表、动画、视频来传达信息，让学习者更容易接受？首先需要的是内容的可视化转换。

传统印刷的学习材料，因为受编写习惯的影响以及为保持知识的系统性和完备性，一般采用文字形式表述知识，文字能够精确描述或定义一个事务，但比较抽象。而课件还可以利用图片、声音、动画等多媒体方式将这些内容形象地表达出来。但如何实现知识表达方式之间的转换？在将文字材料转换成图片或动画等过程中，应当注意哪些问题？

使用课件的最大优势在于课件可以通过一定的技术手段，对一些抽象、难以理解的知识用比较直观的方法表达出来，帮助学生理解与记忆知识。

一般的学习过程要遵循由直观到抽象的过程。但由于教学场所、时间等条件限制，并非所有的学习都要学习者亲身体验，无法做到“做中学”，只有通过模型、模拟、图示等方法弥补直观经验的不足。

教师的教学设计过程恰恰相反，就是要将抽象的知识具体化，设计通过何种形式能较好地将学习内容呈现给学习者。在抽象-直观的转化过程中，最常用的有图和动画两种方法，如图3-21所示。下面以几个实例来说明这两种方法的运用。

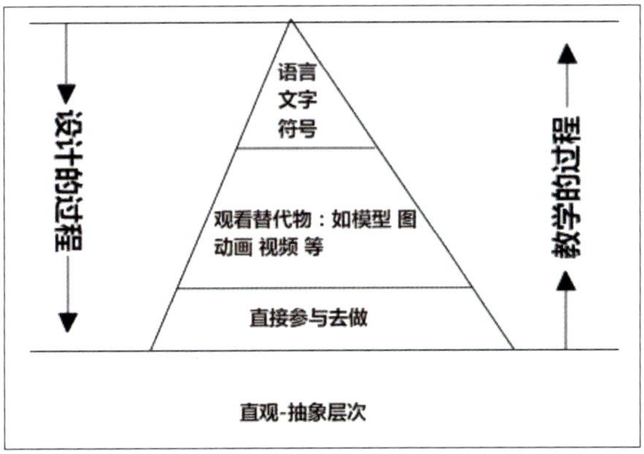

图3-21

（1）对于教学内容中相关的物体或对象，如没有条件为学习者提供实物或实物模型，可以提供图片材料。

如图3-22所示，在介绍数码单反照相机中“单反”的意思时，通常无法在课堂中拆装照相机的镜头，使用实物也不利于演示，可以借图示的方法讲解。

图3-22

但在图示中需要注意一个学习规律：并非提供的学习图片越逼真，学习效果就越好。在很多情况下，使用简易的模型图（见图3-23），反而能让学习者更容易掌握学习内容，这是因为简易的模型图会大大降低无关的信息干扰，从而将注意力集中于物体的本质特征上，如图3-24所示。

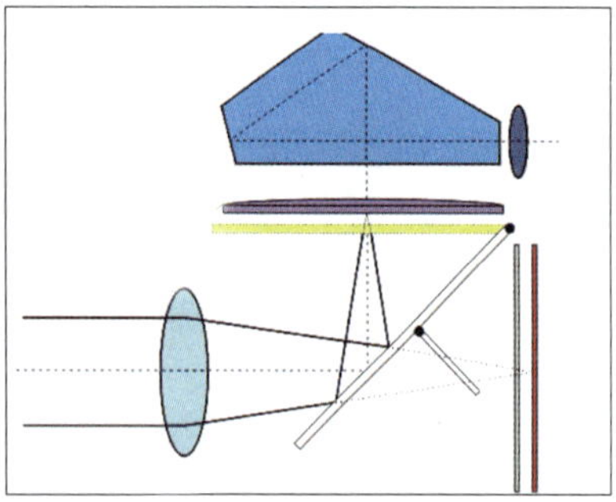

图3-23

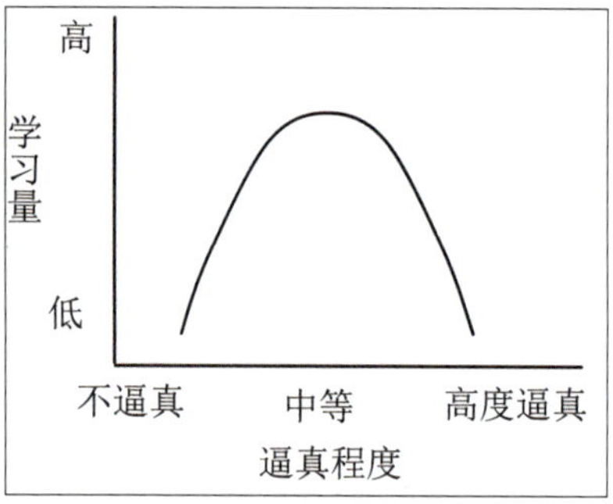

图3-24

视觉材料的逼真程度是影响学生学习效果的一个重要方面。为了让学生认识某个事物而又防止视觉传播的失真，首选的做法是直接呈现实物本身，而没有实物时，就要运用实物的直观图像。

但并不是直观图像越接近原物，逼真度越高学习效果越好。研究结果表明，直观图像等视觉材料与学习效率之间不是成正比关系而是呈“∩”形曲线的关系，所以中等程度的逼真度才是最佳的，如图3-24所示。这是因为高度逼真的视觉材料中包含了过多的细节，许多无关信息分散了学习者的注意力，干扰了他们对有关信息的学习。[1]

1. 接受学习与课堂教学：http://www.pep.com.cn/xgjy/xlyj/xlshuku/xlsk1/jsxx/200806/t20080612_472517.htm

（2）对于一些微观或宏观的物体及现象，也可以利用图片或模型将知识直观化，如物质的微观结构，物体内部等。

化学变化的实质（微观上）是构成物质的分子破裂成原子，原子重新组合新的分子或直接构成新的物质。微观上的变化我们是无法观察到的，在教学时如何解决这个难题呢？如图3-25所示为水（H_2O）的分解，可以借助物质原子—分子结构模型演示变化的过程。

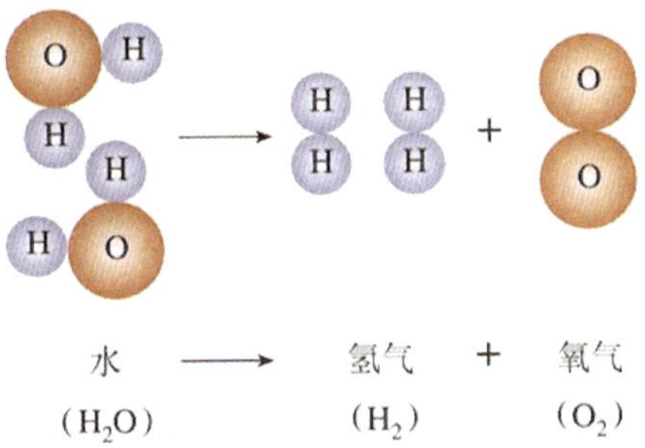

图3-25

水由水分子构成，水分解的实质是水分子破裂生成氧原子和氢原子，氧原子重新组合成氧分子，氢原子重新组合成氢分子，大量的氧分子聚集成氧气，大量的氢分子聚集成氢气。

通过这样的演示可以将事物内在本质展现出来，既形象又直观。

（3）对于一些太快或太慢的运动过程，可以通过控制动画的播放速度，将内容形象地表达出来。

（4）对于文字描述的动态内容可以直接通过动画的方式表达出来，如物体运动、旋转、放大、缩小、函数图像生成等内容。

（5）类比也是一种常用的将抽象内容转换成直观具体内容的方法，很多学习内容学习者难以理解是因为缺乏相应的生活经验，所以将新知识与学习者日常生活经历的经验联系起来，可以有效地促进学习者对新知识的掌握。

（6）使用示意图。教学内容中光、力、电、几何证明、数学问题模型、地图等也是常用的将抽象内容直观化表达的方法，在课件制作中更应当借用这些方式，并且可以用动态的方式展现这些示意图，使之更生动形象。

如图3-26所示，这是生物课件中介绍反射弧以及传导过程的一个片段，这个内容很难理解。可以通过图示模型的方法为学习者提供直观感受，激发他们的联想。

例如，在中学化学教学中会遇到这样的内容：如果视线没有与量筒内液体凹液面的最低处保持水平，而是采用仰视或俯视的方法，将会对读数产生什么影响（如图3-27所示）？

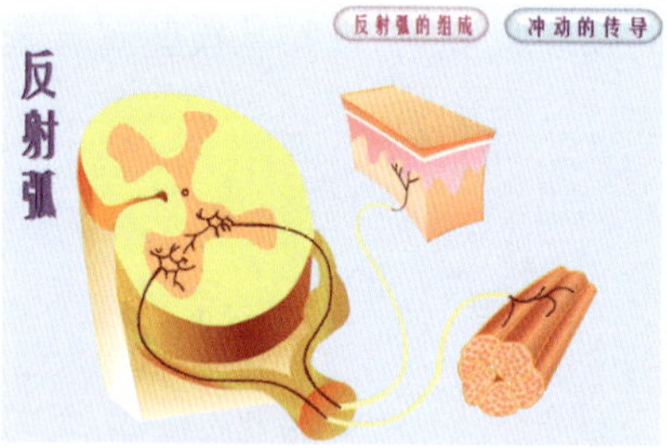

图3-26

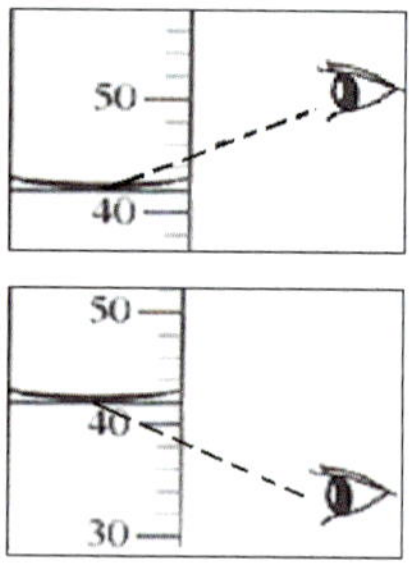

图3-27

直接让学生识记“俯视会造成读数偏高，仰视会造成读数偏低”的结论是没有什么意义的。关键要让学生理解这是光线直线传播原理造成的结果，使用图示的方法可以直观地展现这一原理，增强学生理解，或者可以把眼睛位置的移动与光线的关系做成动画。

（7）历史直观。对于历史事件，声音、图片、影像资料都可以为学生提供生动直观的内容，再现过去的社会生活。

（8）使用概念图和思维导图一类工具。思维导图和概念图可以快速方便地展示知识之间的联系。在教学设计中，我们也可以使用概念图软件对教学内容进行分析，如图3-28所示。

通过对教学内容进行概念图分析、整理，可以帮助教师理解所教知识之间的联系，这也是课件教学设计顺序和结构依据之一，设计合理的概念图可以帮助学生将所学知识纳入到已经有的认知结构中，让学生快速建立起各知识之间的联系。

现在在国内常用的概念图与思维导图工具有以下几种。

XMind：一款非常优秀的概念图工具，个人用户可以免费使用，使用简便，支持多种格式输出，如图3-29所示。

FreeMind：其相比XMind更为小巧，但界面效果没有XMind好，如图3-30所示。下载地址：http://www.newhua.com/soft/71475.htm。

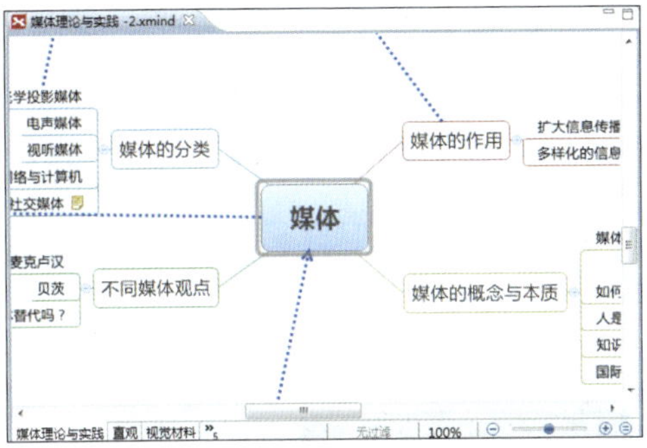

图3-28

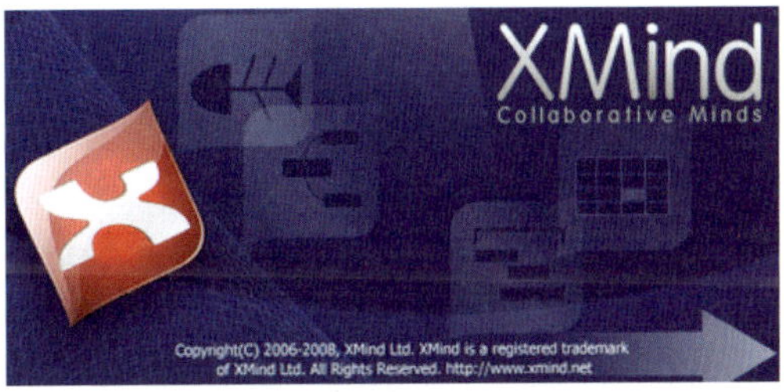

图3-29

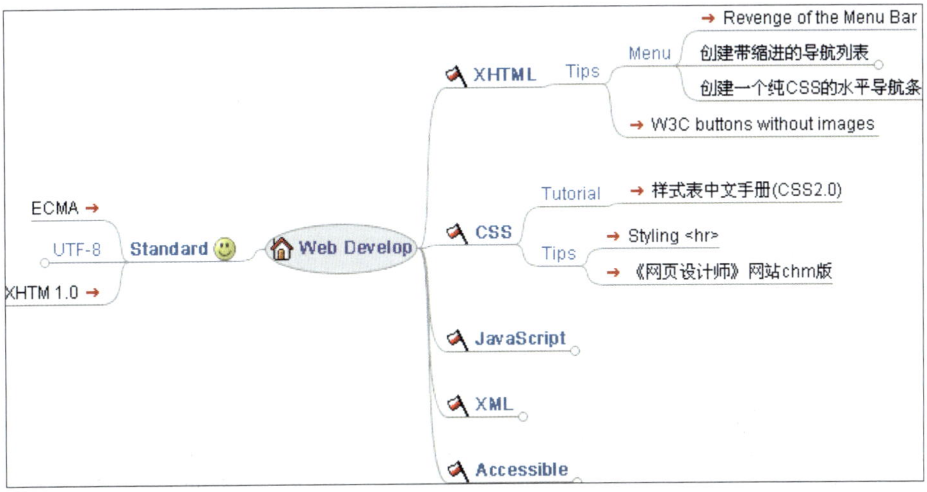

图3-30

Inspiration：一款商业思维导图软件，其优点在于集成了很多视觉效果图标。

MindManager：也是一款商业软件，国内很多老师都使用这个软件，免费版的XMind已经可以帮助我们解决对教学内容的分析问题了。

（9）对于一些抽象的原理和定律，可以使用动画或实验的方式，将这种原理或定律的过程与现象展示出来。像曹冲称象、浮力定律这样的内容，学生可能一开始并不太理解排开的液体和物体受的浮力有什么关系。

可以借助动画的方式展示：排开液体的体积及受到的重力，物体自身的重力，以及置于液体中以后所受到的重力关系，帮助学生理解这些抽象的内容，如图3-31所示。

又如数学中的勾股定理：为什么三角形斜边长度的平方会等于两条直角边长度的平

方和，通过为学生展示拼图动画，就可以帮助学生识记定理内容。

（10）采用象征或联想的方式，利用图片和图标（与文字配合）表达内容。

很多图标与图示，有约定俗成的功能指代，可以借助这些视觉图示表达教学内容，不仅可以增强幻灯片的视觉效果，也可以让学习者快速阅读：看一个图示的速度肯定要快于读一段文字，况且文字在阅读后还要有一个“翻译”的过程。

如图3-32所示的这个图示，并不会带来内容理解上的差异。

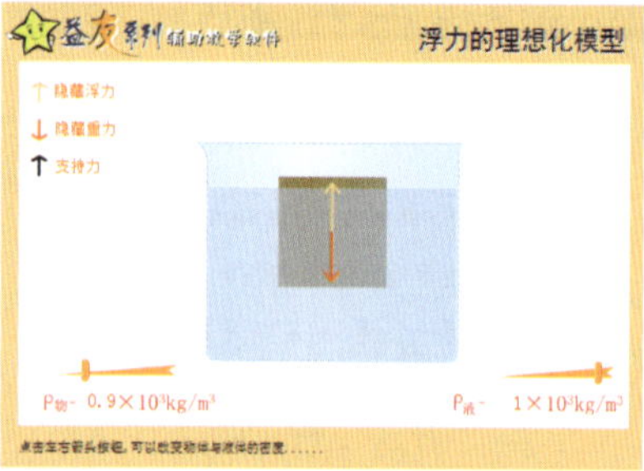

图3-31

图3-32

如图3-33所示是用三种幻灯片表示同一内容——如何准备演示。你认为哪一张幻灯片的表达效果好一些呢？你会担心别人看不懂你的图示吗？你在使用这种幻灯片时，是让学生自己看，还是自己按照幻灯片上的内容复述一次呢？

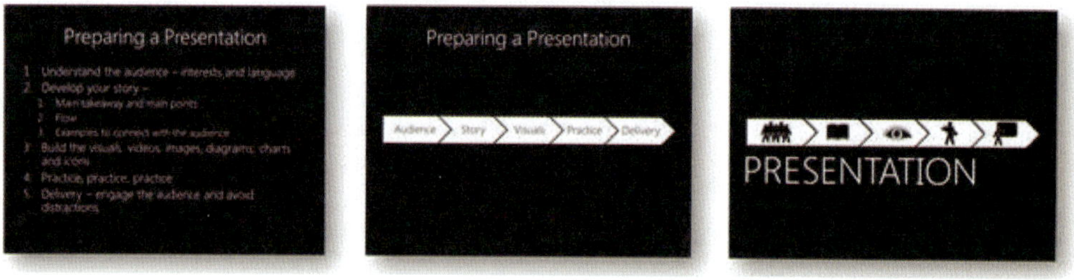

图3-33

第4章

PowerPoint课件中的文字处理技术

本章介绍了PowerPoint课件中文字使用容易出现的问题及相应解决处理的方法，重点介绍了文字内容简化、强化和美化技巧。

在处理PowerPoint课件文字内容时难点是如何加工和转换文字内容形式，如何将一些文字教学材料转为图像或动画等形式（知识可视化）并以适当的方式呈现。

文字处理通常强调的是对文字的排版：字体、段落、间距等，这些功能我们大多在学习文字处理工具（比如Word等）时已经了解。这些功能对学习PPT中文字的处理与加工有帮助，也有干扰，很多人会像使用Word一样使用PPT，从而造成了一些问题，因此在学习PPT文字处理之前，先要明白PPT中文字使用和处理与在Word中使用有何特点和不同（见图4-1）。

Word与PPT中文字使用比较	
阅读/自我	演示/解说
注重内容完整	注重内容结构
以段落组织内容	以关键词或标题组织内容
内容详尽 注重细节表述	一目了然 注重重点突出
起承转合 语言感染	直观形象 视觉吸引
Word=Sentence+Sentence	PowerPoint=Power+Point

图4-1

学习在PowerPoint中处理加工文字时，可以借鉴Word中的技巧和方法，有时甚至可以直接将一些特殊符号（学科符号、公式等）在Word中先进行预处理，但不能忽视PPT对文字的使用要求，如图4-2和图4-3是两个文字结构化和形象化处理的示例。

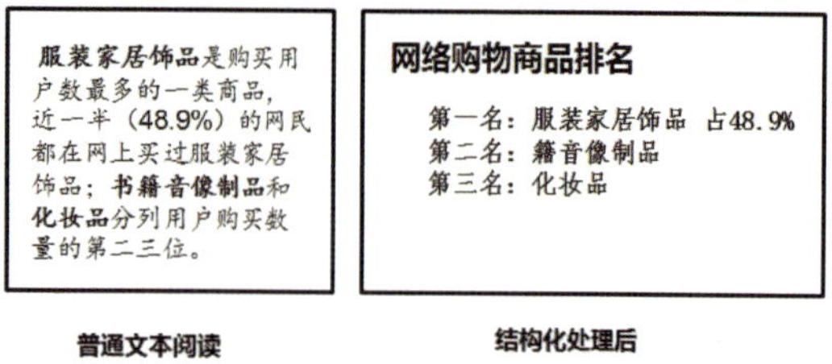
服装家居饰品是购买用户数最多的一类商品，近一半（48.9%）的网民都在网上买过服装家居饰品；书籍音像制品和化妆品分列用户购买数量的第二三位。
网络购物商品排名
第一名：服装家居饰品 占48.9%
第二名：籍音像制品
第三名：化妆品
普通文本阅读
结构化处理后

图4-2

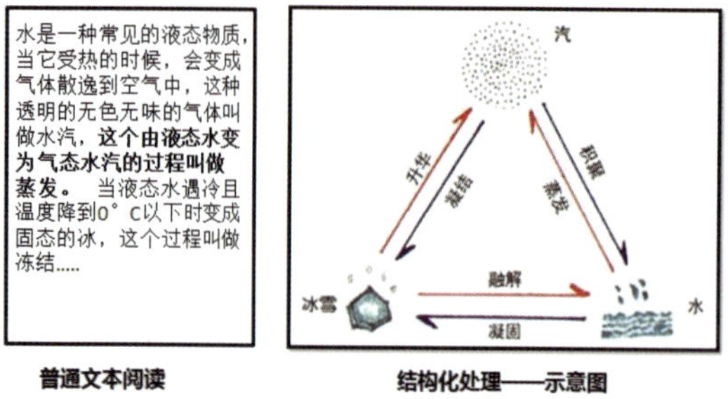
水是一种常见的液态物质，当它受热的时候，会变成气体散逸到空气中，这种透明的无色无味的气体叫做水汽，这个由液态水变为气态水汽的过程叫做蒸发。 当液态水遇冷且温度降到0° C以下时变成固态的冰，这个过程叫做冻结.....
汽
升华
凝结
凝聚
蒸发
融解
凝固
冰雪
水
普通文本阅读
结构化处理——示意图

图4-3

4.1 概述

文字是教学内容的重要表达方式，也是课件中最常用的信息呈现方式，无论是课件的标题，还是学习内容中的概念、定义或对事物的描述，使用文字都是非常恰当的。文字最大的优势在于表达的意思明确，能更好地起到引导、解释作用，但形象感差；图片正好相反，图片是形象感强，每个人看到图片能获取具体的形象，但不一定每个人都能够从图像中抽象概括出概念、规则。

文字在课件中的应用存在的主要问题是文字内容的加工，即如何将传统的印刷材料转换成课件的内容，包括文字内容的简化、结构化、非线性化（链接）、直观化和多媒体化等，也包括文字的编排，如字体、字号、色彩等，其基本要求是重点突出，疏密有间，方便阅读。

在PowerPoint中不能直接在幻灯片上输入文字，只有在预定的文本占位符中或文本框工具中才能输入文字。如果是从其他地方复制文字，则可以插入文框中，在要插入的文框中直接拖动鼠标控制方框的宽度，然后选择选择性粘贴命令。这样可以很好地控制文字的位置与文本框的大小，如图4-4和图4-5所示。

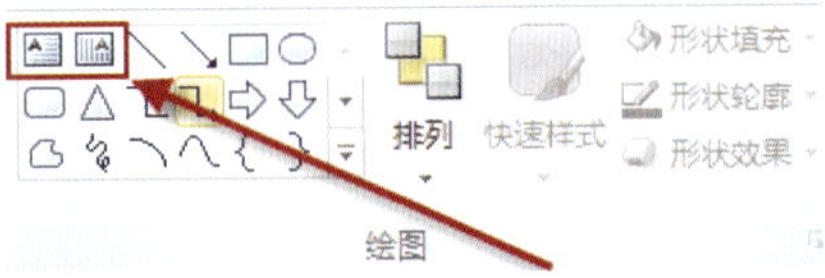

图4-4

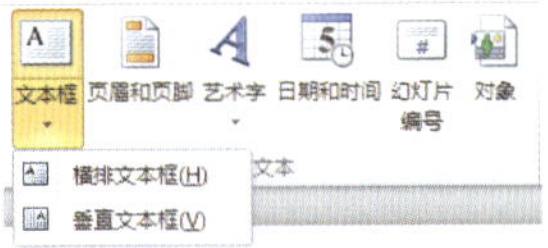

图4-5

技巧

在插入文本框时，选择文本框工具，在幻灯片上拖动鼠标画出文本框的大小（而不只是单击一下鼠标），可以精确控制文本框的宽度。选择性粘贴命令可以去除文字中包含的链接、格式设计等信息，并且能够将文字转换成图像。

插入在幻灯片中的对象，可以通过控制句柄调整其大小和位置。

将鼠标放置在文本框中绿色的圆形句柄上时，可以调整方向。文字除了可以横排与竖排，也可以调整成任意方向，如图4-6所示。

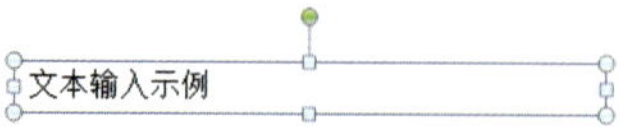
文本输入示例

图4-6

4.2 PowerPoint课件中文本使用常见问题

问题一：满

很多人习惯在一张幻灯片上放很多的内容，但在演示时，幻灯片的停留与切换时间又很短，学习者无法从幻灯片中获得预期的信息，也影响界面美观。

一张幻灯片上放多少文字？有的PPT书籍提到一些处理的方法，如使用5X5规则[1]、3-7原则[2]，规定内容文字的大小必须为22磅，标题文字要在36磅以上，要有意识地控制文字内容，让学习者能在较短的时间里（一般应当在数秒以内[3]）看完幻灯片上的内容。

我们无须拘泥于这些具体的数字与规则，但对于信息量的控制是必须要关注的。在使用文字时，要想一想坐在最后面的学生能看到吗？他们能一眼就能注意到我们想要展示的重点吗？

所谓“知难行易”莫过于此，如图4-7所示，这是一个介绍“使用PPT制作课件”技巧的“课件”，对文字处理也提到了“不要让文字充斥整个屏幕”，但这个页面本身的效果如何呢？

什么是一个好的PPT课件
三、对文字的处理应合理。
1、文字较少时可采用相对较大的字号，但不要让文字充斥整个屏幕，要留有一定的空间。比较少时可在空余的地方插入一些不太容易引人注意的图片或gif小动画。可采用"进入"或"移动"的手法。如图5：文字布满整个了屏幕，没有给边缘留下足够的空间，给人以一种压迫感。
2、文字较多时可考虑采用"移动"手法，但应注意①标题一般情况下不要随之移动。②如果文本比较长，不能缩到满屏显示时一定要把个文本移出屏幕。③在有图案作为背景时可考虑在屏幕的顶端和底端覆盖一个与两端一样的图案，放在文字上上一层，让文本的滚动有种出字幕的效果。④设置文本移动时，要么设置为重复移动，要么在文本移动结束后设置为自动切换到另一张幻灯片或目录，切忌留下一个只有按钮的空屏。

这个页面中的文字密密麻麻，主次不分，而且项目列表使用不当（使用默认项目列表版式的幻灯片都会在回车时自动添加“圆点”等列表符号）。

图4-7

1. 每一张幻灯上的文字不要超过5行，每行不要超过5个关键词。
2. 每一张幻灯处文字不要超过7行，每行不要超过3个关键词。
3. http://www.ebibleteacher.com/tipsprep.html 在7秒以内，阅读完一张幻灯片上的内容。

为了解决文字阅读困难及信息不突出的问题，PPT设计中流行起来了“高桥流”[1]，如图4-8所示。这种方法给文字带来极大的视觉冲击，适用于特定场合的演讲，在课件制作中可以借用此方法处理一些文字标题与内容。

图4-8

文字“满”的问题本质在于在“有限的空间”想要表达的内容太多，不明确所要表达的重点和核心内容是什么。因此解决“满”的问题并不能只是依赖PPT中对文字的排版，更多的是对“内容的简化”，概括出信息表达的“核心”，如果可以将一段话概括成一句话，或一个词，则自然可以解决“满”的问题。

另一种解决“满”的问题是将“文字”的内容转换为“图”的形式，图更易吸引视觉注意。

在排版上可以增加行距及段落间距，并注意排序与缩进，要以能展示不同“层级”或不同内容之间的“结构”关系为原则，如图4-9所示。

问题二：乱

“乱”和“满”一般形影不离，只是乱还表现在幻灯片与幻灯片之间（即多张幻灯片）的“不统 ”。如图4-9所示，这是课件《山居秋暝》中的一些内容。

在这些幻灯片上我们看到了不同的字体，不同的颜色，不同的排版方式，但我们并没有从这些不同中获取要强调的信息，反而让人感觉页面不统一，比较乱。

解决文字排版混乱问题最简单的方法就是：尽可能使用统一的字体（并不是一种字体），使用统一的颜色（并不是一种颜色），注意对齐和统一。另外很多人喜欢在课件中使用艺术字，艺术字在很多情况下与课件文字内容的风格并不协调，需要慎重考虑。

1. 参考维基百科 http://zh.wikipedia.org/zh-cn/高桥流简报法。

如图4-10所示是字体运用的案例[1]。在这张幻灯片上，有一些处理文字的方法可以在制作课件中借鉴。

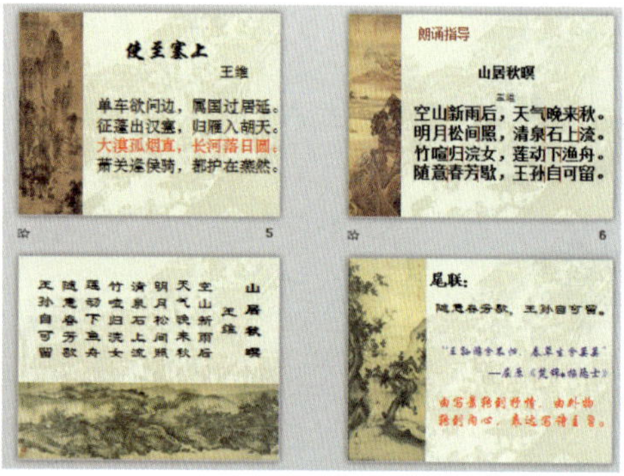
使至塞上
王维
单车欲问边，属国过居延。
征蓬出汉塞，归雁入胡天。
大漠孤烟直，长河落日圆。
萧关逢候骑，都护在燕然。
朗诵指导
山居秋暝
空山新雨后，天气晚来秋。
明月松间照，清泉石上流。
竹喧归浣女，莲动下渔舟。
随意春芳歇，王孙自可留。
尾联：
随意春芳歇，王孙自可留。

图4-9

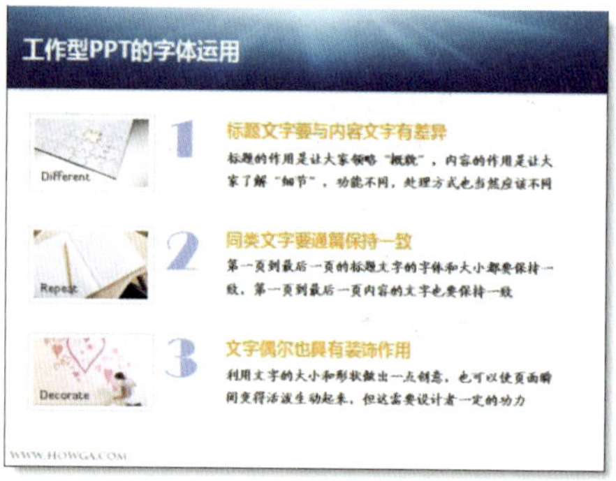
工作型PPT的字体运用
Different
1
标题文字要与内容文字有差异
标题的作用是让大家领略“概貌”，内容的作用是让大家了解“细节”，功能不同，处理方式也当然应该不同
Repeat
2
同类文字要通篇保持一致
第一页到最后一页的标题文字的字体和大小都要保持一致，第一页到最后一页内容的文字也要保持一致
Decorate
3
文字偶尔也具有装饰作用
利用文字的大小和形状做出一点创意，也可以使页面瞬间变得活泼生动起来，但这需要设计者一定的功力

图4-10

从内容编排上，要让标题与不同层级内容之间有不同的区别和缩进，做到层次分明，能有效降低视觉上的“乱”，标题与内容要区分，但标题与标题之间、内容与内容之间形式要统一。

另外除了视觉上的乱，“乱”的问题的产生还在于内容的逻辑和层次上“乱”。在进行内容加工时，要为学习者提供“线索”或“结构”，能帮助学习者更好地理解内容之间的关系，避免认识上的“乱”。如图4-11所示，在介绍100米短跑蹲距式短跑时可以以起跑技术的阶段为线索组织内容。

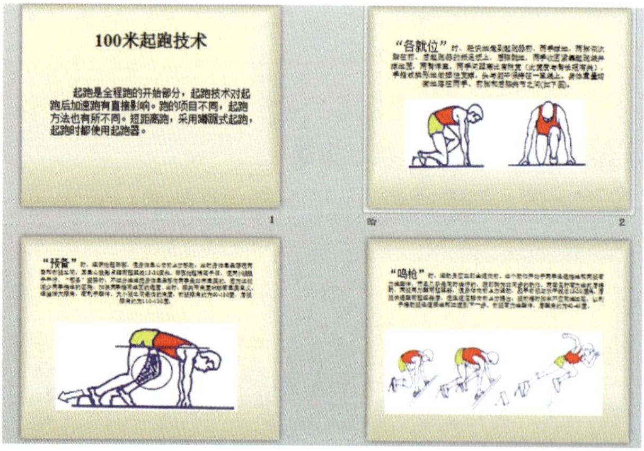
100米起跑技术
起跑是全程跑的开始部分，起跑技术对起跑后加速跑有直接影响。跑的项目不同，起跑方法也有所不同。短距离跑，采用蹲踞式起跑，起跑时都使用起跑器。
“各就位”
“预备”
“鸣枪”

1. 工作型PPT文字处理方法 http://lonelyfish1920.blog.163.com/blog/static/117135176200910172475335/。

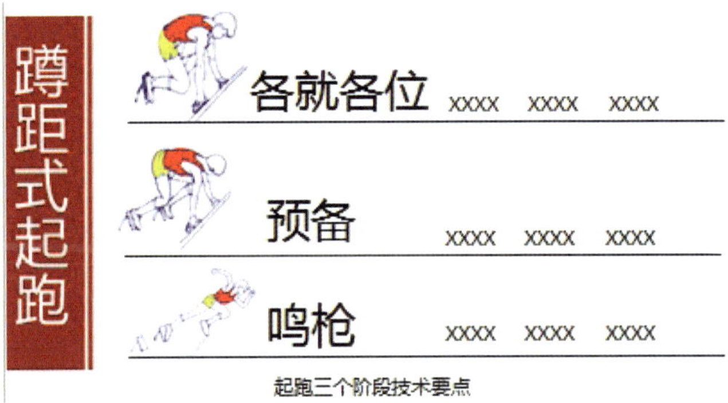

图4-11

如果可以找到比较清楚的三个阶段的示意图，则可以将三张图片水平排列，将技术要点在图中标示，更为直观，避免产生认知上的“乱”。

问题三：文字的色彩或背景使用不当，有时文字颜色与背景相近，难以辨别阅读

如图4-12所示，这是城市建设与规划课件中的一张幻灯片，幻灯片的背景图案与课件内容相关，但左侧导航文字很难辨认。有清晰图案的背景容易对课件的内容呈现带来干扰。

一般课件的背景要与文字形成强烈的对比，才能保证课件文字内容的显示效果。

如图4-13所示的幻灯片存在同样的问题，解决这类问题有三种方式：

图4-12

图4-13

（1）更改文字颜色；

（2）更换背景；

（3）在文字下方添加纯色填充的自绘图形，让文字更加突出，如图4-14所示。

校园春景
2015-4-6
校园春景
2015-4-6
校园春景
2015-4-6
校园春景
2015-4-6

图4-14

如图4-15所示的幻灯片实际上也有上面所说的问题：诗句内容没有对齐，色彩太多，显得比较花哨，不够简洁统一，而且文字显得有些挤，应当删减一些内容。像“下面，走进唐代诗人王维笔下的秋景”这样的文字是教师的讲解过渡语言，不应当出现在幻灯片上。

从教学设计角度来看，现代的教学强调的是引导学生积极思考，使用课件并非为了把一些结果直接呈现给学习者，像“哀颓萧杀，豁达”这样的结论性内容，可以在诗句内容呈现后再出现，或直接设计成问题，如“不同文字描述下的秋有何不同？”，图4-16是将图4-15修改后的效果。

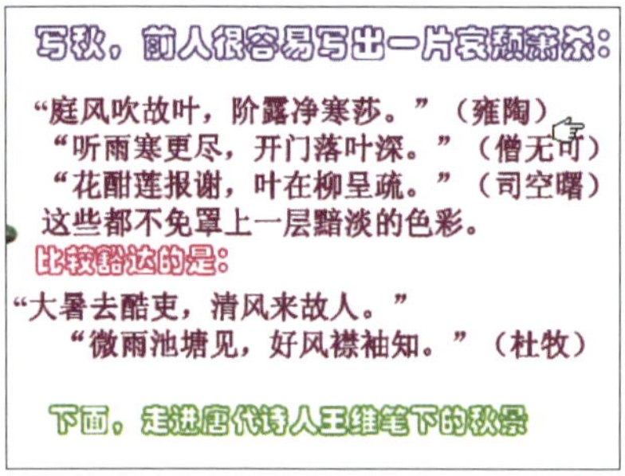
写秋，前人很容易写出一片哀颓萧杀：
“庭风吹故叶，阶露净寒莎。”（雍陶）
“听雨寒更尽，开门落叶深。”（僧无可）
“花酣莲报谢，叶在柳呈疏。”（司空曙）
这些都不免罩上一层黯淡的色彩。
比较豁达的是：
“大暑去酷吏，清风来故人。”
“微雨池塘见，好风襟袖知。”（杜牧）
下面，走进唐代诗人王维笔下的秋景

图4-15

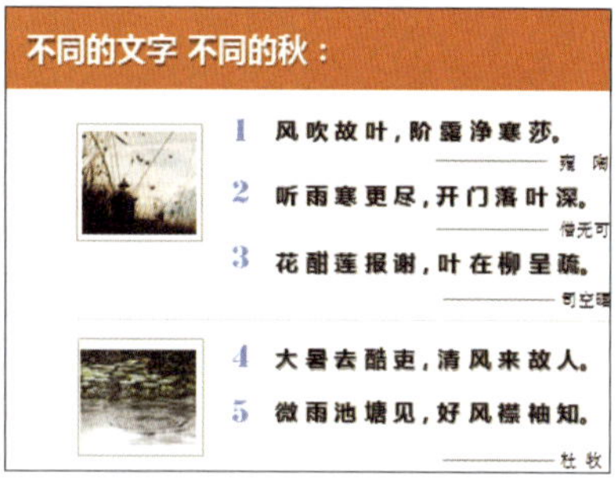
不同的文字 不同的秋：
1 风吹故叶，阶露净寒莎。
雍陶
2 听雨寒更尽，开门落叶深。
僧无可
3 花酣莲报谢，叶在柳呈疏。
司空曙
4 大暑去酷吏，清风来故人。
5 微雨池塘见，好风襟袖知。
杜牧

图4-16

要让文字看上去不是那么乱，应注意以下几点：

（1）相同内容的文字，使用相同的字体，如标题文字统一使用黑体，内容说明文字统一使用宋体；

（2）尽可能使用相对统一的颜色与字号，如强调的文字可以用统一的红色，加粗；

（3）排列有序，注意对齐，文字之间的间距要统一，还可以添加序号或分隔线条等元素，使文字看起来有条理。

案例1：简化课件中的文本内容

制作课件时，不可能简单地将教材上的内容照搬到课件里，内容要有取舍增删，形式要适当合理，要充分发挥课件的优势。

方法一：使用更多的幻灯片

想一想，如果把一张幻灯片的内容分散到两张、三张或更多张幻灯片上去，那它还会显得很挤吗（见图4-17）？

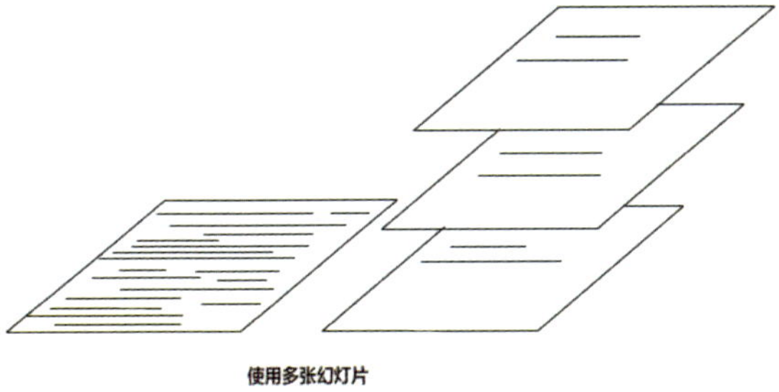

图4-17

在制作课件时，我们强调的是“不要在一张幻灯片上排满文字”，而不是“不要在课件中使用太多的文字”。文字是传达教学内容非常重要的方式，在课件设计制作中是不可或缺的，如何避免文字密密麻麻地挤在一起呢?

一种简单有效的方法就是把文字内容分到更多的幻灯片上，把原本在一张幻灯片上展示的内容，用两张、三张或者更多张幻灯片展示出来。

在做这种设计时，我们要注意内容的连续性，在任何时候，内容之间有清晰的逻辑是非常重要的。

方法二：精减内容，提炼关键性信息[1]

对于大多数内容，我们都可以将描述、解释说明的部分剔除，只保留关键性的信息，以保证这些关键性的内容能被学习者注意到。至于内容的解释及描述，教师在使用课件过程中可以用自己的解释引导学习者对内容的理解，如图4-18所示。

而且对于大多数特定的内容，都有一定的方法可以帮助我们找出关键性信息。

如对事件的描述，可以概括出事件发生的时间、地点、起因、背景、经过与结果。

对人物的介绍，可以概括出生平主要事件、生活环境、成长过程与取得的成就等。

对定义的介绍，要概括的是“属性”＋“种差”。

对于定理的推理与证明，要突出证明方法与过程，重点是其内在的逻辑。

当前我国信息技术与课程整合存在的主要问题
修改前的 PPT 设计

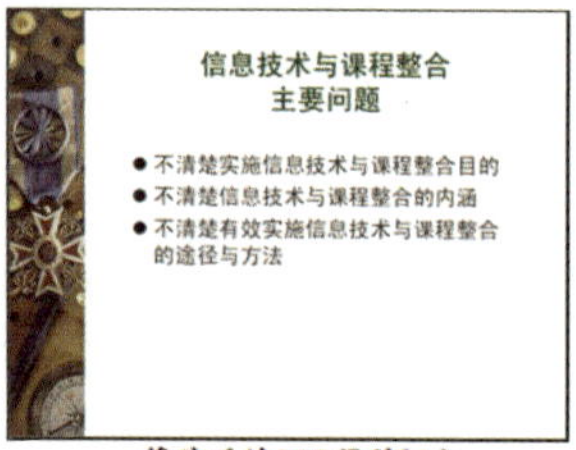
信息技术与课程整合主要问题
不清楚实施信息技术与课程整合目的
不清楚信息技术与课程整合的内涵
不清楚有效实施信息技术与课程整合的途径与方法
修改后的 PPT 设计(1)

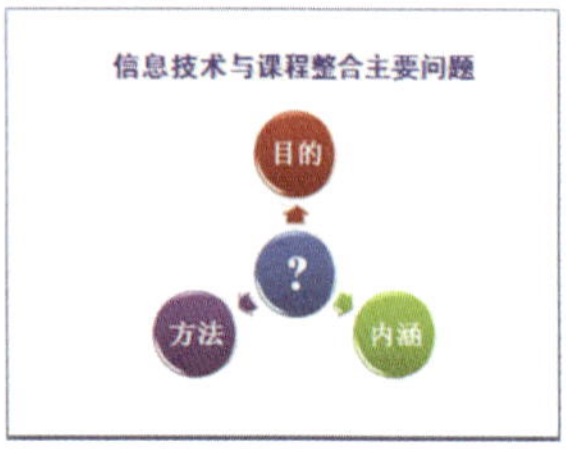
信息技术与课程整合主要问题
目的
?
方法
内涵
修改后的 PPT 设计（2）

信息技术与课程整合
修改后的 PPT 设计（3）

图4-18

例如，如图4-19所示，在介绍短跑技术的“幻灯片”上满满的文字都是承接性文字，其核心内容是了解短跑技术和体验短跑价值，可以结合图+关键词的形式突出内容的“核心”，承接和解释性的内容可以在备注或言语解说中完成。

---

1. http://www.qyedu.net/WenYuan/ShowArticle.asp?ArticleID=1127　原文章《教师博览》2008年第11期。

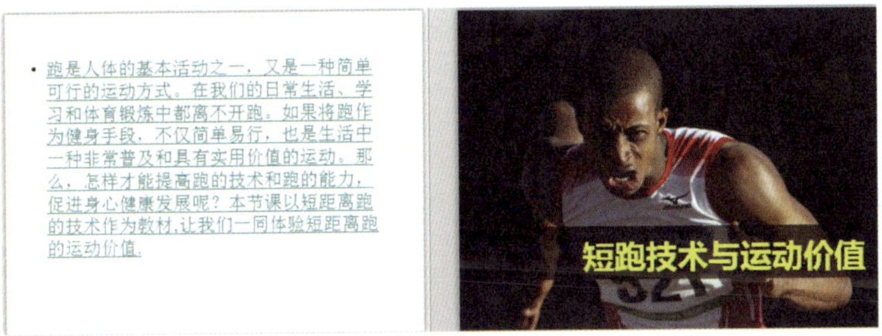
跑是人体的基本活动之一，又是一种简单可行的运动方式。在我们的日常生活、学习和体育锻炼中都离不开跑。如果将跑作为健身手段，不仅简单易行，也是生活中一种非常普及和具有实用价值的运动。那么，怎样才能提高跑的技术和跑的能力，促进身心健康发展呢？本节课以短距离跑的技术作为教材，让我们一同体验短距离跑的运动价值.
短跑技术与运动价值

图4-19

方法三：使用自定义动画，控制文字内容

有时一个幻灯片上的内容很多，但只要不是同时出现，而是按一定顺序出现，利用动画控制内容的显示与出现顺序，也就不会显得拥挤。

关于自定义动画的使用方法，请参考相应章节。

案例2：强化课件中的文本内容

强化课件中的文本内容就是使一些关键性的文字信息更突出。运动（如闪烁）[1]、新奇性（如颜色变化）的内容很容易受到学习者的注意，但这些方法的使用要适当，防止干扰学习内容，分散学习者的注意力。

对比也是强化内容非常有效的方法，运动也是一种对比（静与动的对比），对比有很多种方式，如大小、明暗、色彩等。

如图4-20所示是平行线课件中关于平行线的定义。

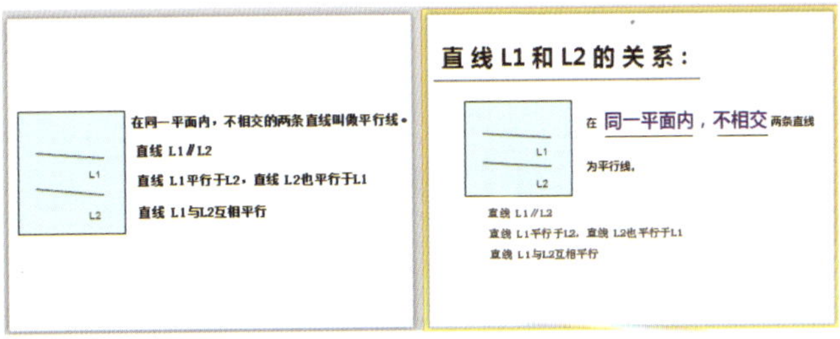
L1
L2
在同一平面内，不相交的两条直线叫做平行线。
直线 L1//L2
直线 L1平行于L2，直线 L2也平行于L1
直线 L1与L2互相平行
直线L1和L2的关系：
在 同一平面内，不相交 两条直线
为平行线。
L1
L2
直线 L1//L2
直线 L1平行于L2，直线 L2也平行于L1
直线 L1与L2互相平行

图4-20

1. 参考第7章 PowerPoint课件中动画与视频处理技术。

可以通过改变文字颜色，增加字号，选择不一样的字体，加粗等方法，让一些关键性的信息得到强化，如图4-21所示。

SMTP
SMTP提供的是一种直接的端对端的传送方式，不依赖中途各点来传送信息。如果传递失败，系统很快会有回应。

图4-21

在文字下方添加与文字色彩对比强烈的自绘图形[1]也是强化文字内容效果很好的方法。

在课件制作中，一般会选择黑白、蓝白、红黄、红黑、绿白、黑黄等几组色彩对比，如图4-22所示。

如果使用的是PowerPoint 2007或PowerPoint 2010，可以直接为文字添加快速样式，如图4-23所示。

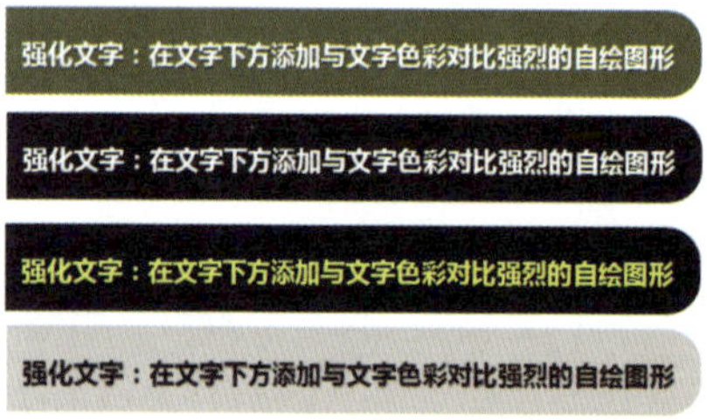
强化文字：在文字下方添加与文字色彩对比强烈的自绘图形
强化文字：在文字下方添加与文字色彩对比强烈的自绘图形
强化文字：在文字下方添加与文字色彩对比强烈的自绘图形
强化文字：在文字下方添加与文字色彩对比强烈的自绘图形

图4-22

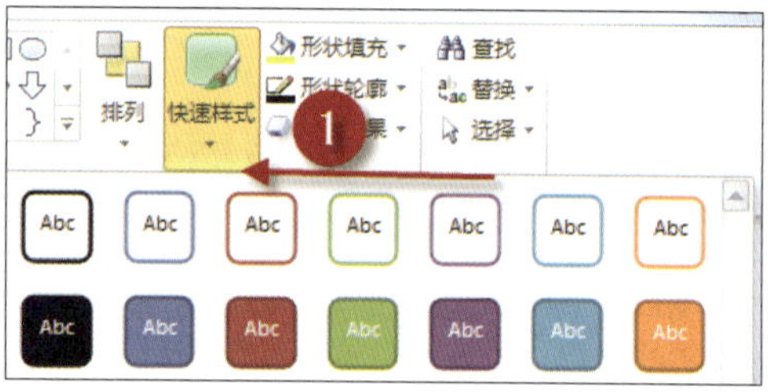
形状填充
查找
替换
选择
排列
快速样式
1
Abc

图4-23

为文字添加边框（利用自绘图形功能实现，不是文本框的边框），可以引导学习者将注意力集中在框架内，从而起到强化的作用。而且恰当的边框，还具有一定的美化与修饰作用，如图4-24所示。

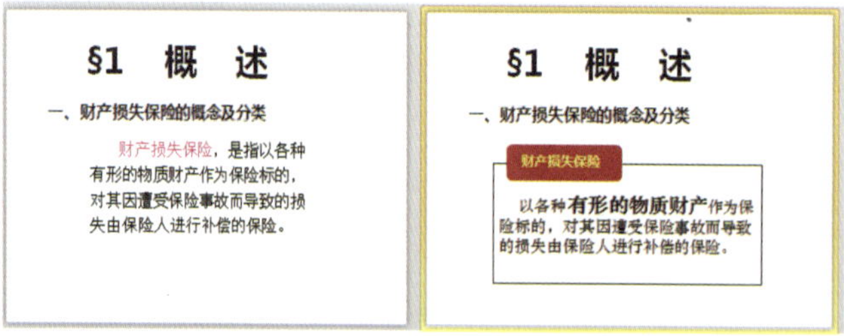
§1 概 述
一、财产损失保险的概念及分类
财产损失保险，是指以各种有形的物质财产作为保险标的，对其因遭受保险事故而导致的损失由保险人进行补偿的保险。
§1 概 述
一、财产损失保险的概念及分类
财产损失保险
以各种有形的物质财产作为保险标的，对其因遭受保险事故而导致的损失由保险人进行补偿的保险。

图4-24

1. 关于自绘图形更多操作，请参考第5章 PowerPoint课件中的图像处理技术。

有次序和逻辑的内容会比没有顺序的内容更容易吸引学习者的注意力。对内容合理组织，添加一定的引导符号，如排序的序号等，也可以起到很好的强化作用。

如图4-25所示，利用时间线将第一次世界大战中主要事件组织起来，结构清晰，一目了然，虽然文字的字号不大，但仍然会吸引学习者按一定的次序去查看信息。

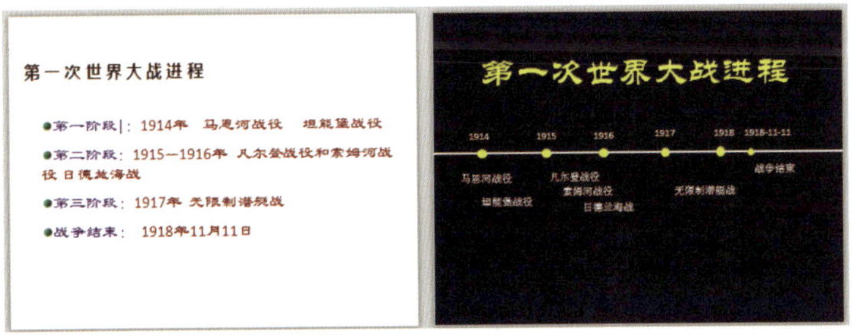

图4-25

同样，我们可以利用箭头、流程图等方式来介绍事件的发展过程，这样不但能让内容结构更清楚，也可以很好地引导学习者观看学习内容。

注意

在图4-19中左图的幻灯片文字前面都有一个圆点（也称项目列表），这是我们在使用默认幻灯片上的列表占位符输入文字时造成的，在输入文字时，只要按Enter键，就会自动在前面加上项目列表符号，这些符号实际没有任何意义。

建议大家在输入文字时，利用单独的文本框添加文字，这样可以更灵活地控制文字行与行之间的间距。

案例3：美化课件中的文本内容

影响文字外观的第一要素是字体。现在个性化的字体越来越多了，如图4-26所示。

图4-26

在PowerPoint 2010中使用字体前要先安装字体，为了保证使用的字体在其他的电脑上也能显示，还需要掌握嵌入字体或将文字转换为图片的方法。

PowerPoint 2010版与2003版比较，在文字上变化很大，特别是PowerPoint 2010中的文字是一种特殊的“形状”，具有自己独立的“轮廓”和“填充”设置，能够利用不同的填充制作出多种个性化文字效果，如图4-27所示。

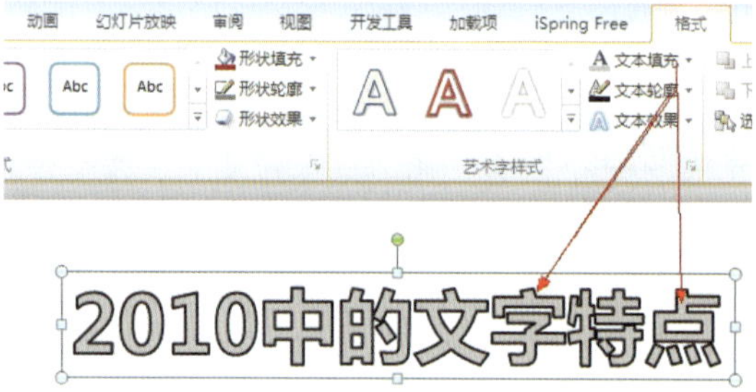

图4-27

在PowerPoint 2010中可以设置文字的轮廓，包括轮廓的线型、颜色以及粗细等，其中的填充设置效果也更多了，可以设置颜色、纹理、图片甚至背景（填充背景可以让字隐藏，在文字中放置运动的对象时，可以制作类似的遮罩效果）。

注意，在PowerPoint中设置文字填充和轮廓的方法是选中文字本身（不是文本框），再选择格式中的相应命令，或者单击鼠标右键，在弹出的菜单中选择“设置文字效果格式-文本填充”命令。

1. 如何在计算机中安装和使用第三方字体

最简单的方法就是将从网站上下载的字体解压后（一般为TTF或OTF格式的文件）复

制到控制面板中的字体文件夹即可，如图4-28所示。或者直接双击字体文件，安装文件自动将字体复制到相应目录，安装字体后，通常在重启软件后才可以正常使用。

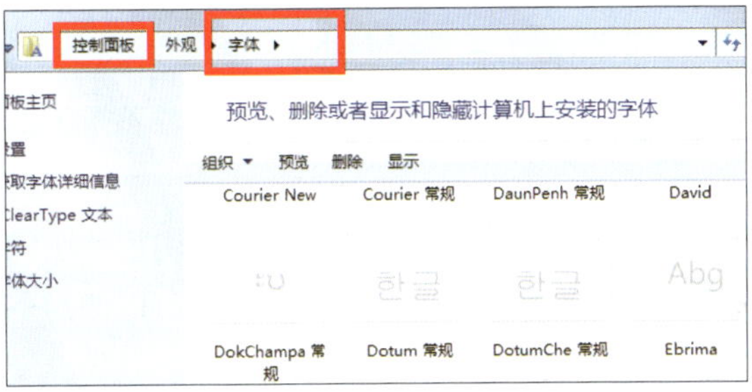

图4-28

为了保证制作的课件可以在其他计算机上正常播放和显示，建议使用计算机中常用的字体，而尽量不用其他第三方字体。如果使用了第三方字体，则请参考第11章PowerPoint课件打包技术，学习如何将字体嵌入到PPT课件中。

除了低年级或美术、书法类课件需要特别展示的字体，在一般的课件中，应当选择以下几种计算机中都有的字体作为课件的标题或内容的字体，如图4-29和图4-30所示。

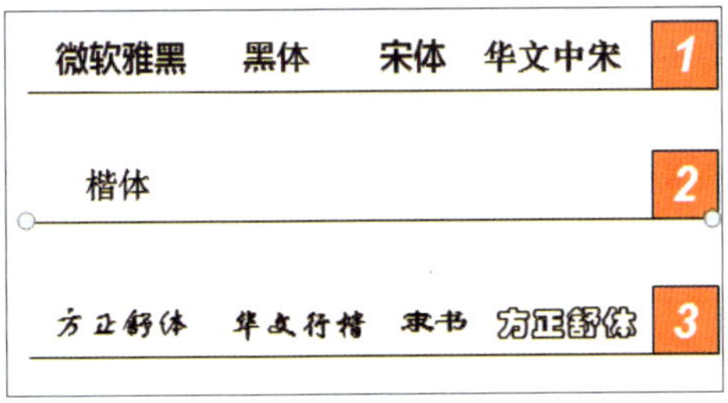

图4-29

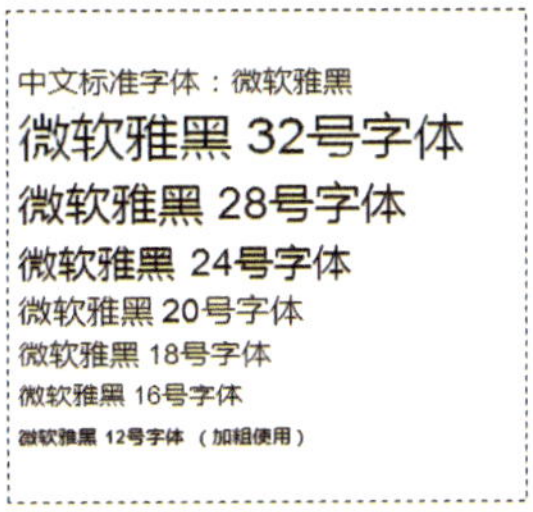

图4-30

影响字体的第二个要素就是字体的颜色、字号和位置。

一般文字的字号设置要能够区分内容与标题，课件展示中的文字不能太小，应当适当加大文字之间的行距，否则文字紧贴在一起时用PPT投影出来不适合阅读。

注意

我们在为文字设置字号时，为了区别标题、正文等不同的内容，可以使用不同的字号，但自身要相对统一。即“不同用途的文字，要有不同的外观标式，以示区分。”

实际上我们也可以利用文字的字号与颜色的深浅来改变文字内容的显示效果。

在课件中美化修饰文字除编辑上述的文字位置、大小、颜色、字体等因素以外，还要关注文字的方向、修饰效果等。总体上课件美化要求文字大小有致，疏密有间，文字排版忌满、花、繁。一页文字的行数控制在5～6行为宜，还有就是人们常说的“3”字原则：使用颜色不宜超过3种，层次不宜超过3层，字体不宜超过3种[1]，这并不是绝对的，做到相对统一即可。

在PowerPoint中，使用了艺术字效果的文字会与课件中的其他文字风格相差比较大，不建议过多使用艺术字。但在有些课件中，特别是面向儿童的课件中，可以使用一些艺术字效果作为标题等，如图4-31和图4-32所示。

图4-31

图4-32

2. 改变文字之间距离的方法

文字之间的距离包括：文字与文字之间的水平距离，行与行之间的垂直距离。一般我们通过使用空格键、Tab键添加空格或制表符增加文字水平方向的距离，使用按Enter键插入空行的方法增加文字行与行之间的垂直间距。

（1）使用字符格式功能区的“字符间距”命令可以改变字符的间距，如图14-33所示。

1. 基于PPT课件制作博客：文字的分级处理 http://quick-learning.blogbus.com/logs/63155258.html

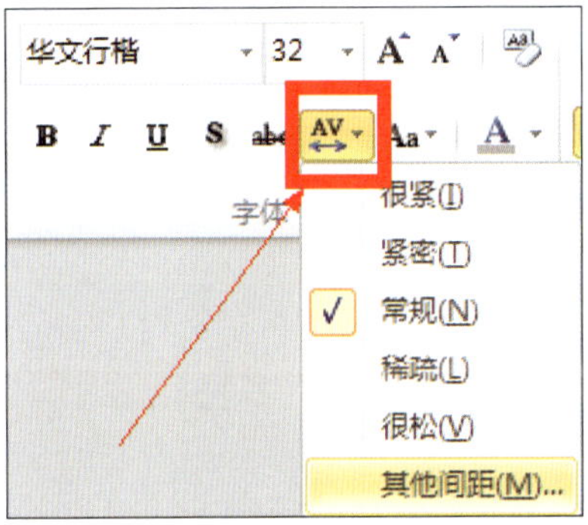

图4-33

（2）利用段落设置命令可以改变文字之间的行距，如图14-34所示。

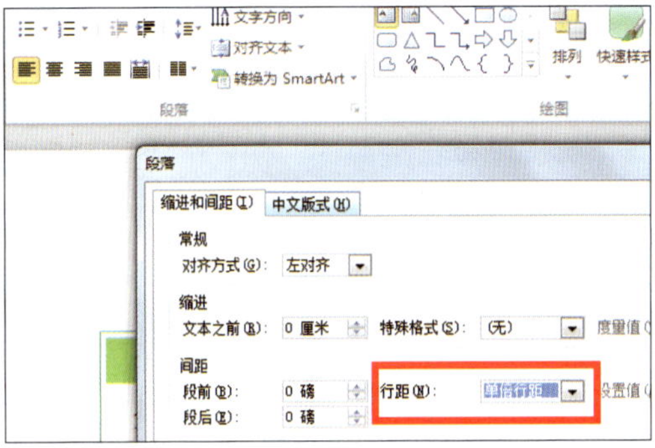

图4-34

3. 阴影、映像、倒影等文字效果的实现

第一种方法是利用PowerPoint中的字体实现阴影效果。

第二种方法是利用文字叠加实现的阴影效果。文字叠加，就是将文字复制一份，颜色设置成灰色，放于原来的文字的下层。

第三种方法是利用PowerPoint 2007或2010的“设置图形格式”功能中的阴影设置实现的阴影效果。

第四种方法是利用PowerPoint 2007或2010的“设置图形格式”功能中的映像设置实现的阴影效果，此方法应用比较灵活。

第五种方法是利用 PowerPoint 2007 或 2010 的“艺术字快速设置样式”中的描边效果设置阴影效果。

具体效果如图4-35所示。

图4-35

在文本框中单击鼠标右键，在弹出的菜单中选择“设置形状格式”命令。在弹出的对话框中设置阴影和映像等选项就可以改变文字的效果，如图4-36所示。

双击文本框，功能区中会出现“绘图工具”标签，单击下面的“格式”命令，就可以进行艺术字样式设置了，如图4-37所示。

除了艺术字样式，在“格式”标签中，还可以设置更多的文字效果。

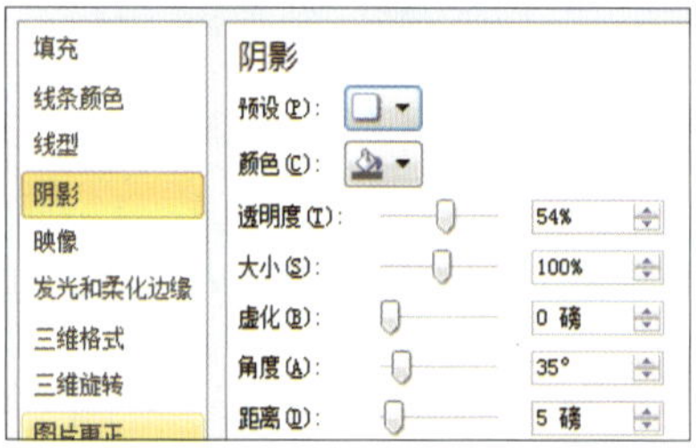

图4-36

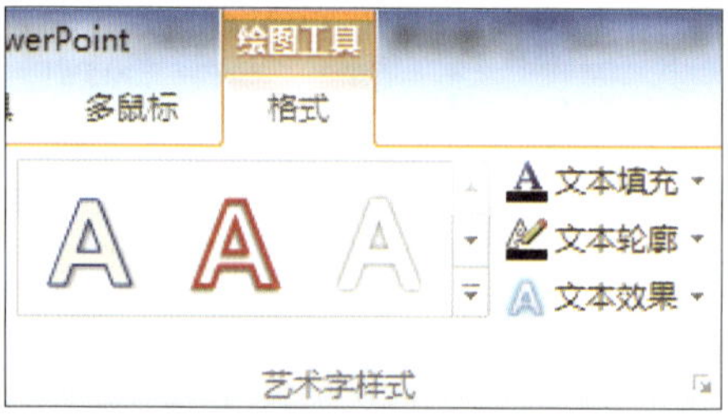

图4-37

4. 双色字效果制作

双色字是指一个字有两种颜色。此种文字经常应用于标题文字，用于美化标题效果。图4-38中的文字看起来有两种颜色，一种是红色，一种是黑色，并与背景色分别对应。

但PowerPoint是无法将一个文字设置成两种颜色的，如图4-38所示的这种效果，实际是两种颜色的字重合在一起的，然后将上面的字裁切掉一部分。

制作双色字效果的关键之处是把处于上层的文字转换为图片，在PowerPoint中只有图片才能使用裁切工具，如图4-39所示。

图4-38

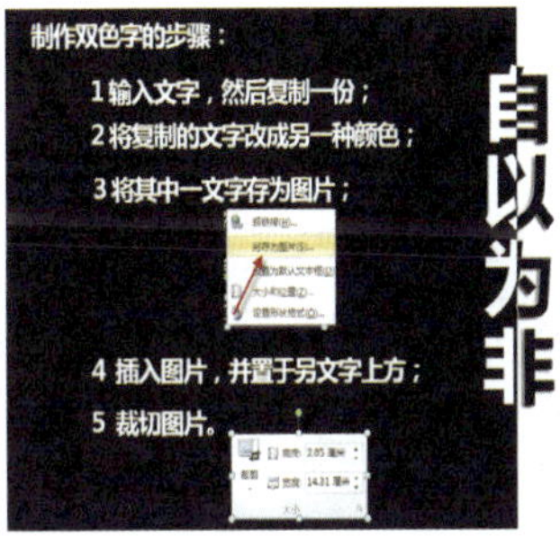

图4-39

将文字转换为图片有两种方法，一种是输入文字后，在文本框上单击鼠标右键，在弹出的菜单中选择“另存为图片”命令，将文本内容存为图片文件，然后再重新插入到PPT中；另一种方法是将文本框剪切，利用“选择性粘贴”命令中的“图像格式”选项。

将文字转为图片，不仅能解决文字的裁剪、字体的兼容问题，而且还能解决文字的水平翻转和垂直翻转问题。在PowerPoint中，如果对文字设置翻转效果实际是将图片“旋转”，如图4-40所示。

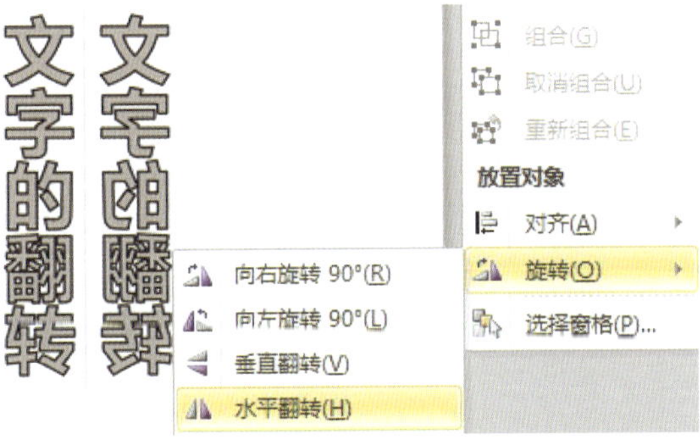

图4-40

也可以使用文本填充的方法设置双色字，填充方式选择渐变填充（设置渐变色时保留两个颜色，如红黑双色字，渐变色设置为:红-红-黑-黑，中间的红黑重合）。

5. 文字填充图片效果制作

文字填充图片效果是指文字的背景（中间填充部分）是图片。以前制作文字效果或背景填充都是对文本框操作的，实际在PowerPoint 2010中还可以对文字自身进行填充，利用这种特性可以制作出任意你喜欢的图案文字，如图4-41和图4-42所示。

图4-41

图4-42

具体实现的方法是利用PPT中的艺术字填充设置，艺术字可以设置多种对象进行填充，当然也包括图像，具体操作如下。

（1）准备好要填充的图片并复制。

（2）选中要制作的字，单击“艺术字样式”选项区中的下拉列表按钮，打开“设置文本效果格式”对话框，单击“剪贴板”按钮（也可以直接选择文件再选中图像），如图4-43所示。

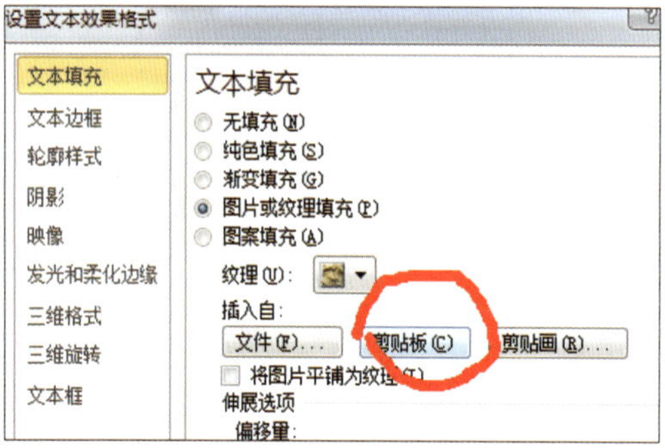

图4-43

在PowerPoint中，能将文字转换为图片，通过填充也能实现将图片变为文字了。文字和图片之间的转换已经不存在界限了，特别通过用转换成正方形的文字符号来填充图片，还能够任意改变图片的长宽比例，如图4-44所示。

图4-44

6. 立体文字的制作

通过阴影、透视、渐变光照等手法可以让文字形成立体效果。在PowerPoint中可以直接通过对象的三维格式和三维旋转设置更快捷地设计三维效果，为文字设置三维效果（不是文本框），要选中文字，然后选择设计文本效果格式，如图4-45所示。

在设计立体文字时最重要的是选择相应的三维格式和三维旋转角度。

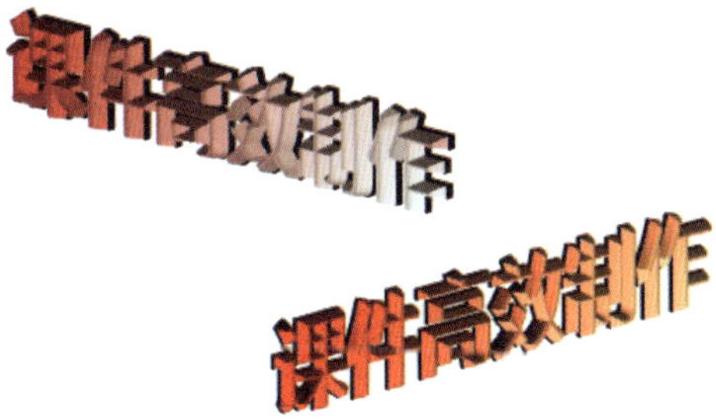

图4-45

案例4：文字排版注意的几个问题

前面讲述了强化和美化文字的一些方法，适合对标题等文字较少的页面使用，如果课件内容页面有较多的文字，则主要考虑的是文字的排版问题。可以考虑使用Word中的一些排版技巧，如采用首字下沉、分栏、左侧添加垂直修饰线等设置。

具体操作可以参照以下过程。

1. 组块与分类

首先对文字内容进行概括和简化，提炼关键词和重点信息，并对这些内容进行加工，如分类、设计概念图、排序等。然后按教学设计中的组块原则，确定每一页幻灯片上的内容，按组块原则进行呈现，如图4-46所示。

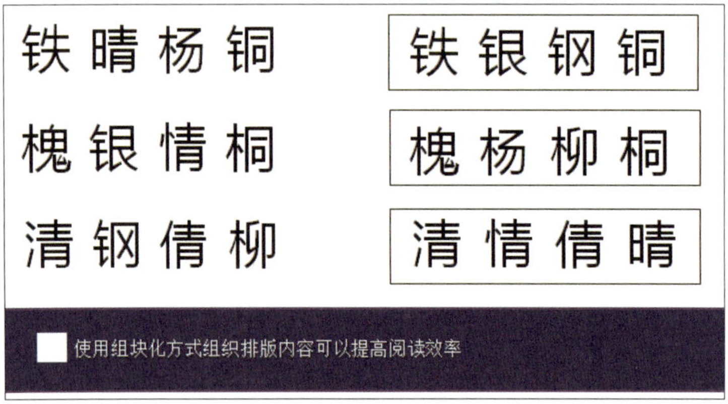

图4-46

在页面内容较多时，要分清内容之间的层次、关系和相关性，相关的内容在视觉上要形成一个整体或区域（在空间上更靠近一些），也称聚拢原则。

2. 对齐

在文字排版中最基本的要求是对齐，包括文字与文字之间的对齐，也包括文字与其他元素之间的对齐，对齐不一定是完全左对齐或右对齐，也可以是按一定的线条方向进行的对齐。

对齐还包括不同对象之间的距离与间距，如图4-47所示。

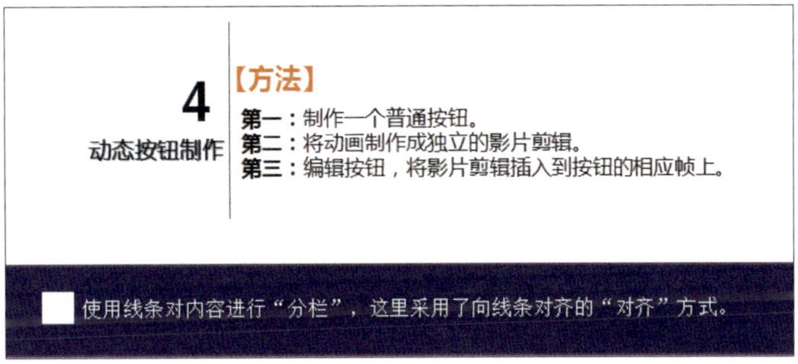
4
动态按钮制作
【方法】
第一：制作一个普通按钮。
第二：将动画制作成独立的影片剪辑。
第三：编辑按钮，将影片剪辑插入到按钮的相应帧上。
使用线条对内容进行"分栏"，这里采用了向线条对齐的"对齐"方式。

图4-47

3. 对比

因为文字比较多，所以空白更为重要，可以调整文字之间的间距和行距，例如为了突出一些重要文字内容，可以采用对比强化方法，对文字进行加工，如图4-48所示。

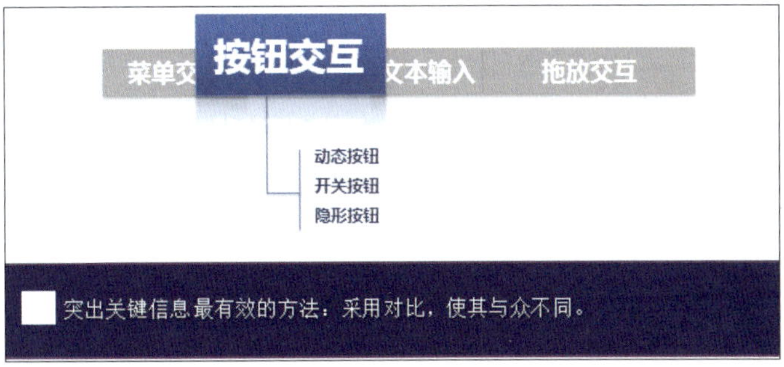
菜单交
按钮交互
文本输入
拖放交互
动态按钮
开关按钮
隐形按钮
突出关键信息最有效的方法：采用对比，使其与众不同。

图4-48

案例5：特殊文字与符号的输入

在PowerPoint中，利用字体相关的设置，可以非常方便地为文字添加上标或下标这样的符号，但对于特殊的符号，如数学公式、化学方程式、物理公式等输入却比较麻烦，下面介绍一些相对简洁的方法。

在PowerPoint中无法直接输入汉语拼音，可以在Word中输入汉语拼音后复制到PowerPoint中，如图4-49所示。

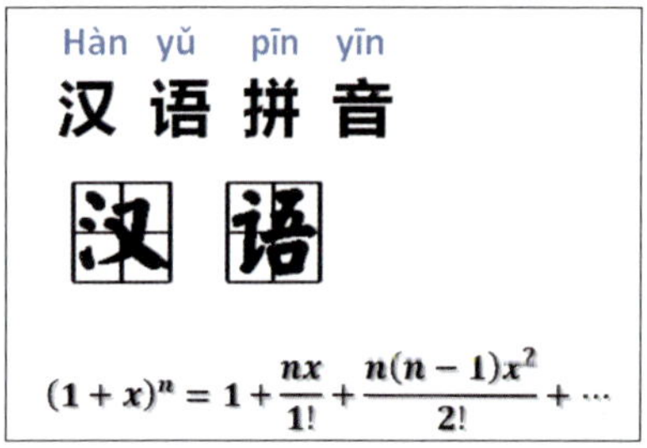

图4-49

如果要为汉字添加田字格，应选择习字体作为文字的字体，但要保证习字体文字正确显示，在保存文件时，应当嵌入习字体，具体操作见第12章 PowerPoint课件打包功能。

在PowerPoint中插入公式时，可以通过插入对象命令并选择Microsoft公式3.0来完成，如图4-50所示。

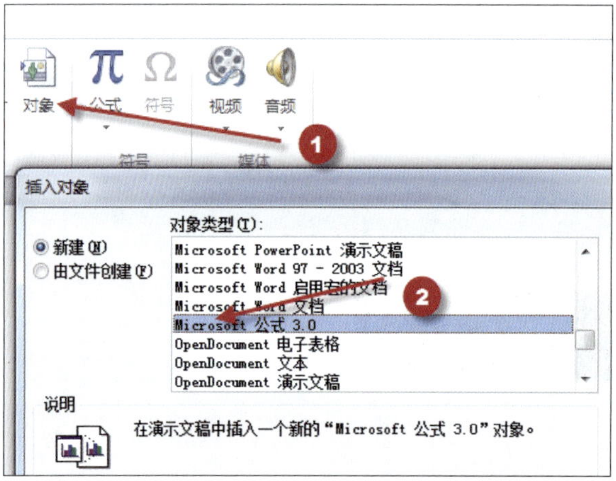

图4-50

如果使用的是PowerPoint 2007或2010，直接选择插入公式命令操作更为直观，如图4-51所示。

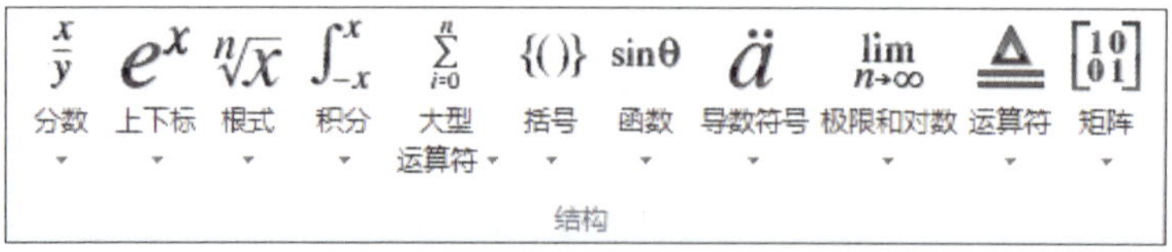

图4-51

在PowerPoint中也可以通过软键盘或插入符号功能输入相应的特殊符号，字体中的Wingings、Wingings2、Wingdings3等也分别对应一些特殊符号；利用AKVO字体可以输入音乐五线谱符号；利用GWIPA字体则能够输入英语的音标。

案例6：快速将Word文档转换为PowerPoint课件

制作课件不能照搬书本，当然也不能直接将Word文档转换成PowerPoint作为课件。在课件中，不可避免地要处理大量的文字，如何减少文字的输入操作和重复操作也是应当需要注意的。这里有一种比复制粘贴更有效的方法，可以快速将Word中的文字转换到PowerPoint中，减少文字输入的麻烦。

这种方法是在PowerPoint的普通视图大纲中，按Enter键自动添加一张新的幻灯片，如图4-52和图4-53所示。

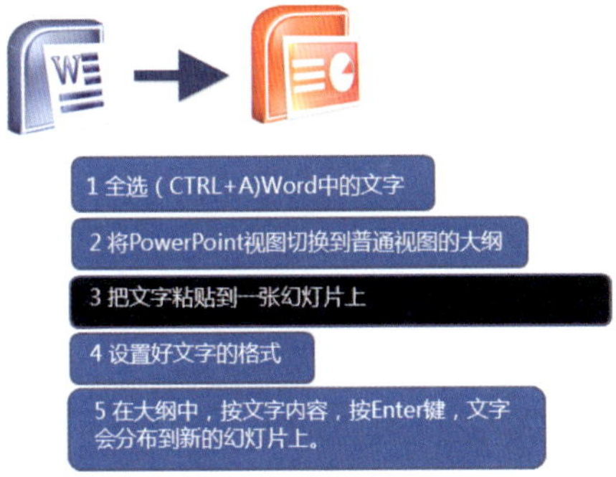
1 全选（CTRL+A)Word中的文字
2 将PowerPoint视图切换到普通视图的大纲
3 把文字粘贴到一张幻灯片上
4 设置好文字的格式
5 在大纲中，按文字内容，按Enter键，文字会分布到新的幻灯片上。

图4-52

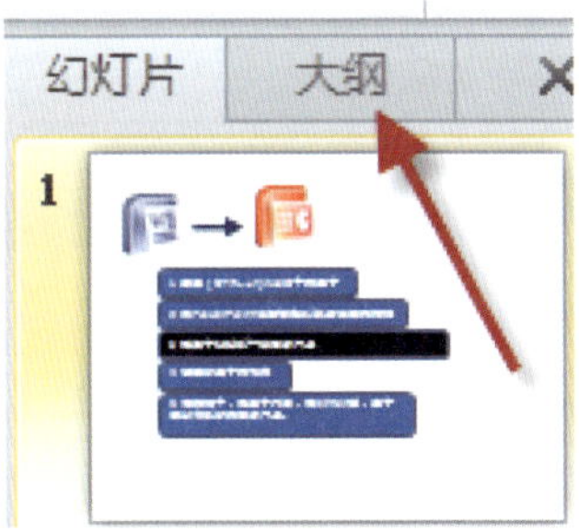
幻灯片
大纲
1

图4-53

另外，我们还可以将PowerPoint文档转换成Word文档，方便内容的打印等操作。

PowerPoint 2003与2010在进行此操作时有一些区别，在PowerPoint 2003中利用的是“文件”菜单中的“发送到→Microsoft Office Word”命令；在PowerPoint 2007中，此命令被移动到“发布”菜单中；而在PowerPoint 2010中，使用的是“文件”标签中的“保存并发送→创建讲义”命令即可将PowerPoint文档转换为Word文档。

第5章

PowerPoint课件中的图像处理技术

Powerpoint中图形（像）包括外部图像（来源于外部图像文件）和剪贴画及自绘图形，本章介绍了获取图像素材的方法及自绘图形技巧，其中绘制图形是学习的一个重要内容，结合填充、编辑顶点和叠放组合功能，在PowerPoint中能够绘制出很多教学素材（教具、仪器器材、场景等）。另外，在用PowerPoint中制作课件时还需要掌握解决图像失真变形、裁剪、透明及与文字混合排版等问题的处理方法和技巧。

在PowerPoint中，任何可视的对象都可以视为图像，一张幻灯片就是一幅图像，需要讲究“章法”和“构图”，图像中的“图”还要与表达的主题内容相吻合。

在PowerPoint 2010的“插入”功能区中，有直接插入图片、剪贴画、截图和相册命令（见图5-1），通过单击鼠标右键，在弹出的菜单中选择“图片另存为”命令能够将幻灯片中的“图”再导出为单独的文件。设置了背景图像的幻灯片可以用“保存背景”命令取出图像。

幻灯片上的图像可以在PowerPoint中直接进行裁剪、着色和添加边框、阴影、柔化等美化操作，如图5-2和图5-3所示。

图5-1

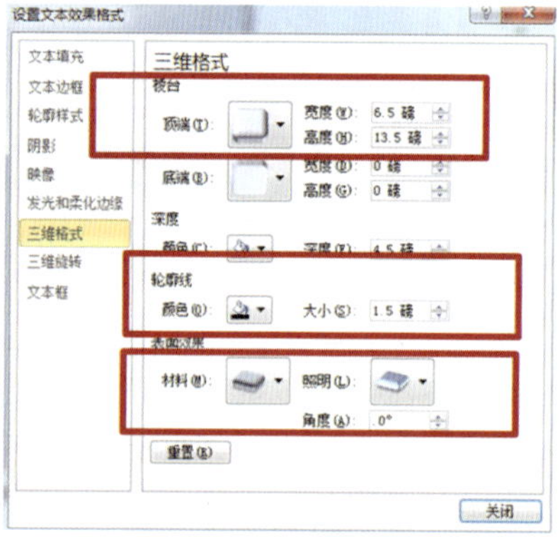

图5-2

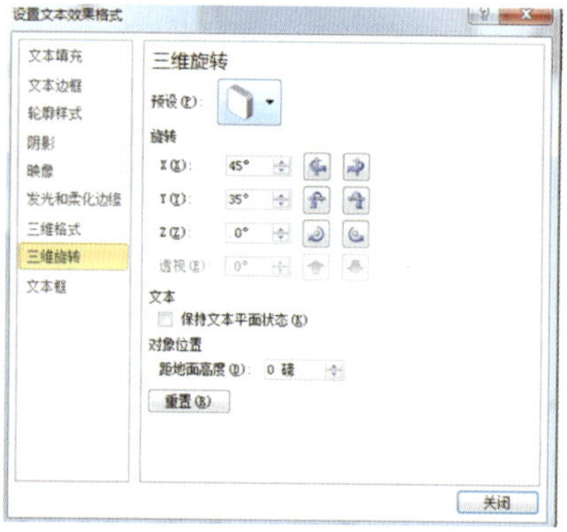

图5-3

在选择相应的预设效果后，可以对具体参数再进行细节调整，为增强立体效果，还可以借用文本填充中的渐变填充营造光线变化效果。

5.1 概述

一图胜千言，图片是直观化呈现课件内容的重要方式，同时图片也是美化课件的重要要素。对以视觉演示见长的PowerPoint来说，图片是不可缺少的组成部分。

图片具有高度的暗示性和象征性，能更快地传递信息和感情。好的图片可以一下子抓住学习者的注意力，产生强烈的震撼力。使用图片时要注意以下事项。

（1）让媒体之间产生关联，所插入的图片不能与讲课内容无关，修饰美化的图像（图标）也要和主题相符；

（2）图像风格要统一，图像的风格包括图像的类型（如卡通、写实、简笔画）和主色调、图像修饰的样式等；

（3）注意图像的排版，特别是背景图像和多个图像的排版，以免混淆信息的主体。

（4）可以直接复制外部的图像文件，然后粘贴到幻灯片中，而对于网页中的图像，可以使用复制和选择性粘贴（图像）命令来插入图像，以去除其中设置的链接。

现在在PowerPoint设计与制作中流行一种全图型的风格[1]，非常适用于故事或事件叙述，也常用于具体事物的介绍和展示。

在课件中，除与学习内容相关的图片素材以外，按钮、背景、提示符号一般也采用图片的形式。

PowerPoint支持插入图片的方式有以下几种（见图5-4）。

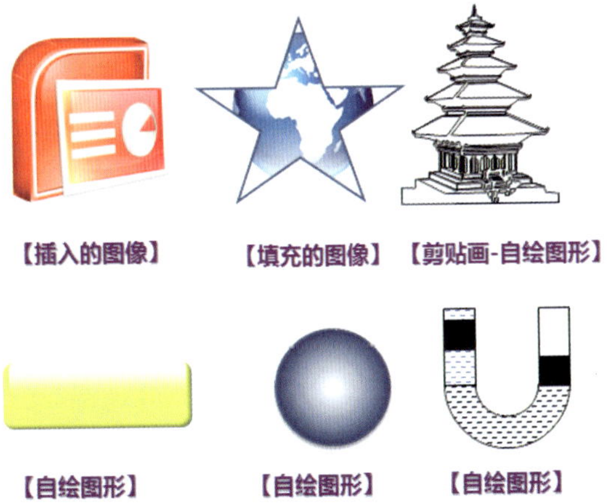

图5-4

1. 与幻灯片的“高桥流”相对，一般一张幻灯片上使用一幅有吸引力的图片，再加上简单的一行文字说明。

（1）通过插入菜单，可以插入外部的图像文件，以及剪贴画、艺术字（实际是能编辑字的图）。在PowerPoint 2010中还支持插入直接截屏的图片；

（2）利用自绘图形功能绘制的图形；

（3）利用填充功能置入图片。

在PowerPoint中绘制的图形都是由形状填充和形状轮廓组成的，填充可以是任意颜色、纹理或图片，轮廓的线条设置也非常灵活，利用图形的组合和叠加，可以做出许多教学中用的图形，如几何形状、物理化学实验设备、物体示意图等，如图5-5所示。

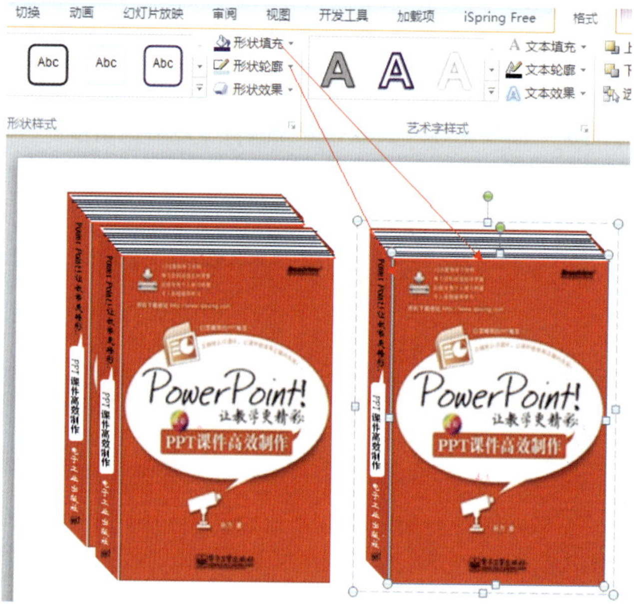

图5-5

绘制的形状与PowerPoint 2010中的文字结构类似，有自己的填充和轮廓效果，也可以使用图片、纹理、背景等填充效果，如果不要边缘线，则设置形状轮廓为透明及无线条，填充也可以设置为元填充或透明。

在PowerPoint中还可以对插入的图像进行简单的编辑，如去除图像背景、裁剪图片、改变色彩等。在PowerPoint 2010中，还可以设置多种图片的艺术风格，图像编辑功能得到进一步的增强。

5.2 高质量图像获取方法

制作课件时需要很多图片素材，可以利用PowerPoint的自绘图片进行绘制，也可以利用数码照相机进行拍摄，或者利用截图软件[1]截屏。很多图片素材可以直接从网上获取。

下面介绍一些获取图片的途径与技巧。

1. 教材配套素材

现代出版的图书已经不只是一种印刷材料，大多数教材都配套提供了相应的多媒体素材。有的提供配套的光盘，也有的提供指定的素材下载网站链接，如本书的下载链接地址为http://www.qiexing.com/post/cai-use-powerpoint.html。

如在人民教育出版社（http://www.pep.com.cn），高等教育出版社（http://www.hep.com.cn）这些网站上除了提供下载相应的多媒体素材，还提供了教材使用，以及在线学习指导等服务。如果需要制作或修改课件，那么要充分利用好这些资源。

2. 百度(http://www.baidu.com)等图片搜索功能

使用图片搜索功能时需要注意以下几个问题。

（1）如果一次没有得到满意的结果，则可以尝试使用不同的关键词搜搜，可以试试英语单词、拼音等。

如果要搜索一个播放按钮，可以在搜索框中输入“按钮”或“搜索按钮”，如果找不到满意的图片，则可以再试一试使用“an niu”或“button”等关键词搜索，如图5-6所示。

因为要搜索的素材是按钮，所以可以指定搜索图标图片。

1. 在PowerPoint 2010中，PowerPoint已经支持直接截取屏幕，如使用的是PowerPoint以前版本，可以借助QQ、fastcapture或Snagit等工具进行截图。Windows 7及以上操作系统也自带截屏软件．SnippingTool.exe，可以在“开始”菜单－“附件”中查找，也可以按Win+R组合键打开“运行”对话框后，输入程序名启用此功能。如果是Windows 8系统可以按Win+Q组合键在应用程序搜索中搜索“截图”软件。

图5-6

使用拼音或英语单词作为关键词搜索，是因为图片搜索利用文件名和图片描述来寻找相应的图片，而在网页中使用汉字作为文件名的图片很少。

网页中的图片一般都带有链接，如果将其直接复制到PowerPoint中，则这些链接也会出现在课件里。

建议把网页中的图片首先保存到自己的计算机中[1]，做好素材的分类、命名，然后再用到课件里，从而可以提供素材的重复使用和利用效率，便于形成自己的素材资料库。

（2）在搜索图片的过程中，还可以根据图片的色彩、大小进行筛选，提高搜索结果的精确性。

3. 专业的图片素材社区

如图5-7所示是金山WPS官方提供的图片素材网站，也可以在专业的学习社区上收集整理素材。

在很多图片分享网站也可以找到许多素材图片，如Flickr等，这些素材网站可以直接利用搜索引擎搜索。

1. 要存储网页中的图片，一般在图片上单击鼠标右键，在弹出的菜单中即可找到相应的保存命令，使用不同的浏览器，名称可能不一致。

PPT扩展：美化大师提供的在线素材　　金山WPS素材社区 稻壳儿

图5-7

除了一些专业的社区网站，现在PPT设计的第三方插件（扩展）也多了起来，其中有一款“美化大师”，提供在线素材和模板功能，在设计PPT时使用它可以直接搜索需要的素材。

4. 利用自选图形绘制

如前所述，在PowerPoint 2010中，不管是文字还是绘制的形状，都是由轮廓与填充组成的，而且每一部分都可以单独设置，通过绘制图形的填充效果设置、组合叠放可以独立设计制作课件中需要的素材，特别是结合编辑顶点功能和形状组合设计工具能够更方便设计出复杂的图形，具体见案例12。

在绘制的过程中，如需要对细节进行调整，可以利用右下角的缩放功能快速放大幻灯片，如图5-8所示。

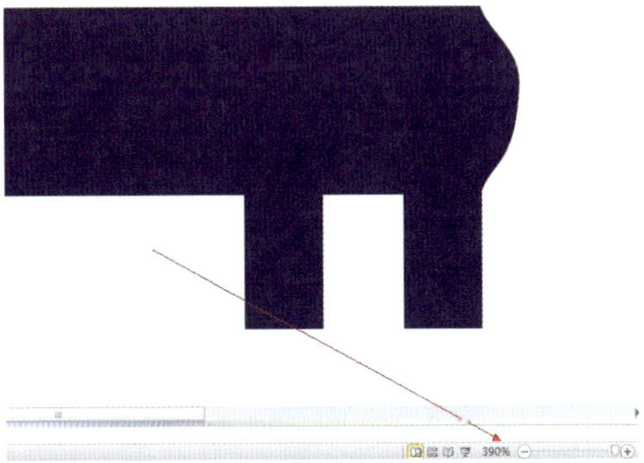

图5-8

5.3 课件制作中图片应用常见问题

文字和图片是课件中最常用的表达形式，图片的问题也常和文字相伴：即图片和文字的排版、图片与文字内容主题匹配等问题。单从图片自身而言，其还存在变形失真、风格不一、信息冗余、多图排版等问题。

1. 变形失真

为了保证图片的显示效果，在课件中使用的每一张图片都应当保持正常的比例和大小。但很多人为了照顾课件的版面，在插入图片后习惯将图片放大，与幻灯片的尺寸一致，在缩放图片的过程中又不注意原来图片的长宽比例，造成了图片的比例失调。这些都极大地影响了图片的外观，让人看上去很不舒服。

如图5-9所示是一个语文课件《给秋姑娘的信》中的一张幻灯片，其中使用的青蛙冬眠图片被放大失真，图片质量比较模糊，而且右上角的姑娘图片被拉宽了。小的图片被拉大容易产生问题，大的图片被缩小也容易产生问题，如果课件中使用的图片分辨率比较大，有的一张图片就占几MB的存储空间，则也会影响打开课件响应的速度。可以在保存课件的时候，选择保存选项，对图像进行压缩（具体见课件的打包与发布一章）。

图5-9

2. 风格不一

图片的类型有很多种，有照片写实的，有手绘卡通的；有以线条为主的，有以色块填充为主的：有剪贴画，也有自定义形状。

但不管图片风格如何，在一个特定的课件中，应当使用风格统一的图片，不论是图片的类型，还是图片的修饰以及排版的方式。例如如图5-10所示为课件《吨的认识》中介绍关于动物认识时选择的动物图片素材。

图5-10

如果是针对儿童使用的课件，则不妨使用卡通风格的图片，这样更能吸引孩子的注意。对于一个课件来说，整体风格要统一。

3. 主题无关

很多PowerPoint的模板是用于商务演示的，很多人用这样的模板来做课件，也有很多人喜欢用美女、风光一类的图片作为修饰或背景，但这些和课件的内容有何关系？

如图5-11所示为生物课件《蛋白质的合成》，其课件界面背景为什么要选这样一幅图片？

图5-11

在此课件中，课件的风光背景与课件的主题没有直接的关系，而且目录的内容排版也较“较乱”，背景照片不仅没有起到美化界面的作用，还影响了对目录内容的识别。

4. 信息冗余

在网上保存的图片通常会有水印，或者我们只需要图片中的一部分内容，但通常的情况是我们在不知道如何只保留需要的那一部分内容，就把整个图片都插入到课件中。如图5-12所示的油菜花图片带有下载网站地址的水印，在使用时如果只需要中间花的主体部分，则可以利用裁剪工具去除多余的部分。

图5-12

图片裁剪工具通过边框上的控制点调整剪裁内容，而且单击裁剪工具下的倒三角形按钮，打开的列表中还提供按各种自定义形状对图像进行剪裁的功能。

利用裁剪工具去除水印只适合于水印在图片边角上的情况，一些特殊情况的图片水印和干扰信息的处理，请参考本书下载文件中的视频教程。

5. 排版凌乱、无序

与文字排版类似，“多个”图片（或图片和文字共同）的使用也存在“乱”的问题，解决“乱”的方法是：进行内容处理，使之有序（有规律）、注意排版的“对齐”原则。

（1）标题文字与图片的配合，字可以在图的边上，也可以在图上（见图5-13）。

图5-13

标题文字与图片的排版要点在于图片一定要干净，有视觉吸引力，文字标题仅提到点睛作用，或对图片做简单的说明，原则在于图片不影响文字的显示，文字要有利于确定图片表达的主题。

（2）内容文字与图片配合。

与标题文字不同，内容文字所包含信息成为页面的重点，图片起辅助的修饰作用。在排版上，因为文字较多，很难将文字置于全景图片上方，要注意文字与图片之间的对齐与间距。

文字与图片之间通用以色块或线条分割，如图5-14所示。

图5-14

（3）突出标题文字，如图5-15所示。

（4）使用四宫格、九宫格或更多宫格，如果图片较多，要按 定的次序排列，每一个图片并不一定尺寸要相同，如图5-16所示。

（5）黄金分割：三分法，避免图片与文字平分，不管是上下方向，还是左右方向，如图5-17和图5-18所示[1]。

1. 图片引用自：http://powerqppt.com/archives/217。

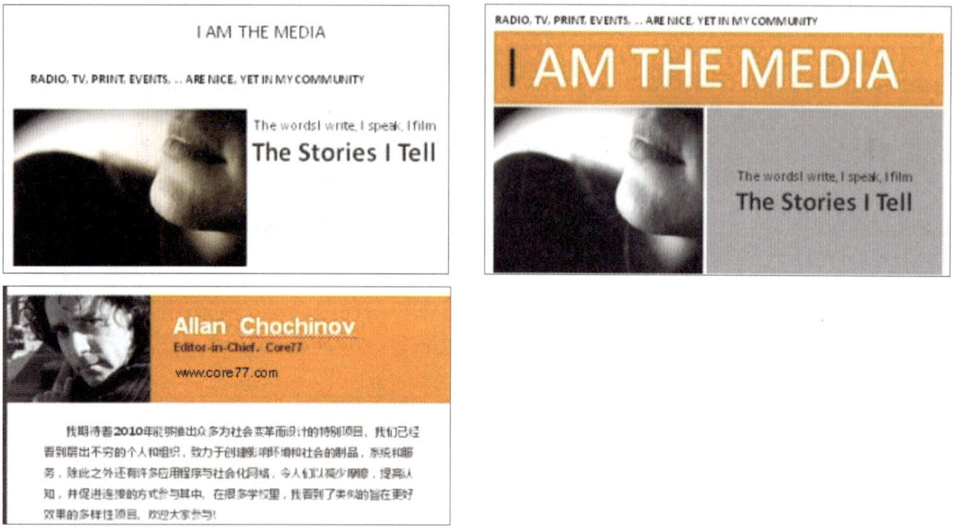
I AM THE MEDIA
RADIO, TV, PRINT, EVENTS, ... ARE NICE, YET IN MY COMMUNITY
The wordsI write, I speak, I film
The Stories I Tell
RADIO, TV, PRINT, EVENTS, ... ARE NICE, YET IN MY COMMUNITY
I AM THE MEDIA
The wordsI write, I speak, I film
The Stories I Tell
Allan Chochinov
Editor-in-Chief, Core77
www.core77.com
我期待着2010年能够推出众多为社会变革而设计的特别项目。我们已经看到层出不穷的个人和组织，致力于创建影响环境和社会的制品，系统和服务，除此之外还有许多应用程序与社会化网络，令人们以减少摩擦，提高认知，并促进连接的方式参与其中。在很多学校里，我看到了类似的旨在更好效果的多样性项目。欢迎大家参与!

图5-15

FEAR
THE
lion channel world,
brands whose consumers tell the best stories,
win
FEAR
THE
PENGUIN
In a million channel world,
brands whose consumers
tell the best stories, win

图5-16

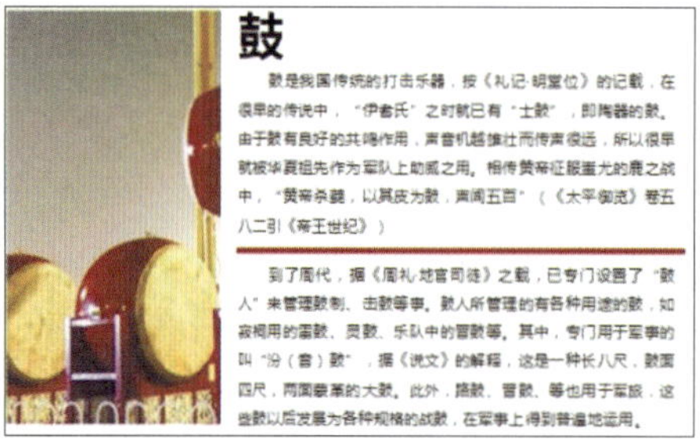
鼓
鼓是我国传统的打击乐器，按《礼记·明堂位》的记载，在很早的传说中，"伊耆氏"之时就已有"土鼓"，即陶器的鼓。由于鼓有良好的共鸣作用，声音激越雄壮而传声很远，所以很早就被华夏祖先作为军队上助威之用。相传黄帝征服蚩尤的涿鹿之战中，"黄帝杀夔，以其皮为鼓，声闻五百"（《太平御览》卷五八二引《帝王世纪》）
到了周代，据《周礼·地官司徒》之载，已专门设置了"鼓人"来管理鼓制、击鼓等事。鼓人所管理的有各种用途的鼓，如祭祀用的雷鼓、灵鼓、乐队中的晋鼓等。其中，专门用于军事的叫"汾（賁）鼓"，据《说文》的解释，这是一种长八尺，鼓面四尺，两面蒙革的大鼓。此外，鼙鼓、晋鼓、等也用于军旅，这些鼓以后发展为各种规格的战鼓，在军事上得到普遍地运用。

图5-17

图5-18

5.4 半透明图像效果的制作

背景使用的图片或为减少对其他内容产生影响的图片，通常需要改变图像的透明度，设计半透明或渐变透明。半透明图像效果制作如图5-19所示。

1. 设计思路

在PowerPoint中无法直接修改图片的透明度，但可以通过在图片上叠加自绘的图形，再改变自绘图形的填充透明度，从而改变图片的显示效果。

2. 实现方法

通过PowerPoint绘图工具绘制的对象，都可以使用多种方式填充。其中渐变填充还可以实现更丰富的透明度变化的显示效果，如图5-20所示。

图5-19

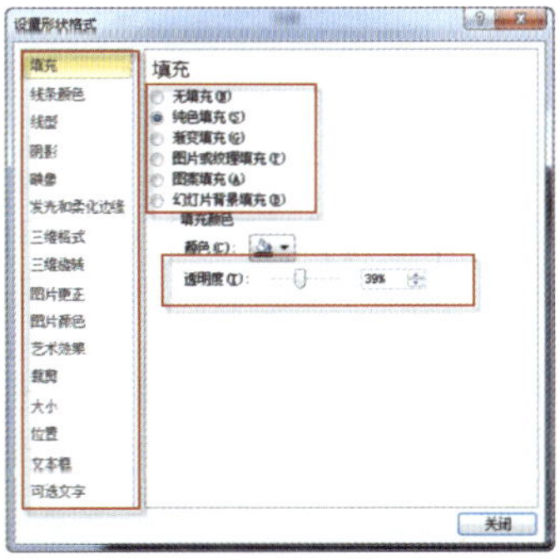

图5-20

3. 应用拓展

（1）“设置形状格式”对话框是PowerPoint中非常重要的对话框，如果想改变对象的外观，基本上都可以通过此对话框完成。

（2）半透明图像主要用于解决在图像上添加文字说明时，背景图像会影响文字阅读的问题。

（3）利用填充和自绘图形，可以为图像添加各种边框。如果想为图像添加一个双线边框，则可以绘制两个大小不一的矩形，置于图像的下方。

也可以用图像填充自绘图形，但这种方法无法控制显示图像和边框之间的间距。

另外也可以通过绘制形状，用图片填充，形状中的透明度可以任意调整，也可以制做出半透明的效果，如图5-21所示。

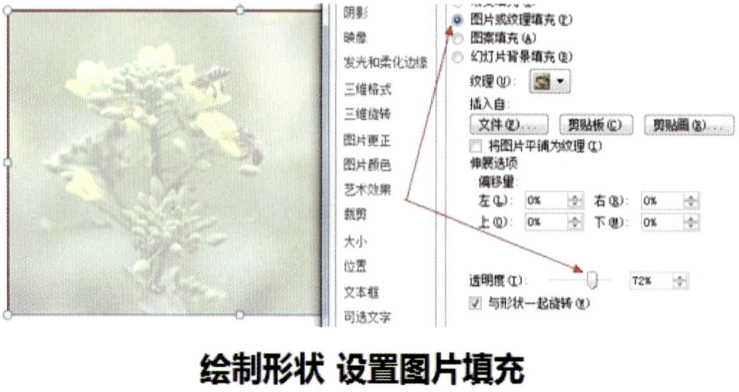

图5-21

如果修改遮挡在图像上的形状填充效果，采用渐变透明填充，可以制作出图像渐变效果。

案例7：不规则图形制作

不规则图形是指矩形以外的图形，如圆形、星形、菱形等，或者其他更复杂的形状。在PowerPoint中制作不规则图形有两种方法，一种是使用裁剪工具中的裁剪为形状工具，如图5-22所示。

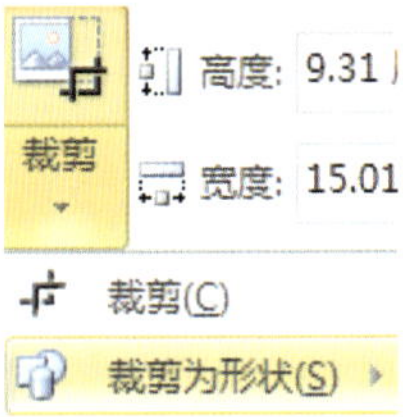

图5-22

另一种是利用前面所介绍的形状填充。利用形状填充得到的不规则图形还能够调整透明度，但无法应用图形的其他格式效果，常常还需要将其再转换为图形（使用复制+选择性粘贴或另存为图片的方法）。因此可以通过任意曲线工具绘制任意形式，并且后期还可以编辑形状顶点，从而可以制作任意形状的图形，如图5-23所示。

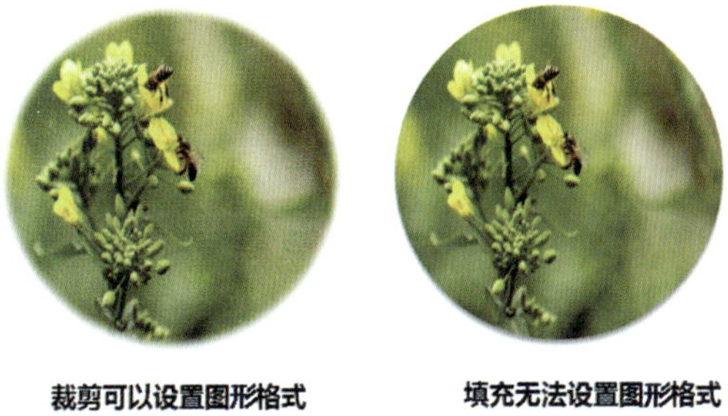

图5-23

利用形状填充的图形也无法进行裁剪，如果需要重新裁剪则可以填充后转成图片，如图5-24所示。

图5-24

右上角的图形是绘制圆形后使用图像填充，转换成图片后裁剪。在中间的图形中，“自信”下方的梯形是一个矩形旋转后转换成图片裁剪而成的。

案例8：美化图片——随意添加边框

为图片添加边框是最简单却又非常有效的美化修饰图片的方法，边框可以是简单的线条，也可以是任何材质填充的底纹。具体操作和实现方法如图5-25所示。

koala
绘制一个自定义形状，可以是任意填充颜色或图案，置于图片下方
设置图片格式：可以更改线条和线条颜色等

图5-25

在PowerPoint 2010中，可以利用图片工具中的图片样式设置边框，如图5-26所示。

图片工具
格式
图片边框
主题颜色
图片样式

图5-26

案例9：自绘图形——画六等分的圆

在PowerPoint中提供了基本的图形绘制和编辑功能，只要灵活运用，就可以绘制教学中用到的很多对象。

下面介绍利用对齐和旋转功能实现圆的等分方法。

（1）在幻灯片中画出一个圆和三条线，线的长度要比圆的直径长一些，如图5-27所示。

（2）选中圆与三条直线，选择“绘图工具格式”选项卡中的“对齐”命令的上下居中选项和左右居中（在PowerPoint 2003中称之为垂直居中和水平居中），如图5-28所示。这样四个图形均处于幻灯片的中心，三条直线完全重合，并与圆的直径重合。（注意对齐时看一看是对齐幻灯片还是对齐所选对象。）

（3）选中一条直线，单击鼠标右键，在弹出的菜单中选择“大小和位置”或“设置形状格式”命令；也可以直接双击直线，从“绘图工具格式”选项卡中选择“其他旋转选项”命令，如图5-29所示。

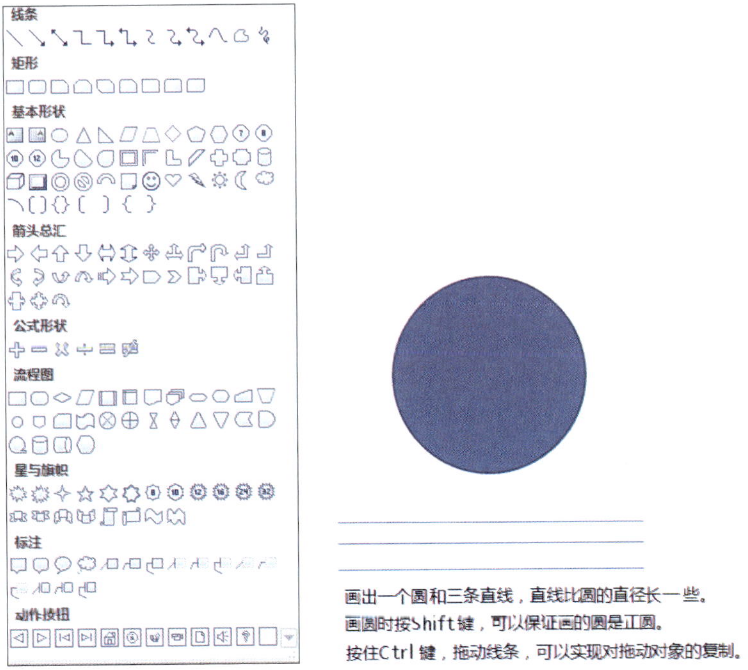
线条
矩形
基本形状
箭头总汇
公式形状
流程图
星与旗帜
标注
动作按钮
画出一个圆和三条直线，直线比圆的直径长一些。
画圆时按Shift键，可以保证画的圆是正圆。
按住Ctrl键，拖动线条，可以实现对拖动对象的复制。

图5-27

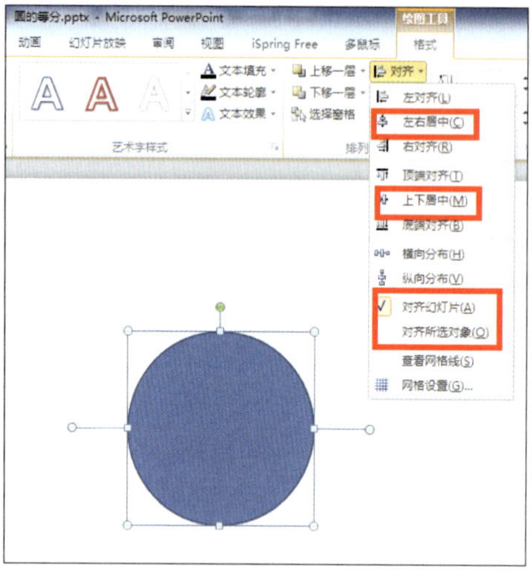

图5-28

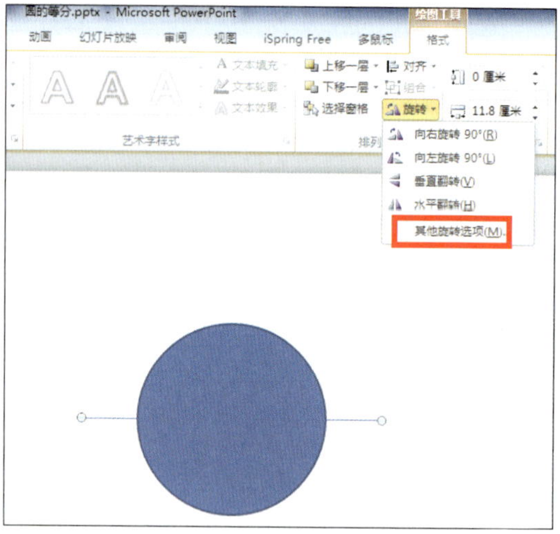

图5-29

（4）让直线旋转60°，如图5-30所示。

（5）再选中另外一条直线，让它旋转120°，效果如图5-31所示。

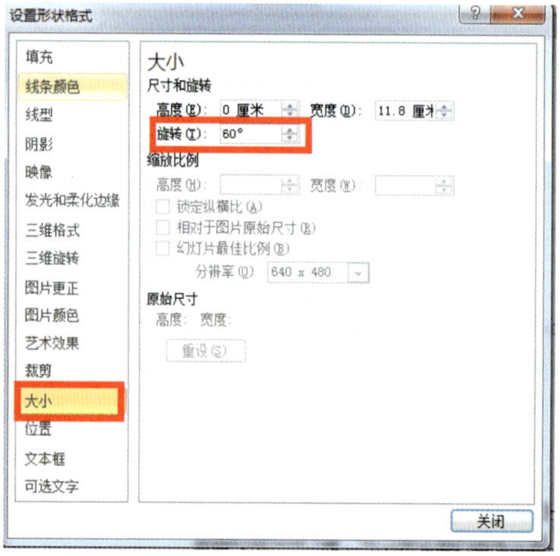

图5-30

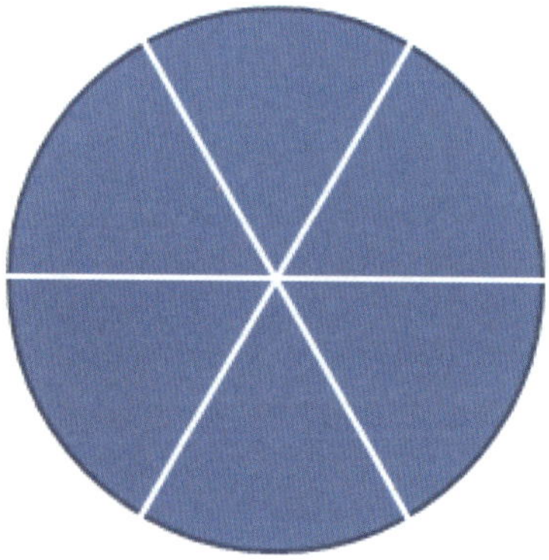

图5-31

（6）调整直线的长短时要按住Shift键，也可以将直线的轮廓色彩设置成幻灯片的背景颜色。

利用类似的功能可以进行更多的细分，也可以用此方法来完成雪花等一类有规则的图形绘制。

案例10：绘制图章

绘图是PowerPoint的基本功能，其中提供了丰富的自定义形状，利用这些形状可以绘制教学中经常用到的一些对象，而无须借助其他的图像软件。

此案例具体操作步骤如下所示。

1．绘制圆环；

2．绘制五角星并居中对齐；

3．添加文字。

具体介绍如下。

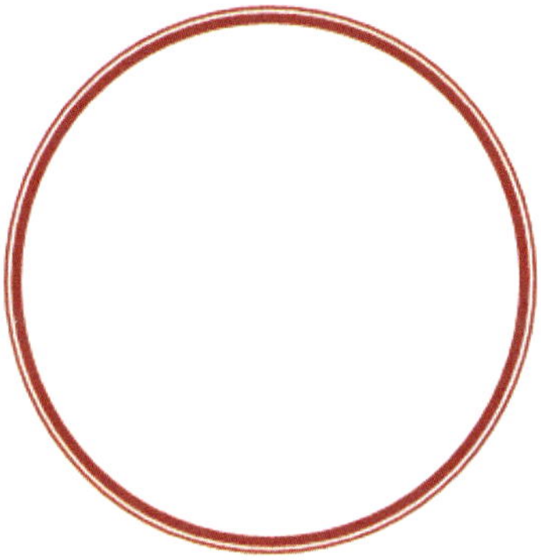

图5-32

（1）选择自绘图中椭圆工具，按shift绘制圆形。

（2）设置圆形的填充为透明，线型为双线型和粗细，如图5-32所示。

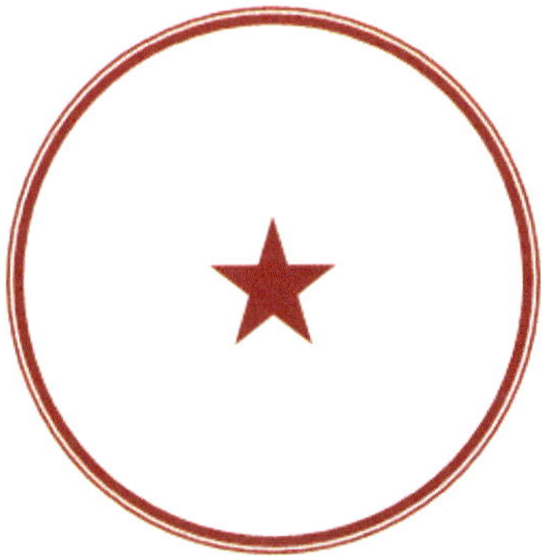

图5-33

（3）选择五星工具，绘制五星填充红色，如图5-33所示。

（4）插入艺术字，调整形态和外观，位置如图5-34所示。也可以在PowerPoint 2010中输入正常文字后，通过选择文字效果中的“转换”命令，形成半圆形；在PowerPoint 2003中可以直接选择“插入图像”-“艺术字”命令来实现此效果。

图5-34

在制作半圆形文字时，主要通过缩放文字框和控制点来实现，如图5-35所示。

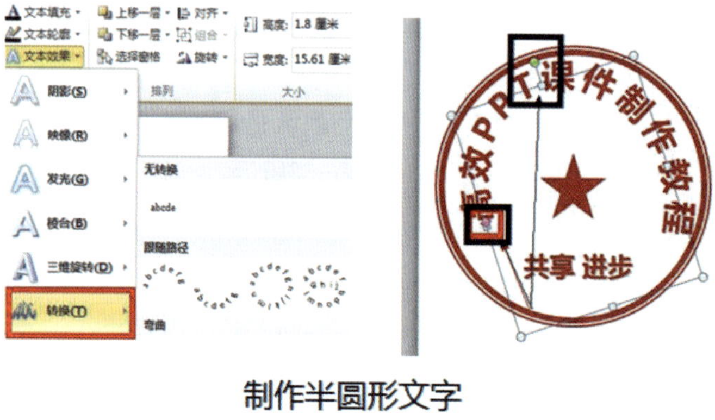

图5-35

案例11：三维对象的绘制

1. 设计思路

PowerPoint虽然没有提供三维对象绘制功能，但可以利用三维格式和三维旋转设置，将对象转换为三维对象。在PowerPoint 2003中，制作三维对象相对简单直观，可以直接利用绘图工具栏上的三维工具，如图5-36所示。

图5-36

在PowerPoint 2003的绘图工具栏中，最右侧的两个工具是用来设置对象的三维效果的。

2. 实现方法

下面以制作一个五角星的三维效果为例来介绍三维效果快速应用的方法和过程，具体介绍如图5-37所示。

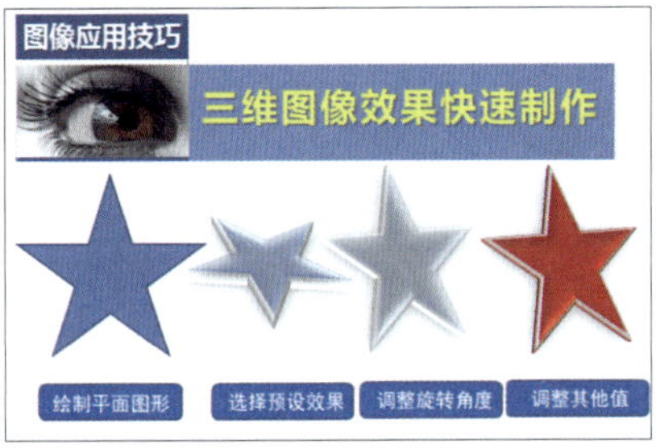

图5-37

注意

直接在图片上双击，从“绘图工具-格式”菜单中选择“形状效果”的预设效果，此案例中选择的是预设效果10。

如对预设的三维效果不满意，可以通过三维选项修改参数，如图5-38所示。

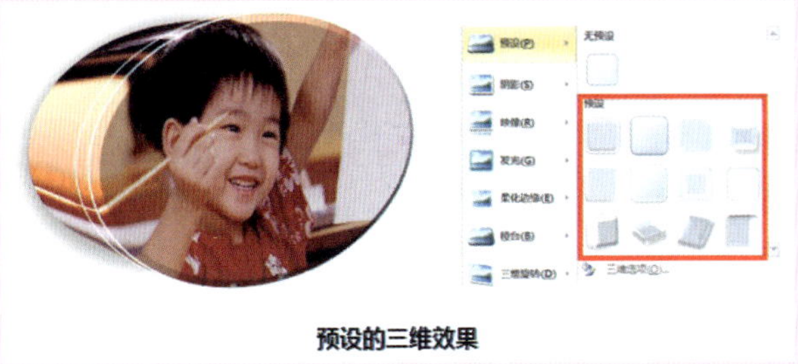

图5-38

3. 应用拓展

利用以上方法，可以制作一些几何立体对象，如圆锥、圆柱、盒子等。将对象的组合，可以制作更复杂的物体。

4. 三维图像制作

在设计三维效果时，三维格式和三维旋转是核心，但其中的样式和参数值却难以理解，在设置时可以采用“极值”的方法，就是把相应的参数设置为最大，看一看效果（见图5-39）。

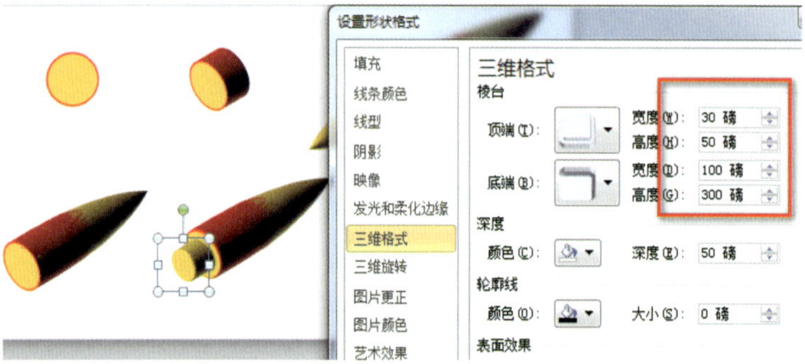

图5-39

在课件制作中，许多地方需要显示三维效果，三维效果相对于平面效果更具有真实感。对于物质的结构等内容，借助三维效果显示也可以帮助学习者理解学习内容。直接通过渐变填充、阴影、透视等设置也可以实现一定的立体效果。

案例12：绘制形状复杂的自定义形状——钥匙

本案例仅适应于PowerPoint 2010。PowerPoint 2010增加了一系列自定义形状功能，其中包括对形状组合设计的四种方式：形状剪除、形状交点、形状联合与形状组合。默认情况下它们并没有出现在功能区的选项卡中，所以先要让它们显示出来。

具体设置如下：在PowerPoint的选项设置中，将不在功能区中的命令显示出来，如图5-40所示。

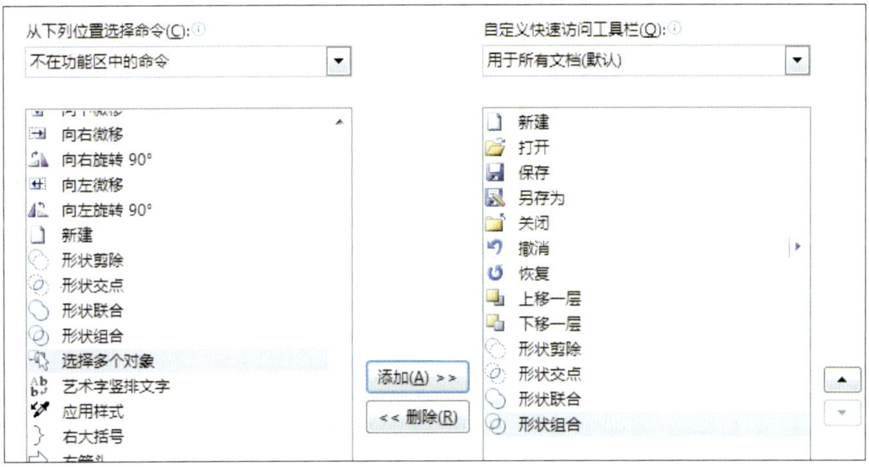

图5-40

利用这些命令，可以更好地对绘制的图形进行组合，它们各自的功能如图5-41所示。

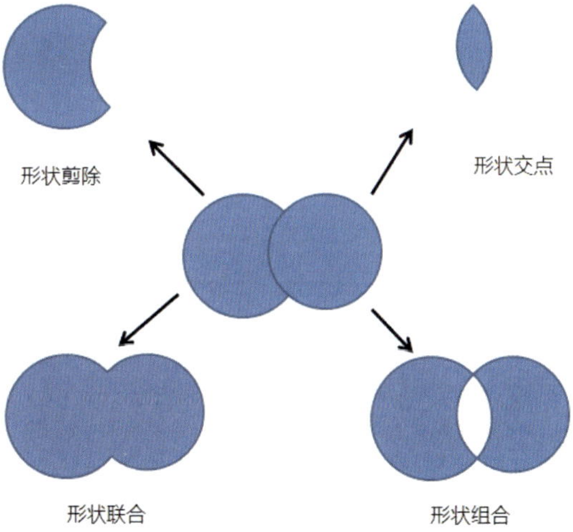

图5-41

（1）利用基本形状绘制功能，绘制出钥匙的轮廓，使用形状联合命令，将它们组合在一起，效果如图5-42所示。

图5-42

（2）利用形状剪除功能，对钥匙进行修正，如图5-43所示。

图5-43

（3）利用编辑顶点功能，对钥匙进行形状编辑，如图5-44所示。

图5-44

（4）为钥匙添加3D效果，如图5-45所示。

图5-45

案例13：镜像与倒影效果实现的方法

镜像与倒影效果的实现方法参考镜像文字与倒影文字的制作方法。另外双击图像，有更多的图像预置选项可供选择。

案例14：让图像背景变透明

将图像背景设置为透明，可以使图像与背景很好地融合在一起，如图5-46所示。

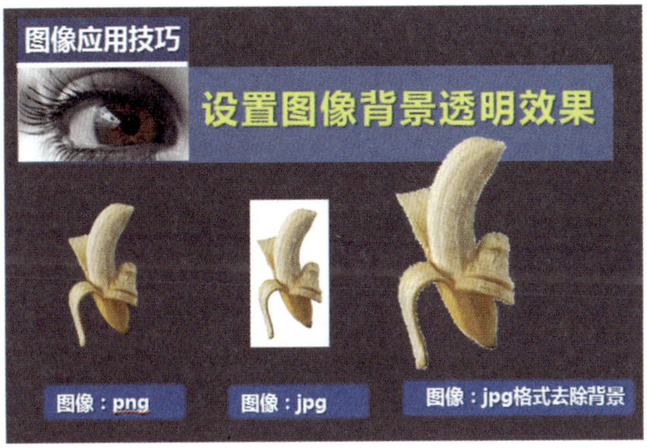

图5-46

在PowerPoint 2003的图片工具栏中有去除图像背景命令，但在很多情况下，去除图像背景之后会有毛边现象，特别是图像背景色彩不是纯色时候，毛边现象更为严重（PowerPoint 2007中也有相应命令）。

在PowerPoint 2010中，此命令改为删除背景命令，并且功能大大增强，可以对去除背景的范围进行调整和修改。

对于不想保留的部分可以选择“标记要删除区域”命令；相应地，要是有不想去除的部分，可以单击“标记要保留的区域”命令。PowerPoint的删除背景命令适合用于背景与主体区别度较大的图像，如果使用此方法效果不理想，可以借助第三方软件，如Photoshop（设置具体透明背景图像的方法可以参考本书下载文件中的视频教程），如图5-47所示。

图5-47

5.5 图像处理的一些技巧

技巧一：突出当前图像——彩色与黑白效果混合编排（见图5-48）

图5-48

实现方法：

（1）将图像复制一份，一份裁剪保留，一份通过PowerPoint中的颜色工具去除图像的色彩，并调整亮度，以更加突出保留的彩色图像。也可以使用光影魔术手中的着色魔术棒工具或Photoshop软件中的“图像”→“去色”命令去除图像的色彩，如图5-49所示。

（2）利用着色魔术棒工具，可以将图片转为黑白图片，并可以在同一位置还原原来的色彩，如图5-50所示。

图5-49

图5-50

（3）与之类似的工具还有对焦工具，可以用来模拟图片的景深效果（利用Photoshop软件中的“滤镜模糊”工具也可以实现类似效果）。

技巧二：为图像添加边框（参考案例8）

在PowerPoint中为图像添加边框最简便的方法是绘制自选图形，将填充色设置为无或透明。同时还可以调整边框的线型、色彩与粗细。也可以直接利用PowerPoint 2010中提供的图像格式工具来设置，如图5-51所示。

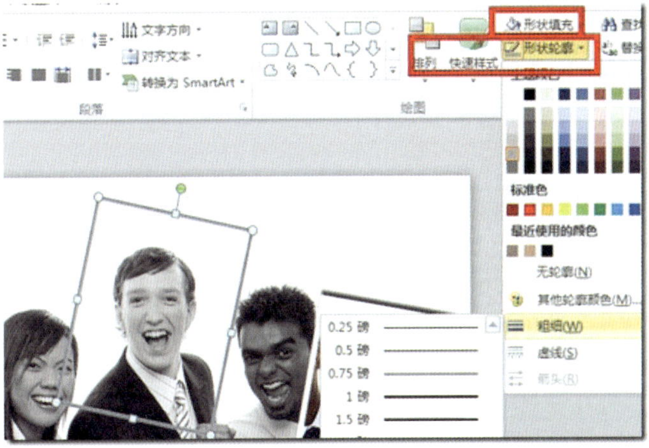

图5-51

还可以为边框添加阴影等效果。

你还可以先绘制图形，然后使用图片填充图形，制作特殊的边框，如图5-52所示。设置的方法如图5-53所示。

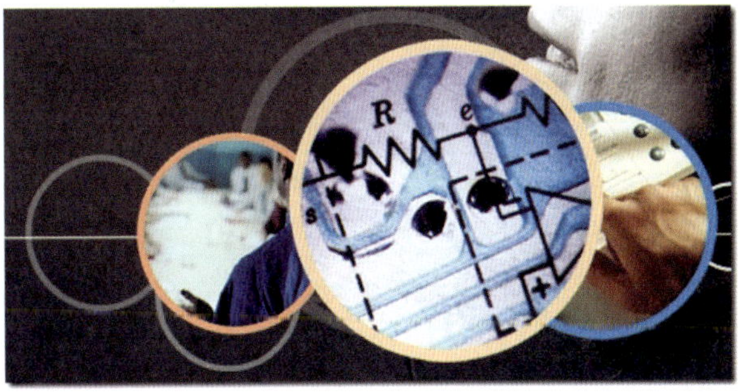

图5-52

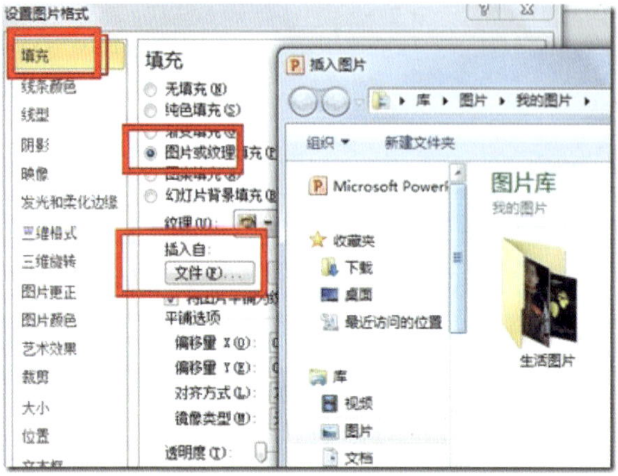

图5-53

技巧三：突出当前图像——大小对比

在PowerPoint中，每一个对象都可以另存为图片，也都可以在复制后按图像的方式粘贴。所以可以将一个图像复制成两份，对原始图像进行裁剪、调整亮度等，以增强对比效果，如图5-54所示。

技巧四：在图片上添加文字说明

在图片上添加文字说明时，可以在文字下方放置一个自定义形状，如图5-55所示。

图5-54

图5-55

技巧五：PowerPoint中的抠图（参考案例14：让图像背景透明）

（1）简单的抠图工作可以使用PowerPoint 2010中自带的抠图工具来完成，如图5-56所示。

图5-56

（2）要想很方便地抠图可以使用Photoshop中的“羽化”和“反选”功能。用Photoshop打开图像，选择一个合适的选择工具，在选项栏中设置一个羽化值，如图5-57所示。

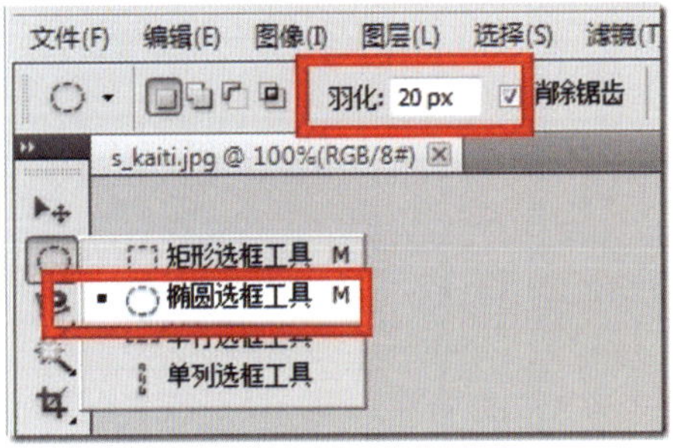

图5-57

选择要保留的图像部分，按Ctrl+Shift+I组合键反向选择，然后按Delete键将反选的图像删除。在选择图像时如果没有设置羽化效果，也可以单击鼠标右键，在弹出的菜单中重新设置羽化值。

将图片保存成PNG格式，这样就可以将图片插入到任何背景的幻灯片里了。

技巧

在常见的图片格式中，PNG和GIF格式的图片支持透明背景，用这两种格式图片作为素材，去除背景后的效果更好。在搜索图片时，可以优先考虑使用PNG格式的图片。

搜索PNG格式的图片的方法介绍如下。

在使用搜索引擎搜索图片时，在关键词后面加上“ filetype:png”， 这样找到的图片都是PNG格式的。

案例15：删除图像多余部分

有时，我们收集的图片素材上带有水印，如网站网址、拍摄的日期等标记，这些信息是多余的，也影响图片的显示效果。为了让图片主体信息更突出，可以删除多余的部分，如图5-58所示。

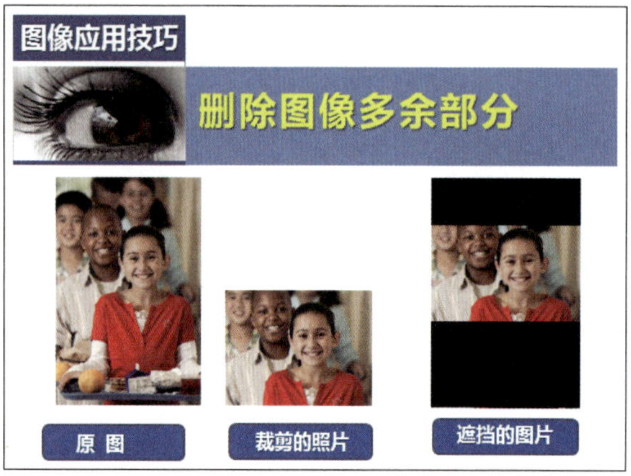

图5-58

删除图像多余部分有以下两种方法。

（1）利用PowerPoint的裁剪工具。

（2）利用遮挡的方法，在不想显示的部分上绘制一些图形，将其盖住。

当然还有一些其他的方法也能实现这样的功能，如对图片重新截图，借助图像编辑软件等。

案例16：图片缩略显示效果实现

设置图片缩略显示的效果如图5-59所示。

图5-59

1. 设计思路

在一些课件中需要对大量图片进行演示的时候，一般都是一张接着一张演示，无法自主选择演示顺序。要解决这个问题有两种方法：（1）利用超链接（详细内容请参考第10章）功能；（2）在PowerPoint中利用插入对象功能插入PowerPoint（此PowerPoint中仅有一张幻灯片，可以在这个幻灯片上插入图片，也可以插入新幻灯片插入更多的图片）。

在这个例子中，在任意图片上单击，都可以放大演示，再次单击，返回原画面。

2. 实现方法

通过插入对象的方法就是选择要插入的PPT文档，把内容放到新插入的PPT文档中就可以了，如图5-60所示。

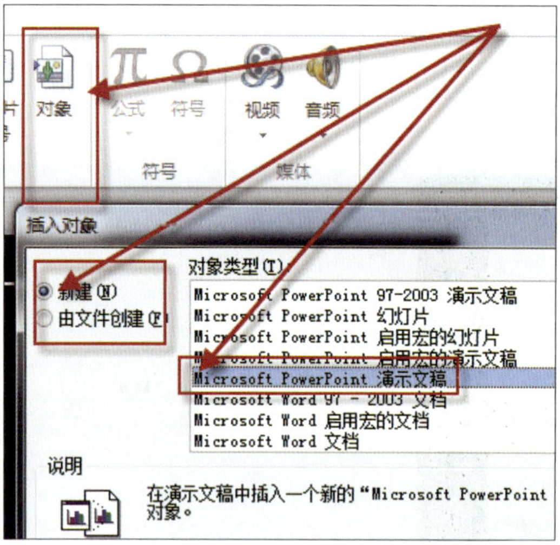

图5-60

通过复制的方法，可以大大减少操作步骤。

双击插入的PPT文档，可以对PPT文档内容进行编辑、修改。

3. 拓展应用

在“插入对象”对话框中（见图5-60），如果选择“由文件创建”选项，则可以插入已经存在的PPT文件。这样就可以利用PowerPoint来管理PPT，可以把每一个知识点做成独立的演示文档，然后通过此种方式，插入到不同课件中去，符合课件制作中的“积件思想”。而且插入的文档，不受原有PPT课件模板与风格的影响，在一定程度上也实现了内容与外观的分离。

插入的PPT文档并不仅局限于图片文件，可以是视频（可以用来实现点播功能），也可以是其他内容，也不一定只有一张幻灯片。

案例17：批量添加和处理图片

如果你在制作课件的过程中需要将多张图片插入到不同的幻灯片中，则可以选择将图片插入相册功能，一次性插入所有图片，如图5-61所示。

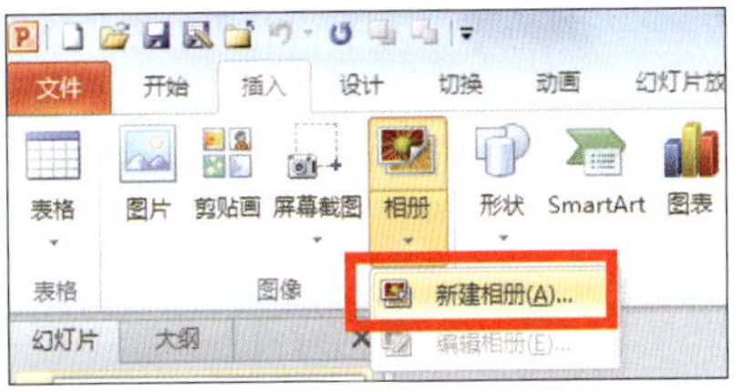

图5-61

在将图片插入相册时，可以对图片的版式及文字说明进行设计，如果只是为了将多张图片一次性地插入到不同的幻灯片中，则可以跳过相册的设置，如图5-62所示。

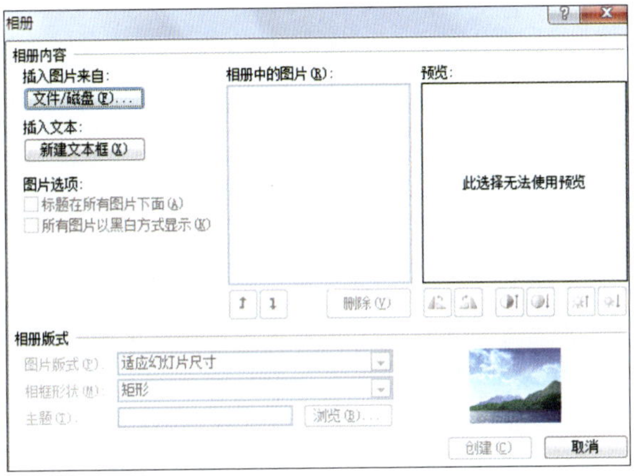

图5-62

在制作电子相册前，要做好图像的选择和整理工作，特别是设置图像的比例、水印等。

第6章

PowerPoint课件中的声音处理技术

在课件中使用声音的情形有以下四种：音效、解说词（旁白）、诵读、背景音乐。本章即介绍了利用PowerPoint的动作设置、切换以及文件插入等方式实现这四种功能的方法，并在此基础上介绍了声音录制、格式转换、音量、剪辑、声画同步等问题解决技巧。

声音不可见，不可留，在PPT中甚至不可回转。但声音是解说的最好载体，是填补简化的文字内容后的最好补充，是营造真实情境的必备元素，也是吸引注意的一种方法……在PPT中使用的声音，可以随时录制，可以单独插入，可以嵌入，也可以链接。

6.1 概述

声音与文字和图片相比，更易影响学生的情绪。不论是为学生创设一种带音乐的学习氛围，还是利用声音表达欢快、悲伤的情感，在课件设计制作中，都不应当忽略声音的作用，特别是利用声音进行内容解说（讲解）的功能。

同时声音在课件使用过程中也更容易带来干扰，如果一个课件在使用时，打字、鼓掌、刹车、风铃等声音不绝于耳，就不能起到集中学生注意力的作用，让人不堪其烦，因此选择声音和使用声音一定要慎重。

声音在课件中的主要作用体现在以下几方面。

（1）利用声音直接提供学习内容，在课件中，配合课件画面提供解说，为学生提供听觉信息。

（2）利用声音提供示范信息，主要用于在音乐或语言的教学中提供标准的声音示范，如单词读音等。

（3）提供提示信息，以引起学生注意。另外也可以通过声音为学生提供反馈信息，如可以根据学生回答问题的情况提供欢快的声音或者难过的声音。

（4）背景音乐。

（5）渲染情境，为学生创设真实的场景。

在PowerPoint的动画效果中集成了很多提示的声音，如爆炸、打印机的声音等。也可以直接通过插入声音文件，使用外部的声音素材。

PowerPoint也可以为幻灯片录制旁白，这样在放映幻灯片时，可以自动播放声音。

PowerPoint的声音编辑功能较弱，在PowerPoint 2010中有简单的声音编辑功能。大多数情况下，建议使用第三方软件，如GoldWave进行声音的录制与编辑。

6.2 使用声音常见问题

声音不同于文字，获取声音素材、编辑声音等操作都比较困难，如图6-1所示。

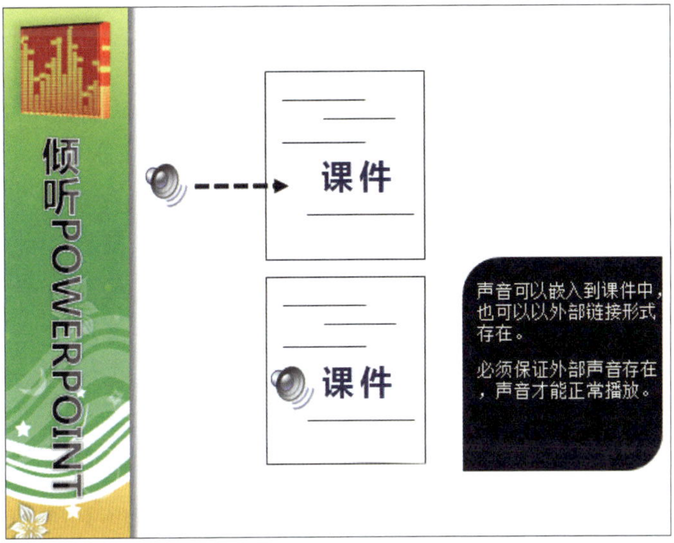
倾听POWERPOINT
课件
课件
声音可以嵌入到课件中，也可以以外部链接形式存在。
必须保证外部声音存在，声音才能正常播放。

图6-1

在课件中使用声音有三个常见问题，一是声音质量问题，二是声音与内容相关性问题，三是声音播放是否正常，在一些课件中有时声音会播放不出来或者播放的声音不流畅。

（1）声音质量问题，特别是自己录制的声音文件，要检查录制的声音是否清楚规范，语速快慢是否合适，是否适用于课件的教学对象等。像课件内容讲解、朗诵等内容，需要选择一些音色比较好的声音，注意使用普通话和语言规范。要控制噪音，注意文件的编码参数[1]。

（2）声音与课件内容结合问题主要体现在背景音乐的使用上，在很多情况下，课件所使用的音乐是为了使用音乐而使用，声音没有为课件提供相应的意境，没有发挥音乐渲染情绪的作用。

（3）课件中的声音播放有问题主要是因为声音文件丢失，或声音文件质量过高，计算机性能跟不上，声音不能流畅播放。

1. 具体设置，请参考第6章：6.4使用计算机录音。

注意

在PowerPoint 2003中，可以设置声音文件是否嵌入课件。

选择“工具→选项→常规”命令，将“链接声音文件不小于 100KB”选项中的数值改大一点，如改为“50000KB”（最大值）。在PowerPoint 2010里幻灯片切换、自定义动画、动作设置中插入的声音都是嵌入在幻灯片内的，声音文件必须是WAV格式，在后面案例中会详细介绍。

6.3 获取声音素材的方法

获取课件制作中需要的声音素材有两种方法：一种是自己录制，包括翻录。另一种是从网上下载，这样比较容易收集音乐文件，通过百度的MP3搜索（http://mp3.baidu.com）非常方便。但对于一些音效文件，如按钮提示，一些场景特定的声音可以从一些素材网站，如http://www.flash8.net中收集，也可以从且行资源（http://www.qiexing.com）下载已经整理好的常用声音素材包。 使用智能手机录音也非常方便，录音时要注意声音文件存储的位置，录制完成后可以通过QQ中转或连线发送到电脑上。

6.4 使用计算机录音

在PowerPoint 2010中，支持直接插入录制的声音，如图6-2所示。

图6-2

推荐使用第三方的声音录制编辑软件，如GoldWave，Audition等。下面以GoldWave为例，讲解录制声音时应当注意的问题，如图6-3所示。

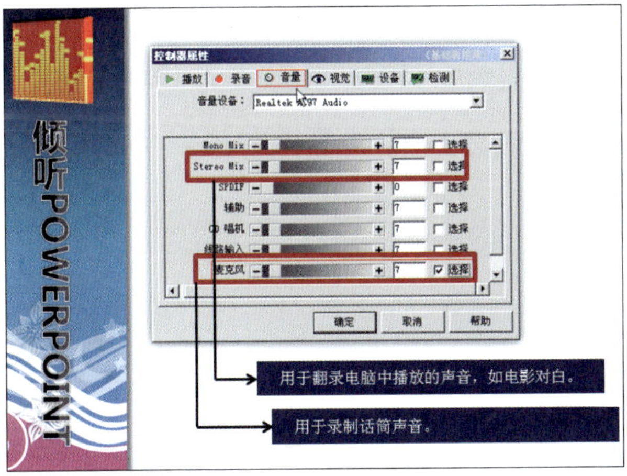

图6-3

录制声音，首要问题是要在录制软件中设置录制的声音源（在GoldWave软件的工具菜单中，打开控制器属性），在此之前还要检查录音设备，如麦克风与计算机的连接：

（1）如果是录制旁白，则选择MIC（麦克风）。

（2）如果录制计算机文件中已经有的声音，如视频中的声音，则选择立体声混合。

选择录制声音源后，需要设置录制声音的质量。

在GoldWave中新建文件后，会弹出录制声音参数的对话框，具体参数设置如图6-4所示。

控制录制过程，完成录制后记住要保存，如图6-5所示。

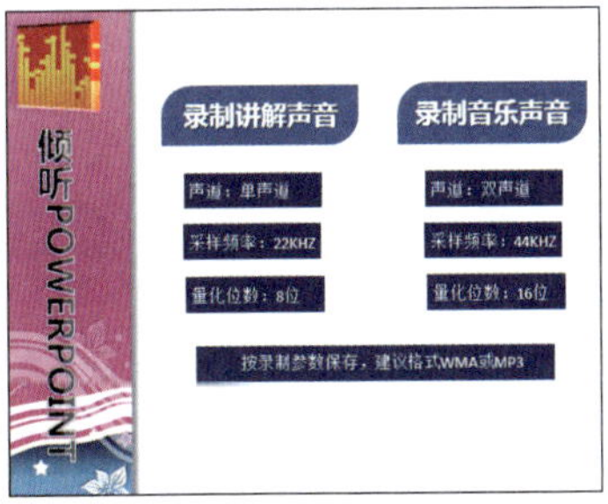

图6-4

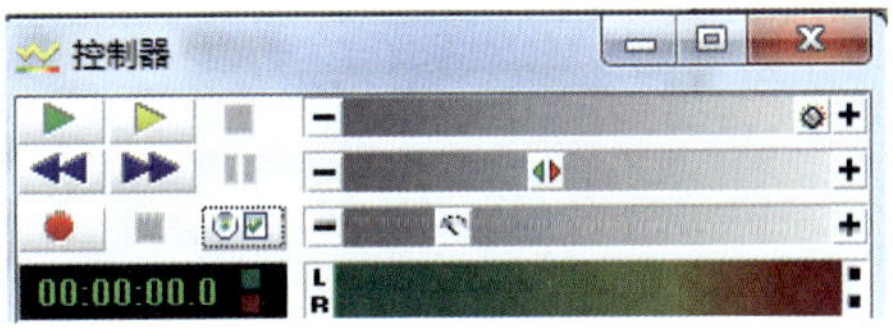

图6-5

案例18：标准的英语单词读音

1. 设计思想

在许多特定学科的课件中，可以利用课件提供声音教学信息，并且可以自主控制声音的播放，如图6-6所示。

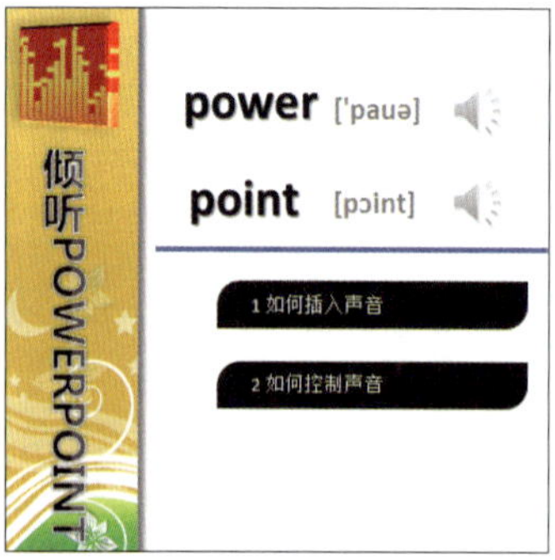

图6-6

2. 实现方法

在PowerPoint中插入声音非常方便，在PowerPoint 2010以前的版本插入外部声音文件时，会自动出现以下两个选项。

（1）声音是否自动播放，在此案例中应当选择否。自动播放的声音一般用于幻灯片内容的自动讲解或背景音乐。

（2）另一个选项是是否在播放时隐藏声音图标，在此案例中选择否，在这里我们用声音图标来控制声音的播放与停止。

在PowerPoint 2010中，声音的控制功能有所增强，并且可以简单编辑声音，添加淡入淡出效果，也可以剪裁音频，具体设置如图6-7所示。

图6-7

3. 应用拓展

在此案例中，利用了一些词典软件，如金山词霸、有道词典等软件，用复制的方法快速输入英语的音标。

关于英语单词的声音，也可以利用软件录制这些单词在词典中的读音，再插入到PowerPoint中。

案例19：为指定对象添加声音效果或提示音

1. 设计思想

在课件制作中，为了吸引学生的注意，或为了强调一些关键信息，可以适当添加声音提示，如在鼠标经过或单击按钮时，以及在鼠标经过词语或音标时。也可以使用声音作为反馈，在回答正确后添加鼓励的掌声等。

所有这些都可以在PowerPoint中利用自定义动画中的提示音，或动作设置中的提示音来完成。

2. 实现方法

（1）选中要添加声音提示的对象（雷电交加），在“插入”选项卡中选择“动作”命令，打开“动作设置”对话框，如图6-8所示。

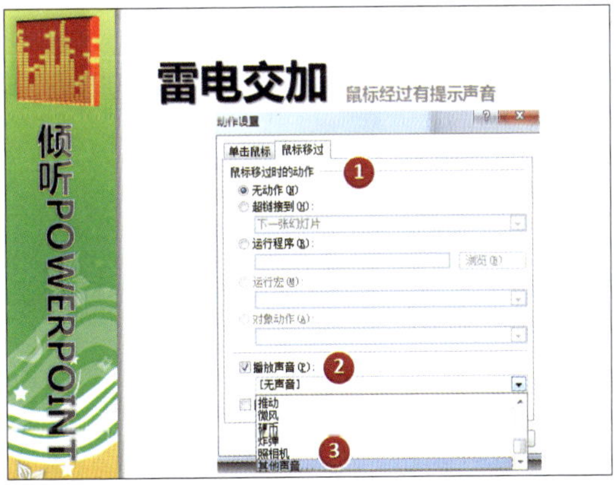

图6-8

（2）在“动作设置”对话框中，可以按如图6-8所示的步骤进行设置。

在动画设置中，也可以添加声音提示效果，如图6-9所示。

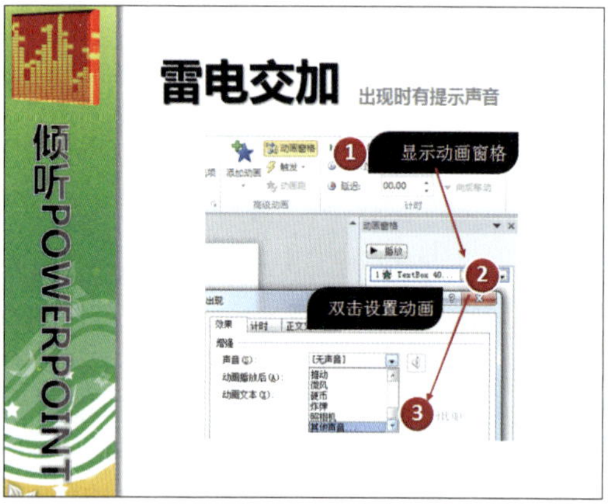

图6-9

（1）选中要强调显示的对象，添加动画效果。在PowerPoint 2007或PowerPoint 2010中选中对象后，直接在“动画”选项卡中设置。

（2）在PowerPoint 2003中可以使用右键菜单中的“自定义动画”命令。在打开的“动画设置”对话框中添加声音效果。

3. 应用拓展

声音虽然有很好的提示和加强效果，但使用不当，或添加了太多的提示音，则极易分散学生的注意力，干扰学生对学习内容的关注，反而起不到提示的作用。

在动画设置的声音选项里，还有一个重要的命令：停止上一个声音，可以利用这个命令控制声音的播放（仅支持.wav格式的声音）。

案例20：控制声音的播放

1. 设计思想

在课件制作中如果通过声音提供教学内容，如课文的朗诵及解说等，那么怎样控制这种声音播放呢？即如何在需要的时候让它播放，在不需要的时候让其停止？

在PowerPoint中默认插入的声音的控制方式是：单击声音图标，声音从头开始播放，无法直接实现我们需要的功能。

但PowerPoint还有另外一种特性，对插入的声音及视频对象提供了几种特别的动画方式，结合触发器功能就能实现我们需要的效果（关于触发器与自定义动画请参考第10章）。

2. 实现方法

控制声音播放的具体方法如图6-10和图6-11所示。

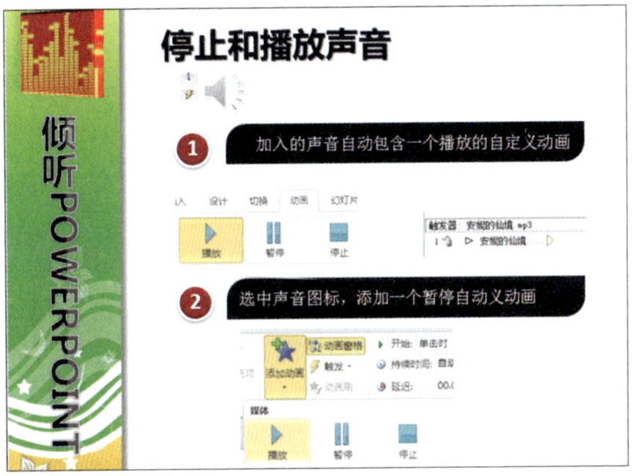
停止和播放声音
倾听POWERPOINT
1
加入的声音自动包含一个播放的自定义动画
2
选中声音图标，添加一个暂停自动义动画

图6-10

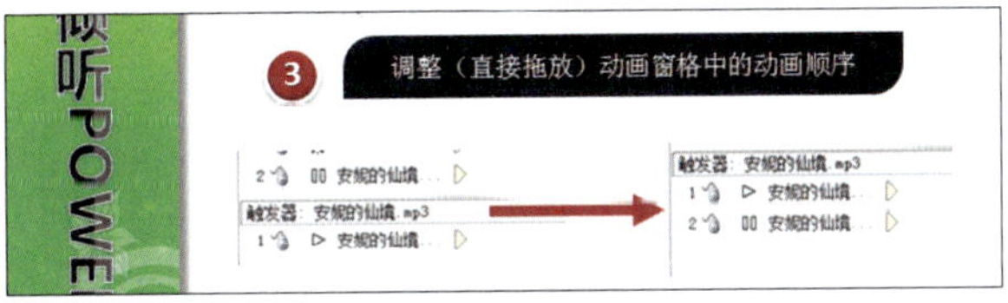
3
调整（直接拖放）动画窗格中的动画顺序

图6-11

案例21：为课件添加背景音乐及声音的循环播放

1. 设计思想

默认情况下，在PowerPoint中插入的声音只能在当前幻灯片上播放，在播放到新幻灯片时，声音会停止。如何为整个课件添加背景音乐或为指定范围内的幻灯片播放背景音乐呢?

要想实现在多张幻灯片上播放同一个声音，或者说跨幻灯片播放声音文件，需要进行以下设置。

在PowerPoint 2010中，当插入外部声音文件时，会自动在动画窗格中生成动画。

如果是PowerPoint 2003或2007，可以直接在插入的声音图标上单击鼠标右键，在弹出的菜单中选择“自定义动画”命令，为声音添加自定义动画。

2. 实现方法

（1）在需要播放声音的起始幻灯片中插入声音文件。根据你想对背景音乐的控制情况选择是自动播放，还是单击播放。

注意

如果想让音乐一直播放到幻灯片放映结束，在PowerPoint 2010中可以选择跨幻灯片播放，另外还有“循环播放，直至停止”等选项。

（2）单击动画标签，进入动画窗格，如图6-12所示。在PowerPoint 2003中，可以直接单击鼠标右键，在弹出的菜单中选择“自定义动画”命令。

（3）双击相应的声音对象动画，可以在弹出的对话框中进行播放等声音选项设置，如图6-13所示。

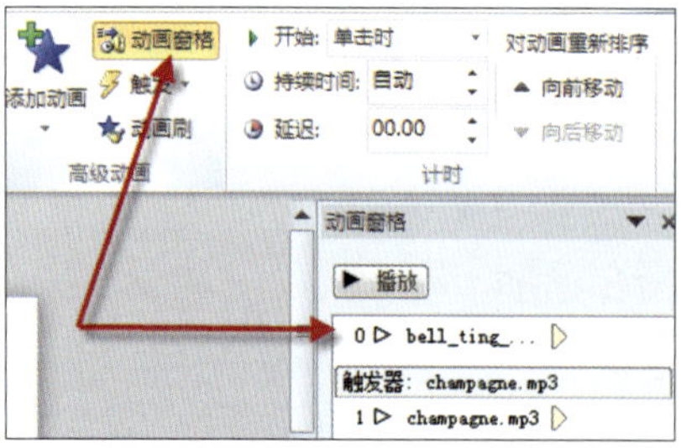

图6-12

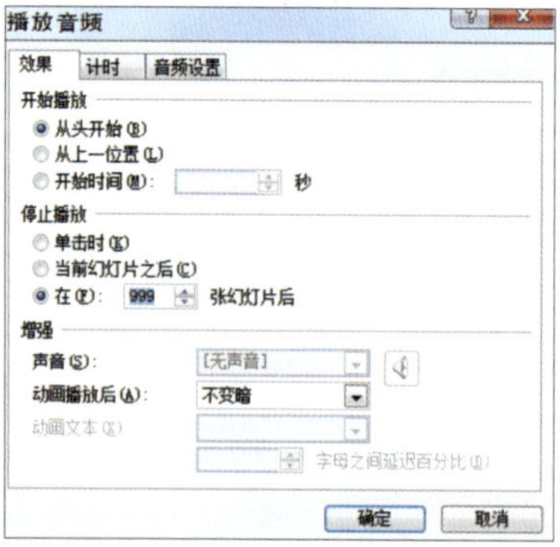

图6-13

3. 插入背景音乐新方法

前面介绍插入背景音乐的方法是通过将声音文件插入到幻灯片中，并通过相应的动画选项（插入动画的声音是以动画方式存在的）设置从而实现声音的跨幻灯片播放。但在实际应用中，也可以通过为幻灯片放映设置切换声音实现背景音乐效果，此种方法与上述方法不同之处在于：插入幻灯片的声音可以是MP3、WAV等多种格式，但幻灯片的切换声音只能使用WAV格式，而且声音文件是嵌入在PPT文件中的，具体实现过程如下。

（1）选择要插入背景音乐的幻灯片，单击“切换”选项卡。

（2）选择声音为其他声音（声音文件必须是WAV格式）。

（3）选中“播放下一段声音之前一直循环”复选框，如图6-14所示。

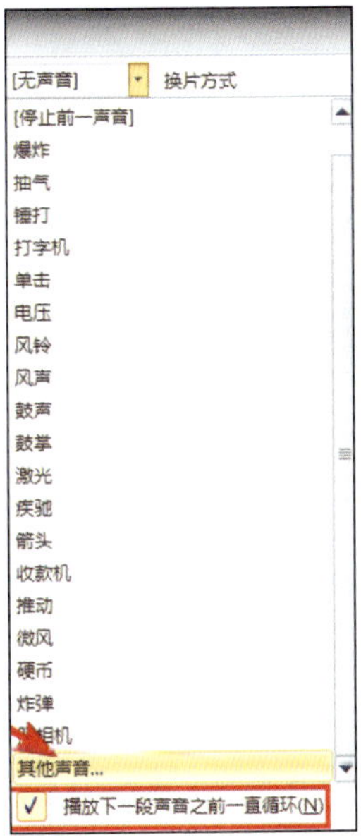

图6-14

4. 应用拓展

利用此方法可以设置声音播放开始和结束的位置，对于音乐本身，也可以通过“音频工具”中的播放和声音选项设置起始和结束的地方。这样可以为不同内容的幻灯片设置不同的背景音乐，而且可以选择背景音乐。

设置成背景音乐的声音，一般应当设置为循环播放，如图6-15所示。

图6-15

案例22：录制和使用旁白

在PowerPoint中，旁白是幻灯片的解说词，在幻灯片放映时自动播放，相当于在幻灯片中插入一个自动播放的声音文件。PowerPoint 2003或2007的幻灯片放映菜单中直接提供了录制旁白的命令，在幻灯片放映模式下录制解说的声音（保证电脑录音功能正常，麦克风设备正确连接），放映结束后，PowerPoint会自动生成一个录音文件插入到幻灯片中。

在PowerPoint 2010版本中，录制旁白命令已经变成了录制演示文档命令并且得到了增强，其不仅可以录音，还能录制演示过程中的笔迹。

旁白可以为学习者提供更多关于课件内容的讲解及具体的学习指导。利用旁白在一定程度上解决了师生学习空间上的分离问题，教师不必在现场做演示讲解，而且录制的旁白和计时在PowerPoint 2010中保存成视频格式时，能够直接保留，这也是制作视频教学材料（如微课，详细内容见视频信息处理一章）一种方法，如图6-16所示。

图6-16

6.5 小结

在PowerPoint中可以通过多种方式使用声音，以文件方式插入到幻灯片中的声音在使用时应注意声音文件和PPT文件之间的链接关系，防止在移动文件时引起声音无法正常播放问题（将声音文件和PPT文件置于同一目录，再进行声音信息加工处理，可以有效避免这样的问题）。通过幻灯片切换、自定义动画以及动作设置使用声音虽然对声音格式要求严格（需要是WAV格式），但声音是直接嵌入在PPT文件中的，兼容性好。

在PowerPoint中可以设置声音播放的起止时间，相当于实现声音的截取功能，但在课件制作中使用第三方软件对声音素材进行截取编辑更方便。

在PowerPoint 2010中可以单击插入的音频，选择“播放”设置可以对音频进行截取和音量设置，如图6-17所示。

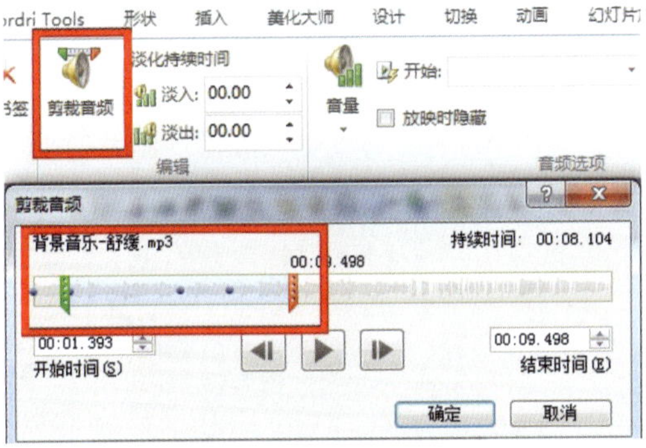

图6-17

PowerPoint 2010中的声音书签功能，能够记录声音播放的位置（相当于声音播放定位点），结合动画设置中的声音“搜寻”功能和触发设置，能够实现声音的点播，如图6-18所示。

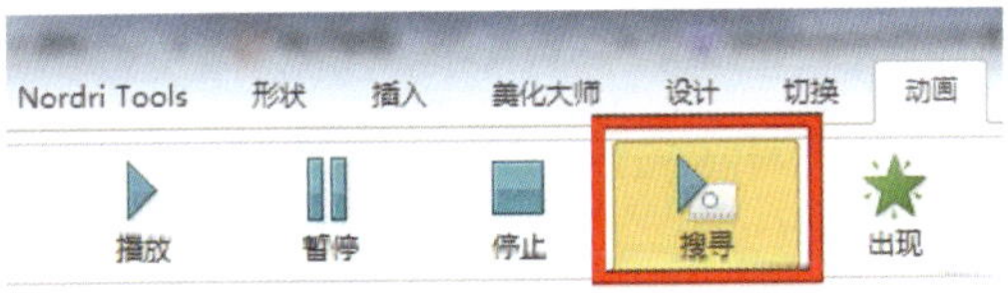

图6-18

例如在一个多人场景对话（访谈）中，可以为每一位人物说话（发言）的位置添加书签，添加声音的“搜索”动画，并指定相应的触发器（触发器相当于动作执行的条件开关，具体解释可以参考课件交互设计一章），如图6-19所示。

图6-19

第7章

PowerPoint课件中的视频处理技术

本章介绍了网络视频素材下载方法及在PowerPoint中插入视频的三种方法，将PowerPoint转换为视频（两种方法）并进行相应的编辑与处理是本章的另一个学习重点和难点。

视频是动态的，能够集图、文、声像于一身，是信息表达能力最丰富的一种形式，在PowerPoint中不仅可以通过文件、控件、链接等方式使用视频，而且还能利用PowerPoint设计和生成视频。

视频一般是指用摄像机记录的运动场景[1]，视频具有直观、形象、生动、能真实传达事物及其所处环境等特征。

在教学中，视频广泛应用于录制讲座，记录实验和操作过程，提供动作练习示范，提供真实历史事件，创设学习情境与同步信息（如视频课堂）。还可以将大量的科教片应用于特定的主题教学，如《话说长江》、《微观世界》等。

视频通过特定的拍摄及合成技术，可以实现空间与时间变换，如变快为慢、变慢为快，化小为大、化大为小。可以将数亿年的地球演化过程压缩为数分钟，也可以将蜜蜂翅膀振动的过程一一呈现在你的眼前。

在现代，视频拍摄已经是一件非常寻常的事情，利用手机、便携摄像机拍摄非常方便。随着一些视频网站的兴起，如土豆网和优酷网，特别是一些以视频为主体的在线教学网站兴起，如大学Moocs课、网易公开课、传课网等，在网络上汇聚了越来越多的教学视频素材和课程资料。

注意

拍摄视频时一定要注意画面稳定（少移动、晃动或来回改变焦距），能采用固定位置拍摄的，尽可能使用三脚架，或其他固定装置。拍摄画面宜采用水平方向构图，特别使用手机拍摄时不要竖着拍。因为在教学中使用的视频画面不需要太高的分辨率，所以视频清晰度设置为一般清晰度（一般不超过720P）可以保证视频播放的流畅性。

在PowerPoint课件中如何利用视频呢?

7.1 概述

在PowerPoint中，可以直接插入外部的视频文件或剪辑库中的视频短片，在

1. 随着计算机技术的发展，也有很多视频是由计算机生成制作的。

PowerPoint 2010中还能直接插入网页中的视频，但在使用中也必须要保证你的计算机能正常连接网络，否则视频无法正常播放。

在PowerPoint中也可以通过插入Windows Media Player控件来插入视频，如图7-1所示。

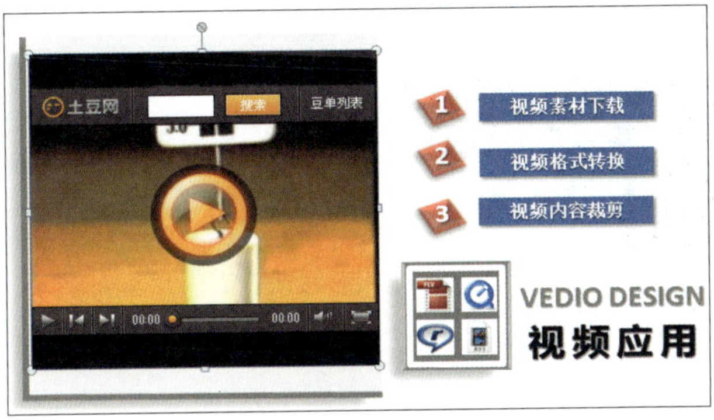

图7-1

7.2 视频素材下载

虽然现在提供视频服务的网站越来越多，但大多数的视频网站只能在线观看，并不提供视频的直接下载地址，一些网站提供了各自的客户端下载工具，更多的网站限制视频下载，在教学中要使用这些素材先要能够下载它们。

下面介绍几种常用的视频下载方法。

方法一：Firefox浏览器+Ant vedio download（或Video DownLodHelper插件）

Firefox是一款非常优秀的浏览器，相比Windows自带的IE浏览器，Firefox有许多优点，推荐大家使用Firefox浏览器，如图7-2所示。

使用Firefox浏览器和Ant vedio download、Video DownLoadHelper插件，在浏览包含视频的网页时，会自动发现视频地址，只需要单击要下载的视频即可将视频保存到自己的计算机中。但是在下载优酷、土豆、搜狐网站中的视频时下载的是视频片段，需要再合并，也可以借助“维堂”“硕鼠”等专门的视频下载软件。

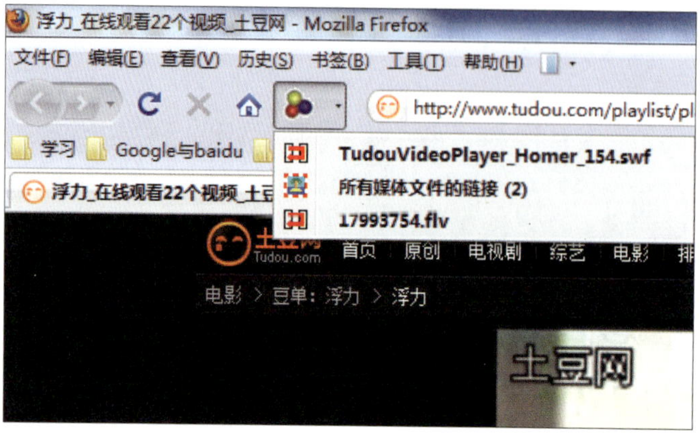

图7-2

方法二：利用IE浏览器的缓存

在网络上使用IE浏览器浏览的任何多媒体内容，如图片、音乐、Flash动画，以及视频，都会保存在IE浏览器的缓存中，也就是IE的临时文件夹中，如图7-3所示。

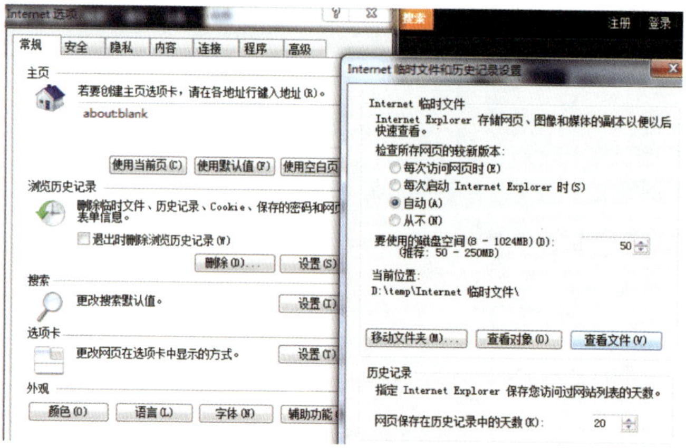

图7-3

（1）打开IE浏览器，选择“工具→Internet选项”命令，在打开的对话框中单击“浏览历史记录”按钮。

（2）在Internet浏览器临时文件夹中可以查看文件，如图7-4所示。

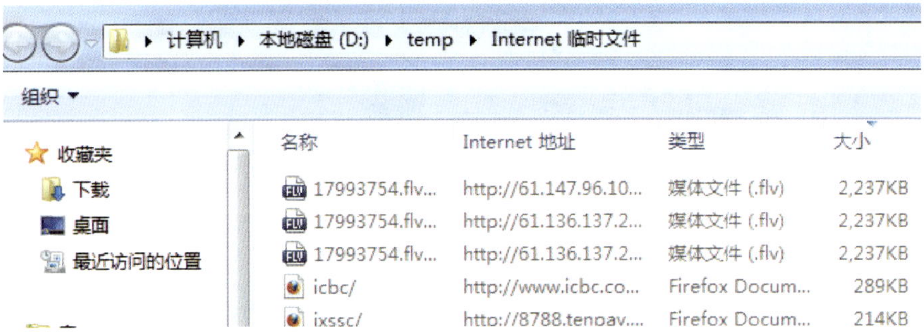

图7-4

临时文件以文件大小或网站地址进行排序，这样从中很容易发现自己看过的视频文件。

提示

可以将IE临时文件夹设置成一个方便访问的文件夹，这样就不必每一次都要经过以上的操作，从而可以一步直达。

7.3 视频格式转换

视频的格式有很多，有RMVB、MP4、MOV、FLV、AVI、WMV等。很多视频无法直接插入到PowerPoint中，在使用前要选择常用的视频格式，如WMV、AVI、MP4等，无法在PowerPoint直接使用的视频格式，可以通过格式转换软件进行转换，也可以通过播放软件（或录制屏幕软件）翻录转换。

视频格式转换软件有很多，可以从网络中搜索，这里推荐一款视频格式转换软件“格式工厂”，它几乎支持所有的视频格式之间的相互转换，操作非常简便，如图7-5所示。

图7-5

建议大家转换视频格式时，选择转换为MP4或WMV这两种视频格式，因为这两种格式较为通用，且在转换过程中可以选择较高的压缩比率，这样可以保证课件能在更多的计算机中被正常播放。

另外使用QQplayer（QQ影音）、PotPlayer等视频播放软件也可以非常方便地对视频进行截取和格式转换。

（1）在QQ影音中打开要截取或转换格式的视频，在菜单中选择“转码/截取/合并/视频/音频截取”命令，如图7-6所示。

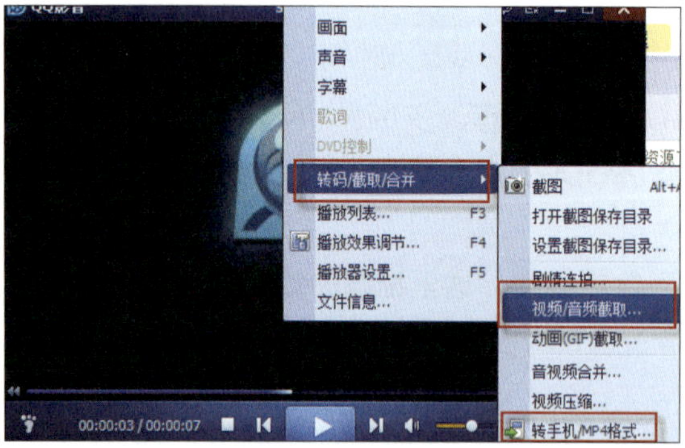

图7-6

（2）调整要截取的范围，可以使用微调工具进行精确调整，如图7-7所示。

图7-7

（3）在“视频/音频保存”对话框中选择需要的格式，如图7-8所示。

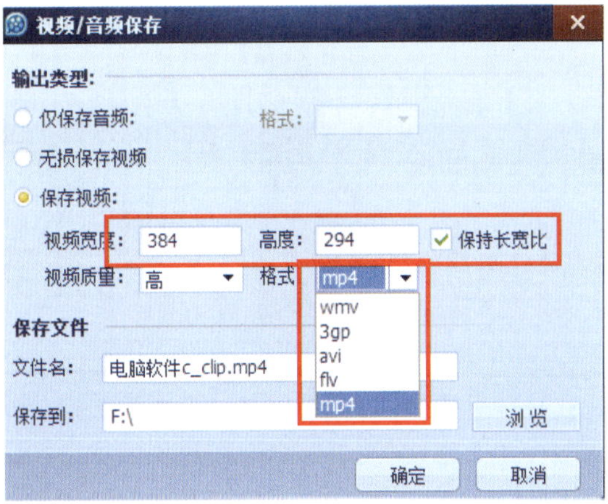

图7-8

QQ影音的截取和转换视频格式功能较少，如果需要功能更丰富的截取与转换格式功能，则可以使用PotPlayer播放器。其操作原理相同，只是功能命令略有差异，其中视频操作中的录制视频功能可以设置视频截取的范围和截取的格式（编码），如图7-9所示。

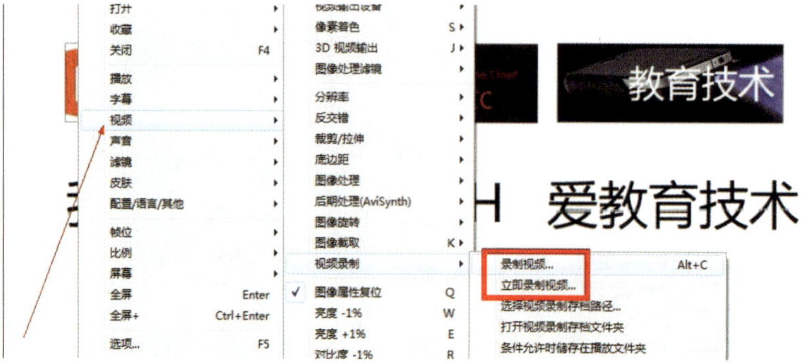

图7-9

相比QQ影音播放器，PotPlayer中录制视频的选项设置提供了更全面的选择与设置选项，例如可以改变视频的播放速度，单独设置图像压缩率和声音编码。可以这样说，只要是PotPlayer能播放的视频，它就能截取和转码，如图7-10所示。

图7-10

7.4 使用FastStone Capture剪辑视频

FastStone Capture也可以实现视频剪辑功能，与其他视频处理软件相比，FastStone Capture非常小巧，仅占几MB存储空间，操作简便，并且能够为视频画面添加标注及文字说明。FastStone Capure是一个截屏和录屏软件，其视频编辑功能在录屏工具右侧，目录仅支持WMV格式视频，如图7-11所示。

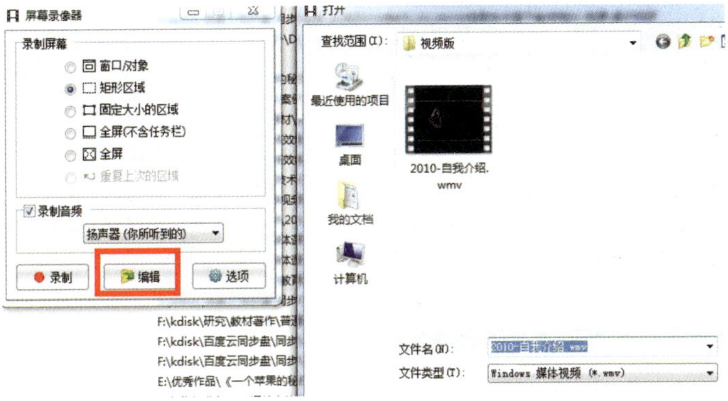

图7-11

在FastStone Caputre中截取（剪辑）视频要分两步，首先在需要删除（裁切）的位置添加标记（即剪切），然后保存文件，被标记的内容会被删除，如图7-12所示。

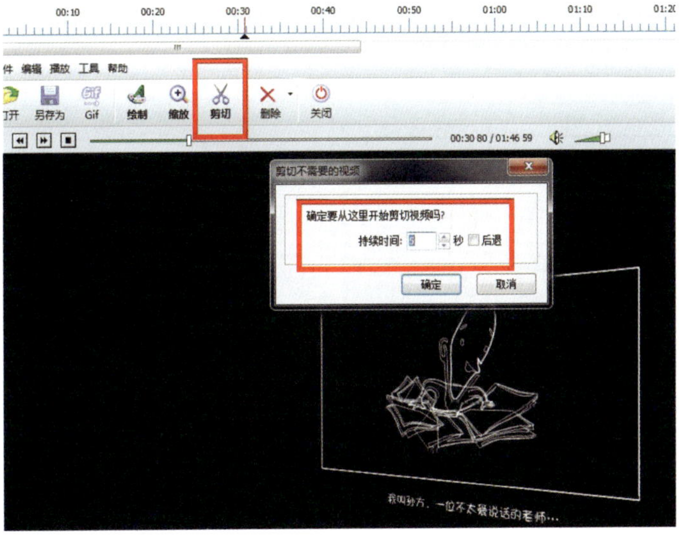

图7-12

在如图7-12所示的对话框中如果选择“后退”，则是把此标记点前面的内容标记为删除。如果要对视频画面进行局部放大可以选择工具栏中的“缩放”命令；如果是更改视频画面内容，添加标注或文字说明，则可以选择“绘制”命令。如图7-13所示是为视频画面中的文字添加一个红色方框标注。

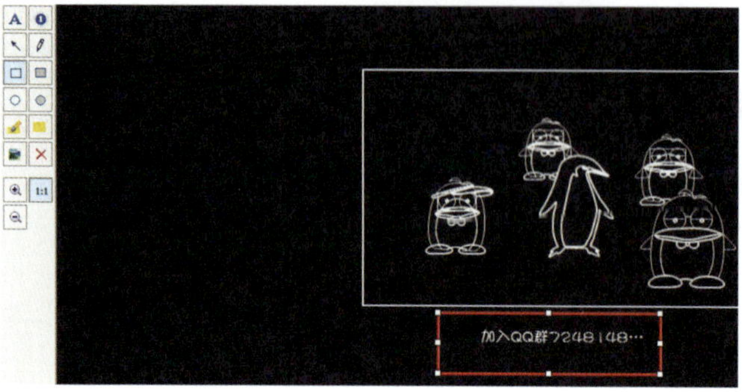

图7-13

在进行剪切、绘制、缩放等操作后，在时间轴上可以直接调整它们的时间长短，如图7-14所示。

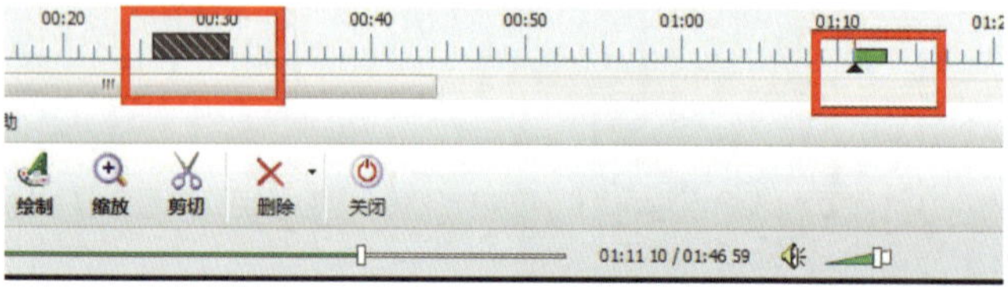

图7-14

用鼠标拖动黑色方框能直接修改视频的长度，绿色标记是添加的方框（文字）等内容显示持续时间（黄色标记是缩放持续时间，对于视频画面中需要局部细节强调的内容，可以使用此功能放大显示）。FastStone Capture不仅支持WMV格式的视频格式（PowerPoint 2010的“文件-保存并发布的视频”选项中也只有WMV格式），更重要的其还支持屏幕录制，可以将PPT放映过程轻松录成视频，这也是将PPT转成视频一种重要方法。

案例23：在PowerPoint中插入视频并控制视频播放

在PowerPoint中插入视频有两种基本方法。

一种方法是直接插入视频对象，操作方法与插入声音文件基本一致，但与插入声音不同的是，在PowerPoint 2010中，可以直接插入网络中的视频。

在视频网站上，一般都提供了视频分享的代码，找到分享的代码，按要求复制到相应的文本框中就可以了，如图7-15所示。

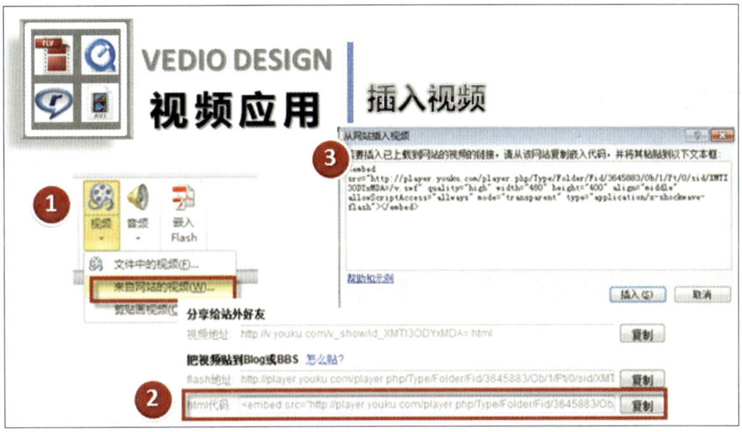

图7-15

需要注意的是，通过这种方式插入的视频，只是将网络中的视频地址链接到PowerPoint中，在使用时，必须要正常连网才可以观看视频。

另一种方法是利用插入的Windows Media Player视频插件来播放视频。

1. 设计思路

通过利用Windows Media Player控件来插入视频，也可以通过视频控件来控制视频的播放。

2. 实现方法

要插入控件，首先要调用PowerPoint中的自定义控件箱，在PowerPoint 2007或2010中，自定义控件箱被集成到了开发中心，默认没有显示。

在PowerPoint 2003中，自定义控件箱在“视频”菜单中的“工具”命令中，如图7-16所示。

接着选择Windows Media Player控件，如图7-17所示。

设置控件属性：主要是设置控件的URL属性。通过设置这个属性指定PowerPoint播放的视频地址。

建议将视频存放在课件所在的文件夹或子文件夹中，添加时直接用相对路径添加，如果是在同一目录下，则直接输入“视频文件名.扩展名”；如果在子目录中，则输入“\目录名\视频文件名.扩展名”。

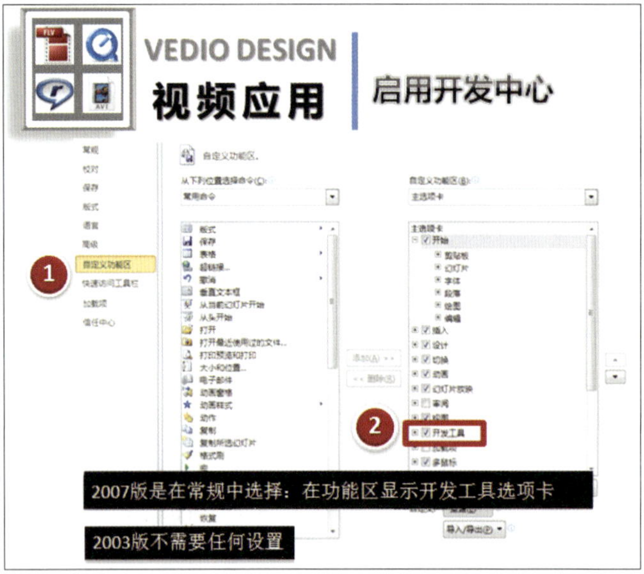

图7-16

图7-17

如果视频文件扩展名没有显示，可以在文件夹选项中按图7-18所示进行设置。

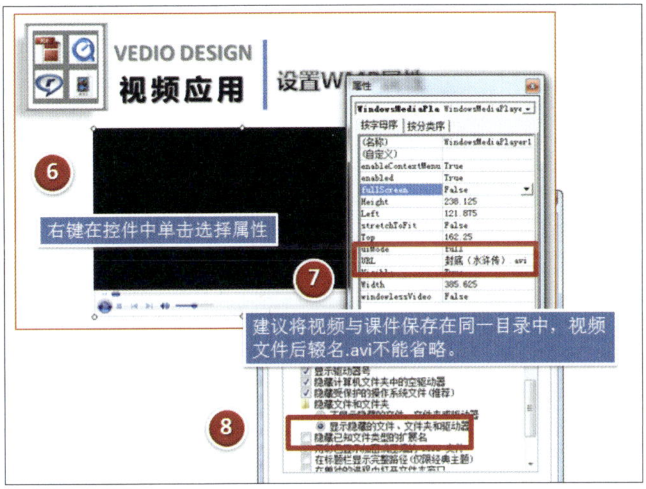
VEDIO DESIGN
视频应用
6
右键在控件中单击选择属性
7
建议将视频与课件保存在同一目录中，视频文件后辍名.avi不能省略。
8

图7-18

除直接设置url属性外，也可以单击属性面板上的自定义属性框，直接选择要插入的视频文件。

3. 拓展应用

利用此种方法，也可以插入网络中的视频，前提是你必须知道真实的视频文件地址。

另外Windows Media Player一般只支持WMV、AVI、ASF、MPG等视频格式，如果是RM或RMVB格式的视频，则应选择Real Player G2 Control控件；如果是MOV格式的视频，则应选择Apple quicktime player控件。

案例24：将PPT转换为视频

在PowerPoint中能够插入（集成）、控制视频，同样也能将幻灯片转换为视频。转换视频有两种情况：一种是直接将幻灯片上的内容转换成视频，幻灯片之间的切换效果和幻灯片上自动播放的自定义动画（见第8章）效果也会转成视频，但无法保留链接、动画设置以及触发器效果。第二种是录制幻灯片的放映过程，包括幻灯片的标注、解说（旁白）转换成视频，相当于在将幻灯片上的内容及放映演示的过程转换为视频，如图7-19所示。

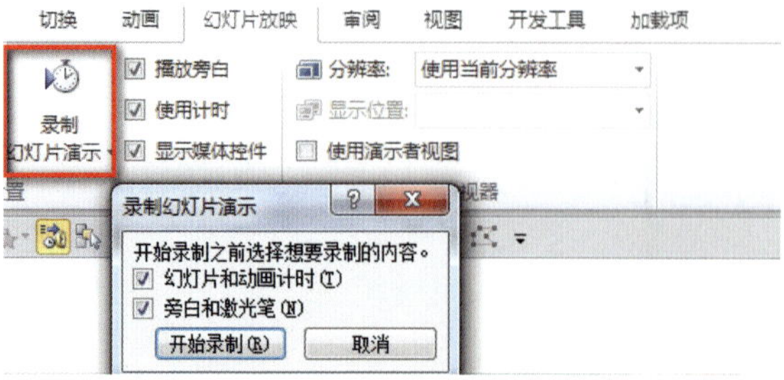

图7-19

将PPT转换成视频先要设计好幻灯片之间的切换效果（如果要包括旁白，则可以将旁白录制成声音，直接添加到幻灯片切换中），然后设计幻灯片上内容呈现的顺序（包括批注的内容），如图7-20所示。

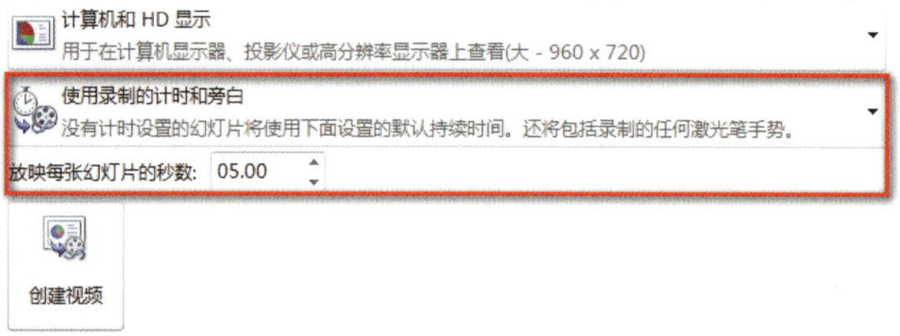

图7-20

将PPT转换成视频时主要要设置输出视频的分辨率，可以根据应用场合进行设置，如果在多媒体教室中投影使用，则选择“计算机和HD显示”。幻灯片转换为视频时，可以根据每一张幻灯片切换、自定义动画和计时录制，也可以为幻灯片指定一个统一时间，如每一张幻灯片转成5秒长度的视频。

利用PPT设计与制作视频和PPT中的动画功能密不可分，可以根据第8章动画功能设计视频，在此章大家学会将PPT生成视频的方法即可。幻灯片转换为视频时，可以根据每一张幻灯片切换、自定义动画和计时录制，也可以为幻灯片指定一个统一时间，如每一张幻灯片转成5秒长度的视频。

案例25：利用书签实现视频点播功能

在PowerPoint 2010中也可以实现声音的裁剪，这里的剪裁只是定义了视频插入的起点和终点，并没有改变视频文件本身，如图7-21所示。

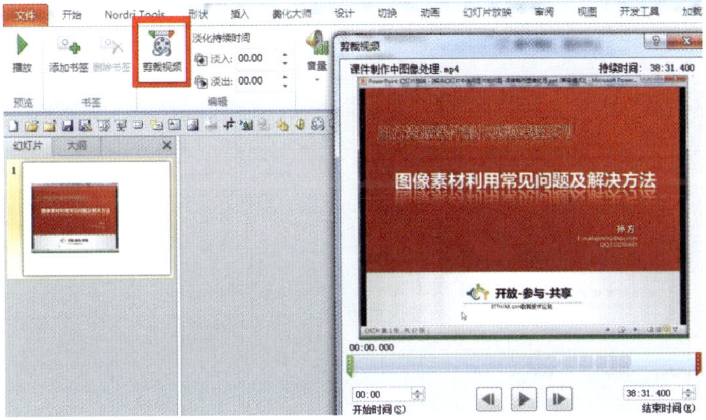

图7-21

同样与插入声音一样，在动画窗格中，为视频添加相应的播放、停止和暂停功能后，再设置相应的按钮为触发器来控制视频的播放。

在PowerPoint中，如果插入的视频文件较长，或者在教学中有时需要选择从特定位置进行播放，则可以通过添加书签和自定义动画中的搜寻功能制作视频“点播”效果，即单击视频右侧的按钮，视频可以跳转到相应的位置上开始播放，如图7-22所示。

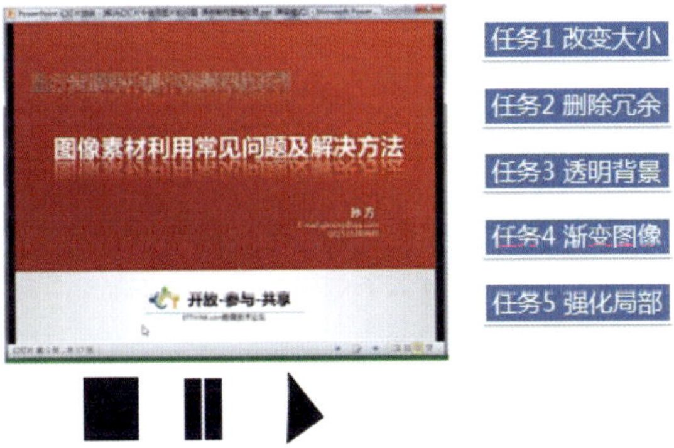

图7-22

（1）根据“点播”需要，插入书签，注意书签的位置要精确。本案例中概括了视频的内容（处理课件中图像的五种典型问题）为视频添加了五个书签，如图7-23所示。

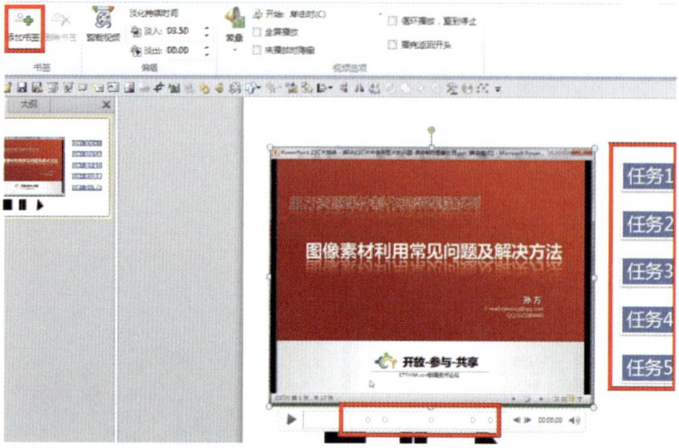

图7-23

（2）选中视频书签，单击“搜寻”选项，选择触发：单击具体书签，选择相应的触发对象（对应的文本框），相当于单击触发器（文本框）时视频就从第一个书签位置开始播放，如图7-24所示。

图7-24

在添加后面的书签触发时要注意，一定要在右侧动画中先添加“搜寻”位置点，然后才能增加新的触发控制，如图7-25所示。

图7-25

如果是在左侧的动画中选择，则相当于用当前书签位置的“搜寻”控制点代替原来书签位置的“搜寻”控制点，所以增加新的书签点，一定要在“添加动画”功能中加入“搜寻”按钮，然后再设置相应的触发对象。和前面相同，也可以在动画窗格的自定义动画“计时”标签设置相应触发器。最终幻灯片自定义动画窗格如图7-26所示。

图7-26

通过以上操作实现了通过右侧的文本框，控制（点播）视频（单击相应的文本框，跳转到视频相应的书签位置）。

7.5 插入视频的三种方法以及优劣分析

除上面介绍的两种方法，还有一种通过超链接或动作设置来插入视频的方法，下面比较一下这三种方法，方便读者选择使用，如表7-1所示。如果制作的课件需要经常在不同的机器上运行，建议使用第三种链接插入法，但链接（动作设置）的对象不要使用文字，可以对视频画面进行截图，利用这个截图设置超链接（或动作设置）。

表7-1 在PPT中插入视频的三种方式

	实现方法	视频控制选项
直接插入法	插入-视频-来自文件（网站或剪辑画）	控制功能简单，只能暂停和播放，无法快进和回放，更无法控制视频播放音量
控件插入法	如书中介绍通过相应视频控件插入视频	取决于视频控件的功能，一般可以进行快进、快退、音量控制等功能
链接插入法	通过超链接或动作设置 不是链接到幻灯片或网址，而是链接到视频文件即可 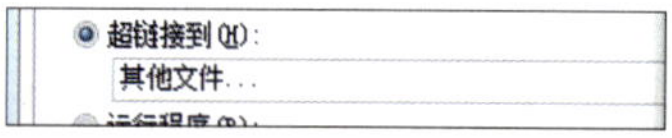	取决于外部的视频播放软件，此种方法实际相当于用独立的视频播放器播放视频文件，功能最全，但在课件运行时因为调用外部视频播放器，会弹出新窗口

注意

不论选择哪种方式插入视频，都要养成一个习惯，即将相关视频素材放置在课件目录（或子目录）下再进行相应操作，这样可以最大程度地避免视频无法正常播放，而且方便别人使用视频素材。

第8章

PowerPoint课件中的动画技术

本章通过一些典型的动画案例介绍了PowerPoint中自定义动画的使用方法和技巧，特别是对于动画的组合设计和顺序播放控制。本章学习的难点在于利用PowerPoint中的动画基本功能对学习材料进行加工，即能将一些传统的印刷文字学习内容利用动画呈现，而不仅仅只是利用动画控制内容呈现顺序。本章最后还介绍了Flash动画在PowerPoint中使用方法。

PowerPoint内置了很多动画效果，用于控制幻灯片上的对象出现、显示、消失效果，也能够控制对象的运动方向。与其他动画设计软件不同，PowerPoint动画是“组合”动画，在使用过程中只需要选择需要的动画类型和设置相应的参数，不需要设计“动画”。

通过组合动画可以有效控制幻灯片上的内容的呈现顺序，也能够模拟一些物体运动现象，学习PowerPoint动画重点在于了解每一种动画类型的特点，以及如何将这些动画组合起来使用。

动画具有视频的直观、形象、生动等特点，并且比视频更具有灵活性，它摆脱了摄像机的限制，可以自行设计。利用PowerPoint中提供的自定义动画可以组合成多种不同的动画效果。

动画可以突出重点、控制信息的流程，并且提高课件的趣味性。课件中的动画分两种形式：一种是画面与画面之间的切换关系，如淡进淡出、实进虚出等；另一种是画面内的形象元素根据需要进行移动，如多行文字的逐行显示等。

在教学课件中，物体的运动，事情的发展过程，事物之间的相互关系等都可以用动画来表达。用简化的模型动画，更能突出学习内容的关键特征，减少学习过程中的干扰因素。

另外，动画还有一个重要作用：控制学习内容的显示速度与顺序。

8.1 概述

在PowerPoint中，包括进入、强调、退出和自定义路径4种类型的动画。这些动画可以组合、叠加使用，控制对象的出现、消失和移动，如图8-1所示。

在PowerPoint中也可以使用外部的SWF动画，或者直接插入GIF格式的图片动画。

动画是连续运动的静止画面。在PowerPoint中动画设置的关键点包括动画计时和动画效果参数。

	动画功能特点
进入动画	从无到有：对象在幻灯片上出现的方式
退出动画	从有到无：对象从幻灯片上消失的方式
强调动画	从有到有：幻灯片上对象变色、旋转、缩放、闪烁、扭曲等
路径动画	从有到有：幻灯片上对象需要改变位置或旋转

图8-1

进入动画和退出动画基本一一对应，如果对幻灯片中对象消失（退出）的方式没有特别的要求，则可以不使用退出动画，直接在设置进入动画的“播放后效果”中使用隐藏功能代替。在进入动画中有一种“出现”动画、退出动画中有一种“消失”动画，这两种动画没有时间、没有效果，适用于在有和无之间的切换。

在课件制作过程中，如果需要一个对象出现，可以为它添加一种“进入动画”，进入后如果需要强调，引起别人注意，则可以添加一种“强调”动画。显示后如果不再需要它，则可以设置为“播放后隐藏或播放后单击隐藏”，也可以添加一个“退出”动画，甚至可以为它添加一个路径动画，让它随路径退出幻灯片。

注意

在PowerPoint中一个对象可以重复叠加多种动画方式（效果），比如一个小球在“飞入”后，还可以再“弹跳”进入等，强调动画、路径动画也是如此。“退出”动画也可以添加多种退出效果，但在第一次退出后，以后的动画就失效了，即使后面是其他类型动画也不行。

在PowerPoint 2003中一般通过右击对象，在弹出的菜单中选择自定义动画命令，添加动画效果。在PowerPoint 2010中要选中对象，单击“动画”选项卡中的“添加动画”命令添加动画，添加后可以显示动画窗格，在动画窗格中可以设置动画效果和参数，直接双击相应的动画类型即可，如图8-2所示。

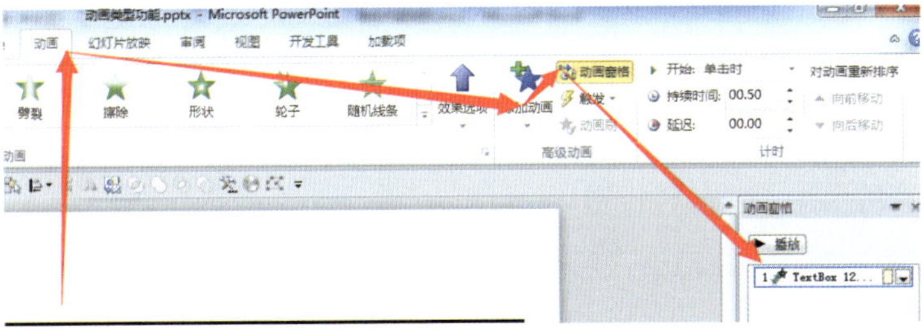

图8-2

切记：在为一个对象添加一个动画后，一定不要直接在“添加动画”命令右侧那个方框中选择动画，在那里选择会替换你当前的动画，而不是添加新的动画，正确的操作方法是：单击“添加动画”按钮，在展开的选项中选择“动画类型”选项，再选择具体的动画。

（1）动画计时包括动画开始的方式、延时时间和持续时间（重复播放次数）。

动画的开始方式有三种：单击时、上一动画同时、上一动画之后。如果一个动画的开始方式设置为单击时，即表示单击鼠标时，这个动画会开始；设置为上一动画同时，如果在这个动画之前没有动画，则这个动画就会“自动”开始；设置为上一动画之后，则顾名思义要等前面一个动画播放完了，这个动画才能开始。

延迟设置在于如果动画不能等上一个动画结束后再开始，又不能同时开始，则为其设置“延迟”时间，即过了“延迟”时间后再开始。动画播放的延迟时间，以秒为单位。如果要设置动画循环播放，则设置重复方式为“直到幻灯片末尾”，如图8-3所示。

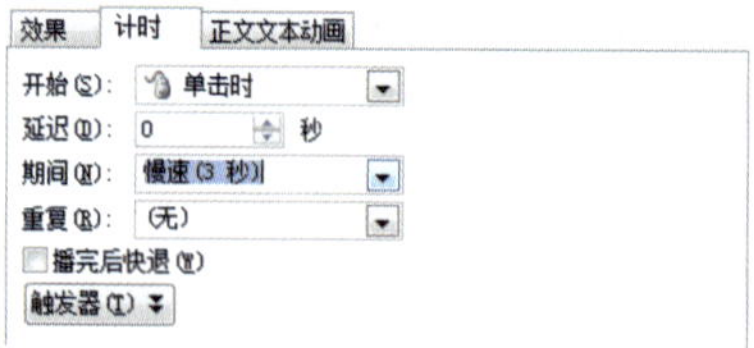

图8-3

（2）运动效果设置，每一种动画的效果设置选项各不相同。

案例26：小球运动案例

此案例想实现“小球从水里慢慢出现并浮出，变大，变为蓝色后，单击鼠标后迅速飞出”的动画效果。在设计时根据PowerPoint的动画特点选择相应的动画类型：出现、浮出分别为进入动画，变大、变色为强调动画，飞出可以使用退出动画，也可以使用自定义路径让其移出幻灯片。这里的难点在于出现动画的浮出动画，其起始位置无法和小球出现时的位置对应。

可以设置两个小球，先让第一个小球淡入后再消失，其位置和小球浮出的开始位置对应。

因为小球是自动出现的，动画的开始方式设置为上一动画同时，后面则相应设置为上一动画之后。两个小球承接的地方为了更自然（因为浮出也有淡入效果），第二个小球的浮出动画也设置为上一动画同时，但设置了延时，以和第一个小球的退出动画对应。小球是在单击鼠标时飞出，所以路径动画设置的开始方式是单击时，如图8-4所示。

在PowerPoint中有一个“高级日程表”工具用来控制动画的时间。控制运动物体的方式在PowerPoint中就是细分的动画类型，在PowerPoint中制作动画非常方便，因此我们只需要了解如何将它们组合起来。

在日程表中可以直接用鼠标调整动画持续的时间（图8-5中的淡黄色色块）。

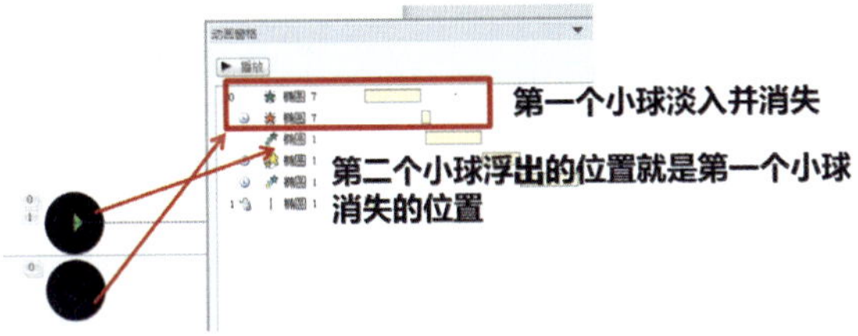

图8-4

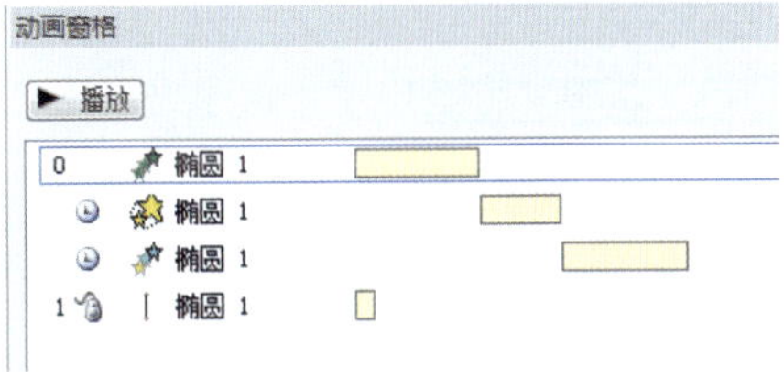

图8-5

8.2 PowerPoint中动画设计技巧

在PowerPoint中制作动画与其他软件有很大的不同，PowerPoint中的动画都是已经设计好的，除路径动画以外，其他物体如何运动都是依据选择的动画方式决定的。

在这些设定好的动画中，我们能够改变的有动画运行的先后顺序与时间长短、提示音效，以及动画运行的条件。

在PowerPoint中利用自定义动画窗格可以非常方便地调整动画顺序，直接拖动鼠标就可以移动这些动画进行排序。

双击动画窗格中的动画，可以对其效果进行设置。也可以在动画窗格中选中具体的动画对象，进行与动画相关的各项设计，如图8-6所示。

在PowerPoint中一般动画设计过程如下所示。

如果要为某一个对象添加动画效果，一般可以按以下步骤进行。

（1）在幻灯片上选中对象，并指定动画类型。一个对象可以添加多种类型的动画，同种类型的动画也可以添加多次。

- 进入动画：设定对象出现的方式。

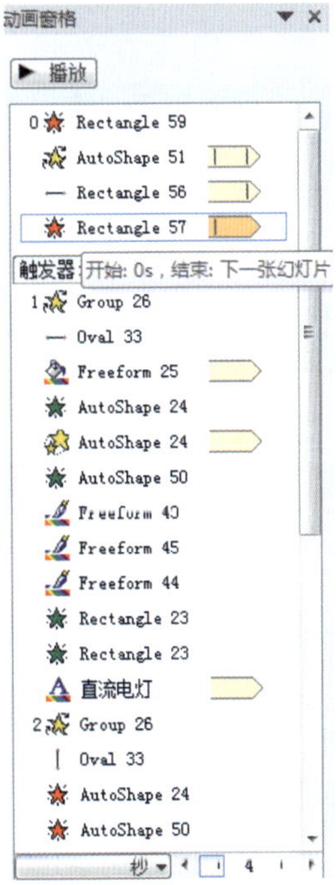

图8-6

- 强调动画：设定对象变化的方式，一般包括设置大小、颜色、闪烁等。
- 退出动画：设定对象消失的方式。
- 路径动画：设定动画运动的方向。

（2）设置动画同步的方式如图8-7所示。

图8-7

- 从上一项开始：指与上一动画同步，用于动画效果的叠加，即可以实现两个或多个动画同步开始。
- 单击开始：指只有在单击鼠标时，动画才会播放。
- 从上一项之后开始：指在前一动画结束后，开始此动画。

（3）设置动画运动时间长短。

可以利用“高级日程表”工具设置动画运动时间长短，也可以在动画窗格中直接双击动画对象，进行时间设置，如图8-8所示。

（4）设置动画的细节和效果，如音效等，如图8-9所示。

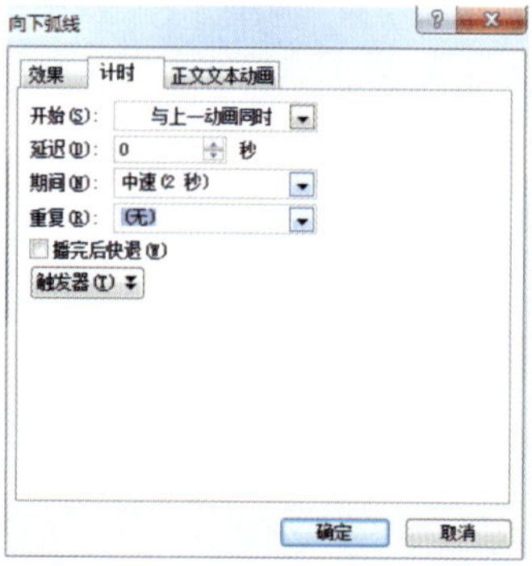

图8-8

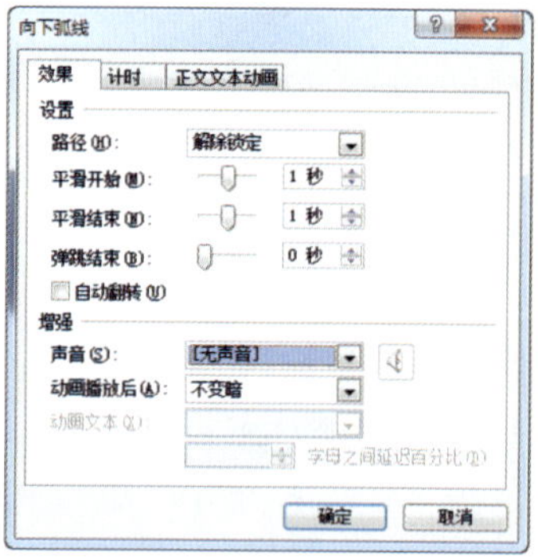

图8-9

其中路径的锁定与解除锁定的含义如表8-1所示。

表8-1

路径的锁定与解除锁定	拖动对象	拖动路径
锁定	路径不会移动	将路径移动，对象不移动
解除锁定	随对象移动路径	将路径移动，对象不移动

案例27：让PowerPoint动画自动演示

默认情况下，PowerPoint中的运动对象需要单击才会播放，如果要连续播放动画该怎样做呢？

1. 设计思路

在PowerPoint中，设置动画如何开始有三种选项：单击开始、从上一项开始和从上一项结束开始。

如果想让动画自动播放，则只能使用后两种方式。

2. 应用拓展

除能给幻灯片中的动画设置开始的方式以外，幻灯片之间也可以设置连续播放，当然，默认情况下是单击鼠标播放下一张幻灯片，只需要把这个默认选项取消即可，如图8-10所示。

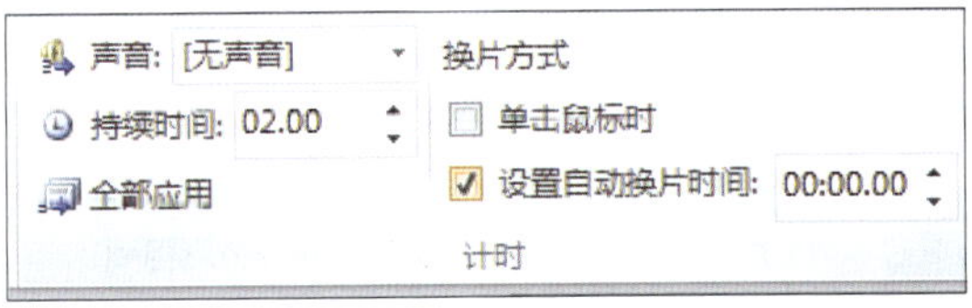

图8-10

注意

自动换片时间是指在幻灯片中所有动画播放完后的时间。

案例28：钟摆运动

1. 设计思路

在PowerPoint中没有钟摆这种动画方式，但是有能够实现圆周运动的陀螺旋动画方式。如果只让陀螺旋动画在很小的范围内运动，则不就是钟摆运动吗?

2. 实现方法

（1）绘制钟摆运动对象，即一条线条和一个圆，并将其组合，如图8-11所示。

（2）因为陀螺做的是以运动对象的中心点为圆心的圆周运动，所以还要将组合后的对象复制一份，并做垂直翻转。对齐对象后再次组合，并将另一半设置为透明的或把线条色彩与填充色彩设置成与幻灯片背景颜色相同。这样做的目的是改变物体的中心位置，这种技巧还可以用在翻转等动画效果中，如图8-12所示。

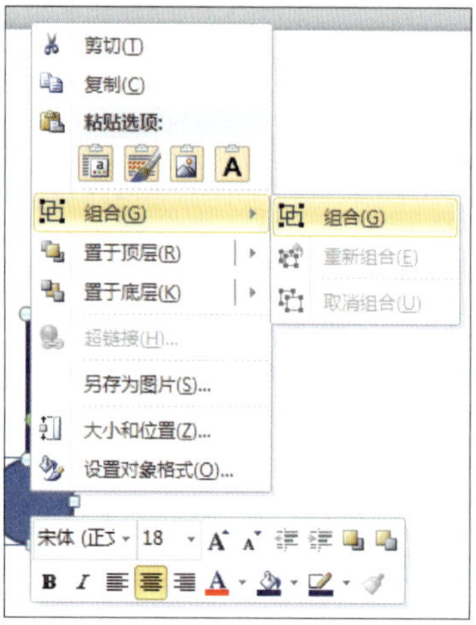

图8-11

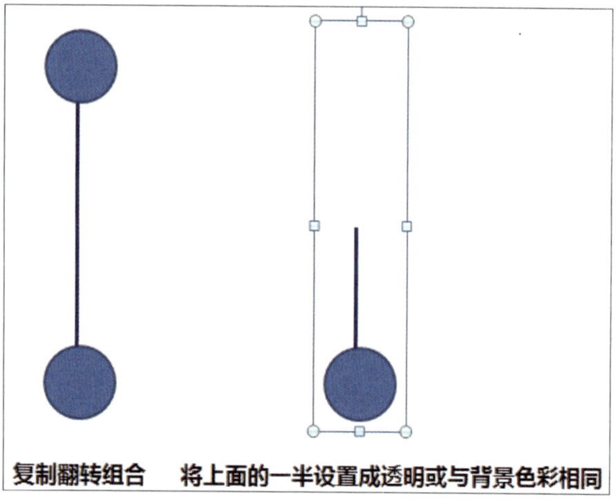

图8-12

（3）将运动对象旋转一定的角度，为运动对象添加陀螺旋动画，并将角度设置成一定的度数；设置角度后，一定要按Enter键确认，不要按“确定”按钮，如图8-13所示。

自动翻转：对象运动到终点时，会自动以动画的方式返回起点，而不是突然回到动画的起点，即：起始处→动画→终点处→动画→起点处。如果没有选中此项，则效果为：起始处→动画→终点处→起点处。

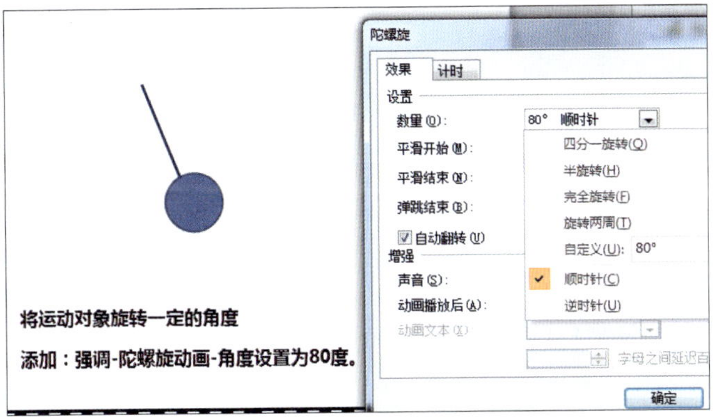

图8-13

另外在计时标签中，需要为动画设置一定的重复次数，最好设置为直到幻灯片末尾，并调整运动物体初始角度，让钟摆运动更逼真。

3. 应用拓展

此动画的设计技巧在于将圆周旋转动画变成类似单摆运动的动画效果，实现此效果的关键在于隐藏另外一半的运动对象。

此种运动可用于制作机械的转动，人体的关节运动等。

案例29：倒计时动画

在课堂教学中，有一些场合需要使用计时功能，如设置练习时间或提醒演讲者讲解时间等。但在幻灯片里并不能直接动态显示时间，一般可以通过使用VBA或插入Flash动画的方式实现。

在这里为读者介绍一种利用自定义动画实现倒计时效果的方法，但这种方法无法自定义时间。

1. 设计思路

此动画原理即在幻灯片上先放置好各种动画对象，如显示时间的文本框或按一定规则排列的计时图案，然后按顺序为这些对象设计退出与进入动画。

2. 实现过程

（1）按自己设计时效果，放置好动画对象，如图8-14所示。

图8-14

（2）动画设置为红色的矩形从右到左一个一个地消失，时间文本框是出现以后再消失。

消失的动画可以统一使用“退出擦除：从右到左”效果，时间为1秒。计时方式为“上一动画之后”。

文本动画使用“退出消失”效果，同步方式设置为“上一动画之后”。“时间到”的提醒文字使用出现动画，不使用退出动画。因为每一个动画方式是相同的，在PowerPoint 2010中可以使用动画刷功能进行复制。

（3）设置好的动画时间线如图8-15所示。

图8-15

3. 应用拓展

关于在PowerPoint中插入显示时间、显示上课时间等功能，可以在且行资源（www.qiexing.com）中下载显示时间的Flash动画并插入到PowerPoint的母版里。

可以自己设定倒计时时间的长短。另外，还有一种利用动画延迟和播放后隐藏的方法制作倒计时动画。

（1）按照计时时间的长短，输入数字。例如输入30秒，则从30秒开始，第一个30秒自定义动画设置为“退出-消失动画”，同步方式设置为“单击”，这样单击鼠标时，动画会消失，即意味着计时开始。后面的数字设置自定义动画为“进入-出现”，这里的关键在于添加效果“下次单击后隐藏”，实现完成动画后自动隐藏的效果，延时时间为1秒。还可以适当添加声音效果，如图8-16所示。

（2）复制数字“29”并修改数字，直到其排列为“00”，如图8-17所示。

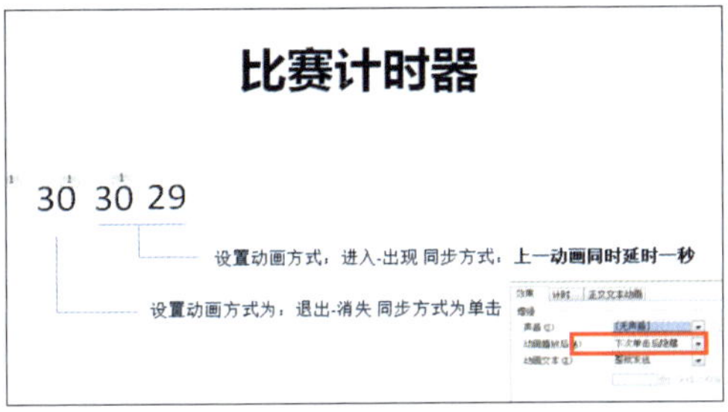

图8-16

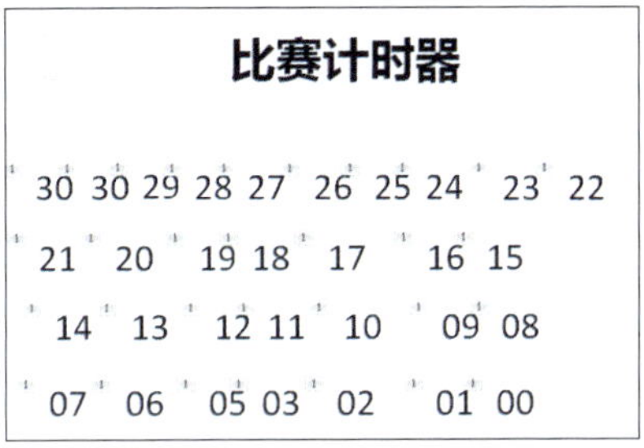

图8-17

（3）将这些数字选中，选择对齐方式为“上下居中对齐”与“左右居中对齐”，如图8-18所示。

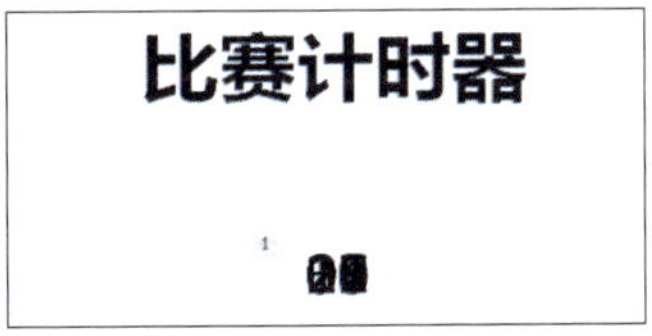

图8-18

计时动画还可以使用PowerPoint 2003或2007中的“闪烁一次”动画效果设计，这样更简单，将使用此种动画的对象复制到PowerPoint 2010中，然后用动画刷复制此动画给新的对象。

利用“闪烁一次”制作计时效果，关键是让一个文本框中标识时间的文字重合，重合的方式有两种：一种是设置文字间距，还有一种是设置文字行距，如图8-19所示。

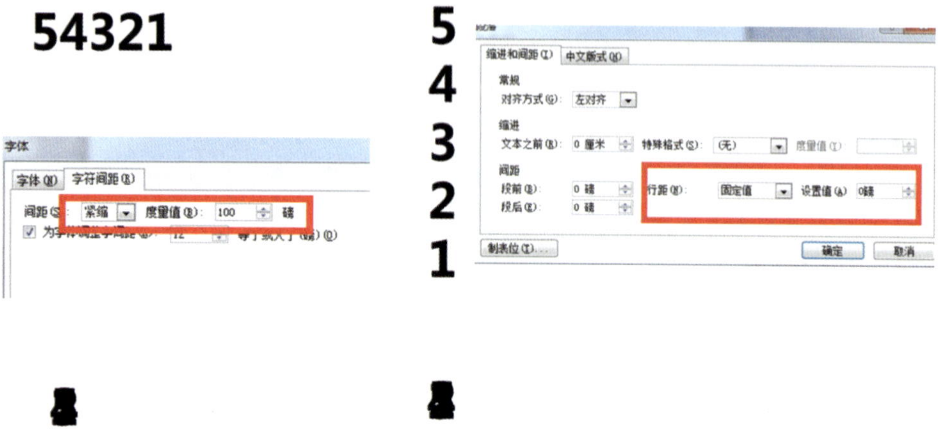

图8-19

将横排文本框中的文字间距紧缩量设置为100，则文字完全重合。同理把文字行距设置为0，则可以让每一行的文字完全重合。

在用动画刷复制应用“一次闪烁”的动画后，设置动画文本为“按字母”，字母之间的延时为计时中设置的时间：1秒钟，如图8-20所示。

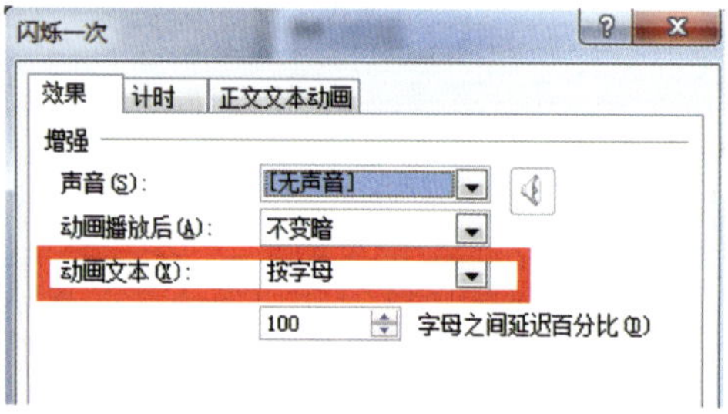

图8-20

案例30：模拟画圆

在PowerPoint中制作画圆动画比较简单，只要设置进入轮子动画效果即可，但如果你想精确显示出半径和圆心，则可以按圆设置的位置设置多个对象，让它们依次出现，如图8-21所示。

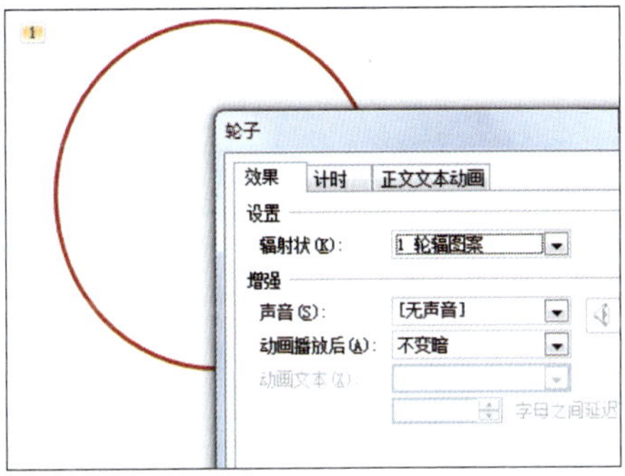

图8-21

案例31：模拟树叶飘落

PowerPoint中的自定义路径动画可以为运动的对象设置任意运动方向。在本案例中，树叶的飘落效果可以利用自定义路径动画来实现，如图8-22所示。

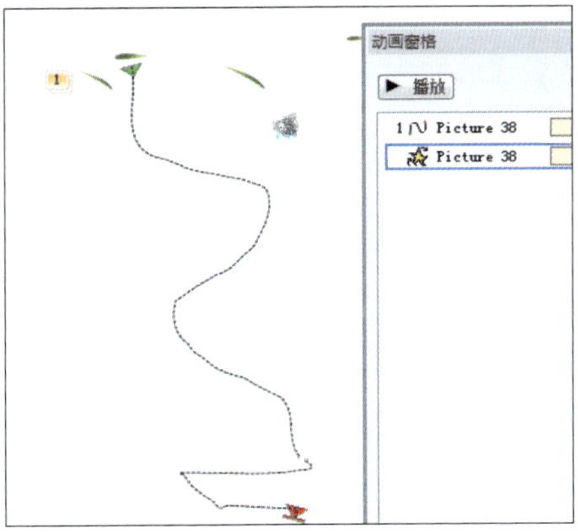

图8-22

1. 设计要点

（1）选择动画类型为动作路径中的自定义路径，自定义路径可以任意设置。

（2）为了增强树叶下落的逼真程度，可以增加陀螺旋动画，让树叶在下落过程中同时翻转。

（3）可以将树叶移出幻灯片，从画面以外进入。

（4）自定义路径可以通过调整路径上的箭头进行移动或修改。

2. 应用拓展

此类动画可以用于制作任意不规则方向的运动，如蝴蝶飞舞、雪花飘落等。

案例32：卷轴动画效果制作

很多课件的片头喜欢采用卷轴的方式呈现课件的标题。使用卷轴呈现内容的表现形式新颖，能很好地吸引学生的注意力，如图8-23所示。

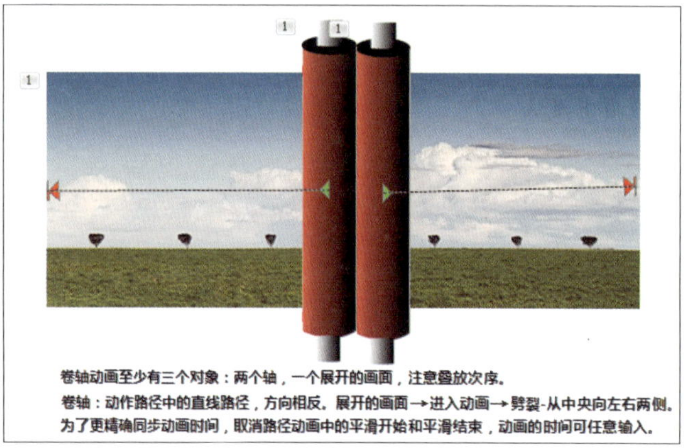
1
1
1
卷轴动画至少有三个对象：两个轴，一个展开的画面，注意叠放次序。
卷轴：动作路径中的直线路径，方向相反。展开的画面→进入动画→劈裂-从中央向左右两侧。
为了更精确同步动画时间，取消路径动画中的平滑开始和平滑结束，动画的时间可任意输入。

图8-23

1. 设计要点

（1）设置卷轴动画一定要注意对象的叠放层次，卷轴一定要置于展开对象的上方。

三个对象为同步动画，两个轴均使用动作路径为直线运动，一个从左到右运动，一个从右到左运动。

展示图片的动画采用的是劈裂→从中央向左右展开的形式。

（2）为了较好地控制时间和同步效果，可以取消平滑开始和平滑结束效果，如图8-24所示。

（3）动画播放的时间除了选择默认选项，还可以自己输入任意时间值。注意要以秒为单位，如运行4秒，则输入“4秒”，如图8-25所示。

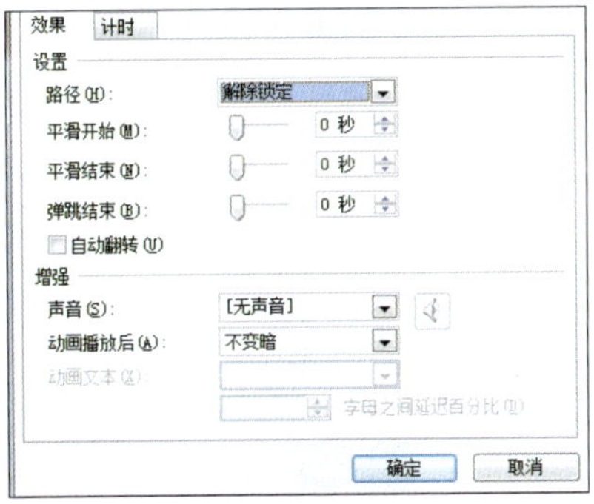

图8-24

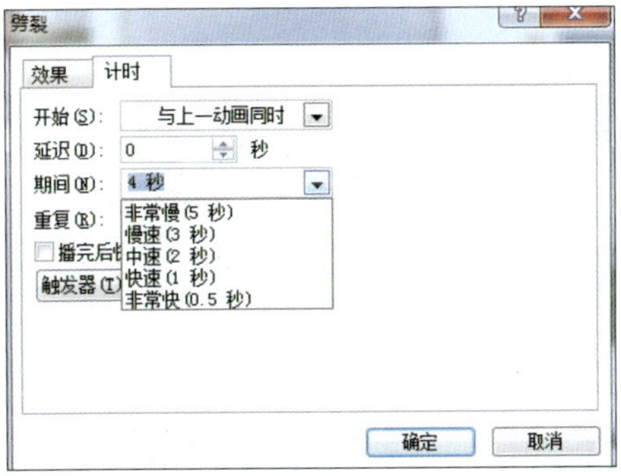

图8-25

2. 应用拓展

上面设计的动画是展示图片自中央向左右两侧展开，也可以设置成自一侧展开，主要是调整上方的卷轴运动方向，使之同步。

用相同的方法还可以模拟开门、舞台拉幕布等效果。

利用遮盖的方法可以呈现卷轴关闭的效果，只是运动方向相反。

案例33：探照灯（遮罩）动画效果

探照灯效果是指有光照经过时会显示相应位置的内容，一般光照效果使用白色或其他颜色的圆形代替即可，如图8 26所示。但如何能让圆形经过的时候就能显示相应位置原本“没有”的内容呢？

1. 设计要点

这个动画并没有什么特别的地方，只是一个简单的路径动画。动画效果是靠对象的叠放次序来实现的。

将圆形置于文字和背景中间，这样，圆形经过的时候，就能显示出文字。

在PowerPoint中设置对象叠放次序，可以直接利用鼠标右键菜单完成，如图8-27所示。

图8-26

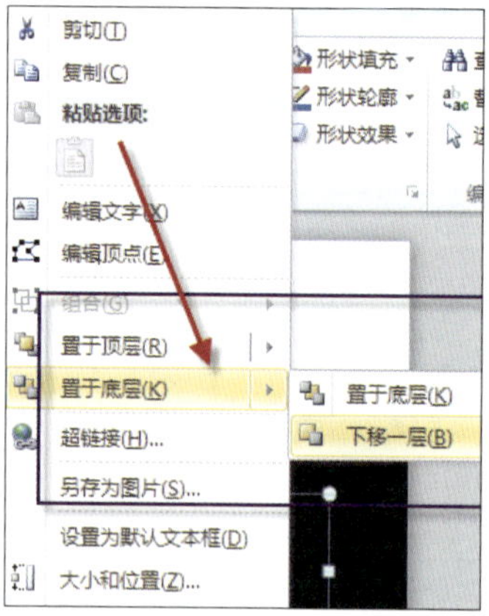

图8-27

2. 应用拓展

你也可以让圆形不动，而让文字运动。这样就形成了另一种动画效果。

案例34：模拟液体流动

在物理与化学课程中，有很多地方涉及液体的方向性运动，此种运动有两种情况：一种是液体在管道中的运动，另一种是液体在容器中的增减。

在PowerPoint中绘制液体运动效果非常困难，但可以通过示意的方法将运动的关键信息如方向、容量变化等显示出来，如图8-28所示。

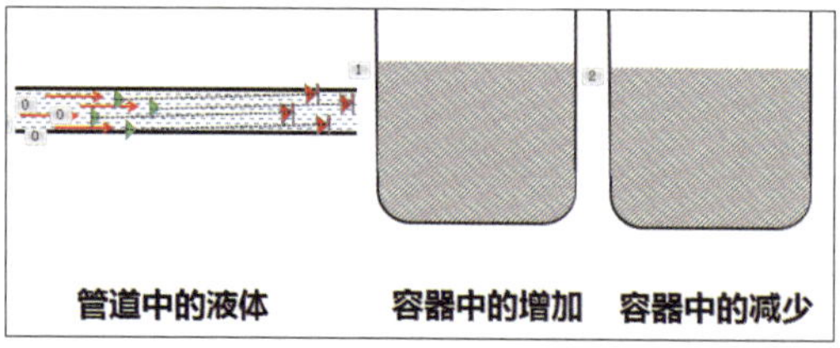

图8-28

1. 设计要点

本动画设计重点在于液体对象的绘制，可以利用图案填充来实现液体的指代，具体设置如图8-29所示。

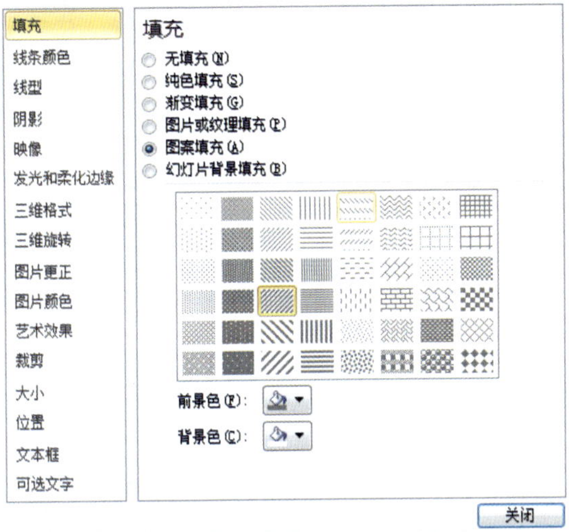

图8-29

绘制管道中的液体时，可以将绘制对象只保留填充图案，形状轮廓设置为无，这样可以使用线条工具来绘制管道的边线。

容器中的液体绘制方法可以按以下步骤进行（以短型容器为例）：

（1）先绘制矩形，然后设置好形状轮廓和形状填充。

（2）将绘制的矩形复制两份，并将其中一个设置为无形状轮廓。这两个矩形其中一个设置为无填充，另一个填充设置为和背景颜色一致。

（3）形状填充为无填充的矩形为容器自身，填充色和背景相同的矩形用来遮挡容器的开口。

（4）将无形状轮廓的矩形缩放至合适的高度，用于指代原始液面。

（5）将无形状轮廓的矩形再复制一份，缩放至合适大小，作为液体增加或减少的表现对象，如果要增加液面高度，则使用“进入-擦除”动画。如果要降低液面高度，则使用“退出-擦除”动画，但运动方向相反。

（6）管道中的液体运动，使用方向箭头的直线运动指代。箭头的动画（路径动画-直线运动）设置如图8-30所示。

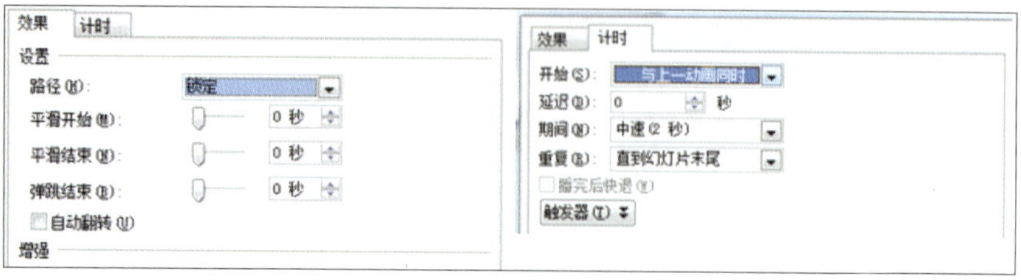

图8-30

2. 应用拓展

类似的动画效果，还可以应用于电流、磁场等场景，也可以用于表示温度计等仪表的变化。

案例35：演示勾股定理原理

勾股定理的证明，一般都是使用面积推理，即利用直角三角形拼成正方形，计算正方形面积时就可以得出两个直角边的平方和等于斜边的平方的规律。

如果能将正方形形成的过程与三角形三条边之间的关系以动画的形式展现，无疑会帮助学习者更容易理解它们之间存在的规律。

1. 设计要点

（1）利用四个直角三角形可以组成一个正方形，先将正方形组合好，将形状填充设置为无，形状轮廓设置为虚线，用来做拼合时的示意图，如图8-31所示。

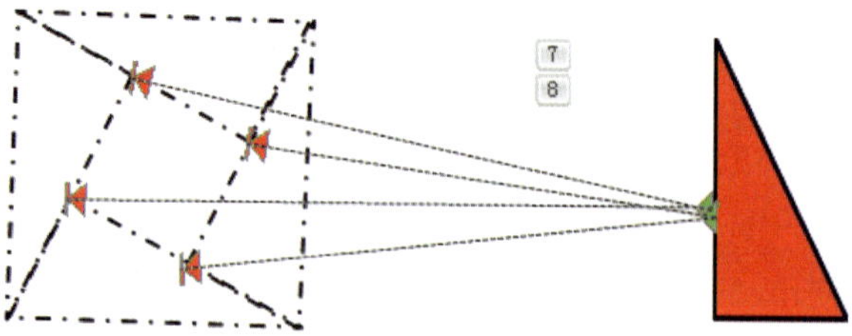

图8-31

（2）每一个三角形要设置两个动画：一个是路径动画，移动到指定的位置，另一个是旋转动画（陀螺旋动画），旋转一定的角度才可以正确拼合。

旋转角度可以按以下方法计算，如图8-32所示。

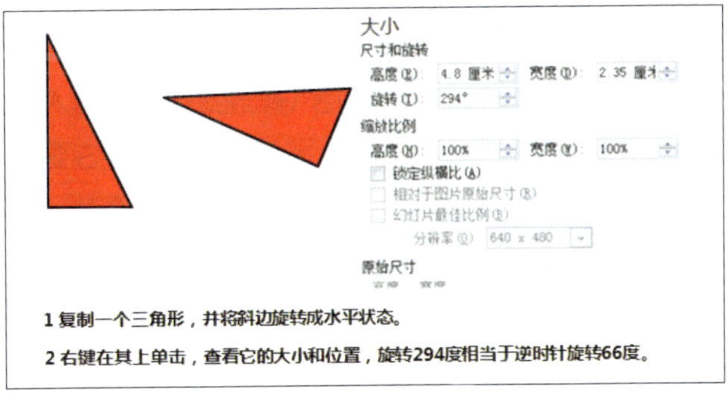

图8-32

（3）为了保证正方形拼合的精确性，需要精细调整路径，路径在选中后，也可以使用Ctrl+箭头键来细微调整。

（4）按同样的原理，还可以制作如图8-33所示的拼合动画。

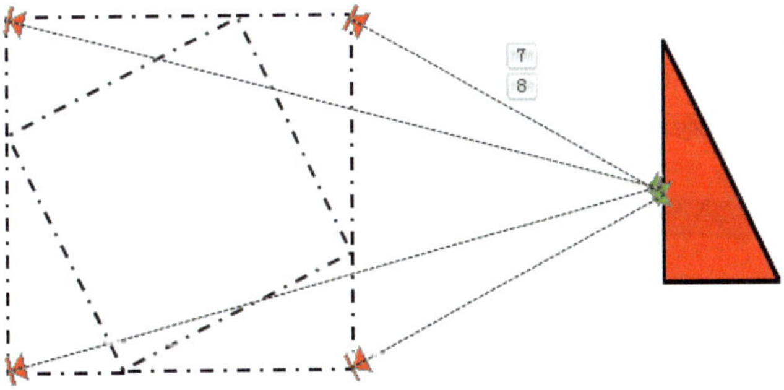

图8-33

（5）此动画的关键与难点之处还是在于陀螺旋动画的设置，如图8-34所示。

2. 应用拓展

类似的动画方法，还可以用于制作平行四边形、梯形等面积公式的推导和证明过程。

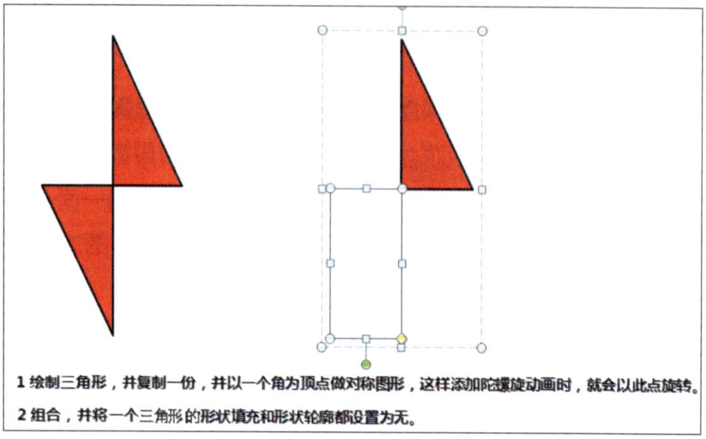
1 绘制三角形，并复制一份，并以一个角为顶点做对称图形，这样添加陀螺旋动画时，就会以此点旋转。
2 组合，并将一个三角形的形状填充和形状轮廓都设置为无。

图8-34

案例36：演示滑轮原理

滑轮运动也是一种组合的运动，包括向上或向下的运动，以及滑轮自身的旋转，如图8-35所示。

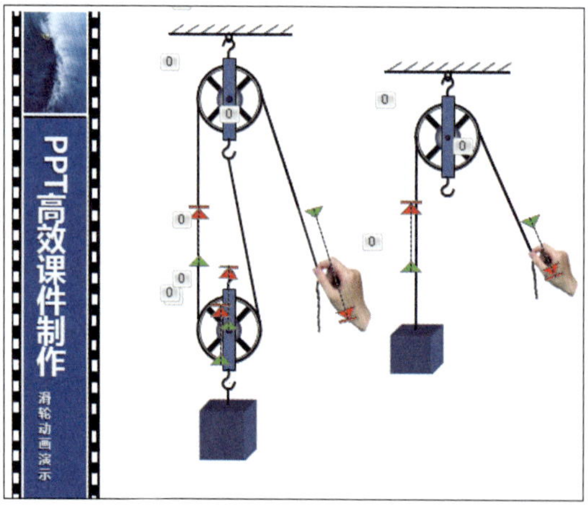
PPT高效课件制作
滑轮动画演示

图8-35

动画设计的关键是同步运动的配合。

（1）滑轮动画是一种反复动画，所以动画选项都应当选择“自动翻转”。将动画重复选项设置为“直到幻灯片末尾”，如图8-36所示。

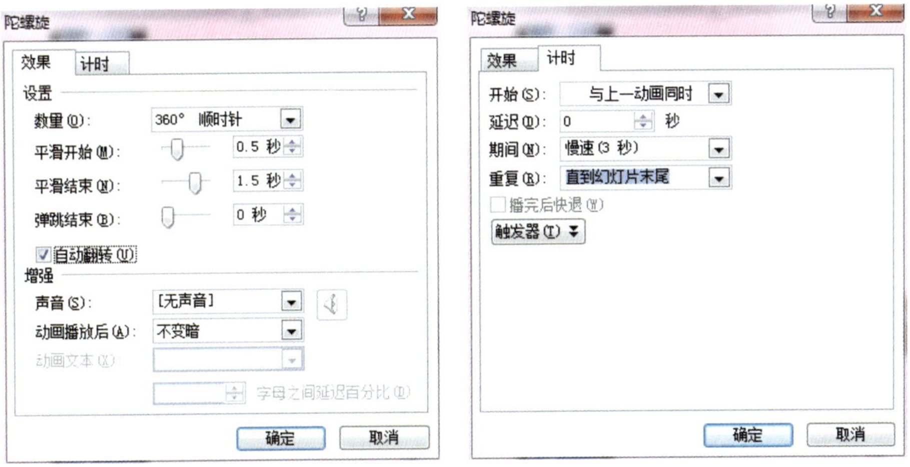

图8-36

（2）滑轮的线条应当分为两部分，其中一个用于设置动画效果，如图8-37所示。

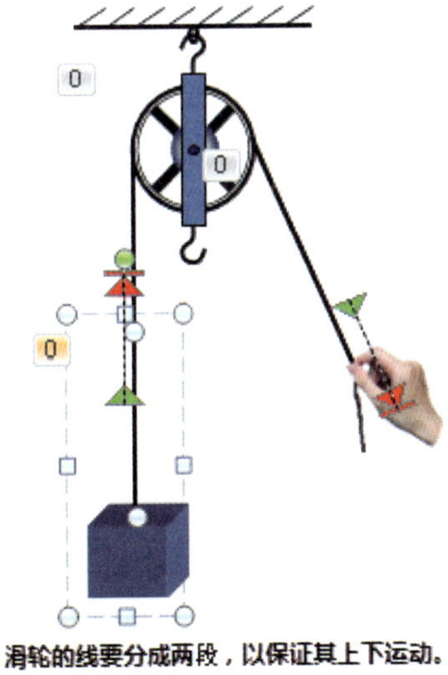

图8-37

案例37：永不停息的跑马灯信息轮播

1. 设计思想

跑马灯效果是一种首尾相连，循环滚动效果，滚动的信息可以是图片也可以是文字，常用来展示或轮播一些提示信息，也可用于图片导航。

跑马灯也可以用来做课件的装饰元素，展示课件的制作信息等，如图8-38所示。

2. 设计要点

图8-38

（1）为了保证展示信息的运动速度和方向一致，可以将其组合后应用动画效果。

（2）为了在信息轮播时，屏幕上不出现空白，可以将组合后的信息复制（最好在动画设置完成后复制，这样就不用再设置动画效果，而且能保证动画的设置参数一致），然后按一定的次序排放好。

（3）为了保证排放的信息整齐统一，可以将幻灯片显示比例缩小。

（4）使用的动画是路径动画中的直线路径，设置与油轮动画类似。

案例38：进度条动画效果制作

1. 设计思想

进度条动画在课件片头中应用广泛，可以模拟类似程序加载的过程。利用类似的效果，也可以制作用于表明事物发展进度的指示，虽然PowerPoint中的进度条并不能真实地反映程序加载进度，但是可以将其作为内容过渡的一种方式，也可以作为吸引学习者注意力的一种手段。

进度条动画一般由两部分组成，一部分是形状指示，可以是矩形，也可以是其他形状，如扇形、圆形或漏斗等；另一部分是文字指示。

2. 设计要点

PowerPoint中的文字指示动画的原理是利用极短的时间通过“显示-擦除-显示”的过程来实现。形状进度表也可以利用一个擦除动画或多个擦除动画实现进度指示，如图8-39所示。

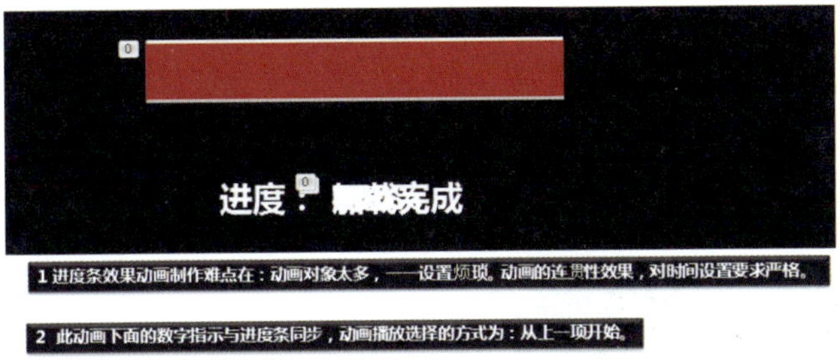
0
进度：
0
1 进度条效果动画制作难点在：动画对象太多，一一设置烦琐。动画的连贯性效果，对时间设置要求严格。
2 此动画下面的数字指示与进度条同步，动画播放选择的方式为：从上一项开始。

图8-39

此进度条的动画分为两部分：进度表变化和文字变化，在制作过程中应当注意以下问题。

（1）进度条动画：红色矩形的动画方式是“进入动画-擦除（自左侧）”，时间为12秒（0.3×20×2），时间设置是根据下方的文字指示显示次数，共20次，从5%，10%，15%…直到100%。第一个文字动画指示延迟0.3秒显示，再延迟0.3秒消失。后续动画以0.3秒递增，或可以设置比0.3秒更短，以保证动画的连贯性。

（2）制作这个动画的困难和烦琐之处在于文字指示对象太多，有20个。因为每一个文字对象都需要设置两个动画，即“进入-擦除”和“退出-消失”动画。所以可以先完全设置好一个文字动画后再复制，然后改变文字内容和动画延迟时间。

（3）文字动画的对象可以利用对齐设置，以保证文字对象完全重合叠加在一起，使动画不出现移动和跳跃，如图8-40所示。

为了更精细地控制进度指示，可以将多个进度条组合在一起，如图8-41所示。

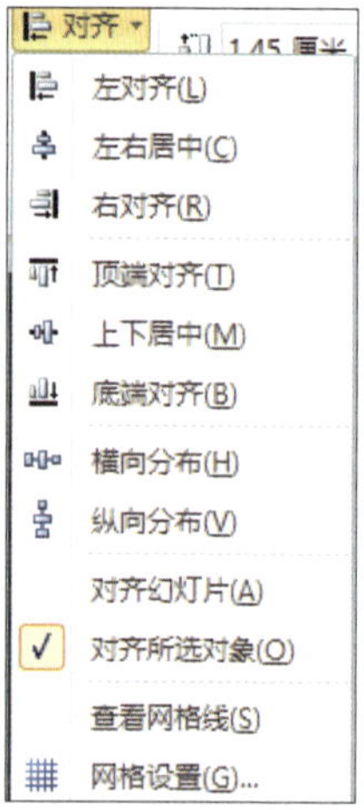
对齐
左对齐(L)
左右居中(C)
右对齐(R)
顶端对齐(T)
上下居中(M)
底端对齐(B)
横向分布(H)
纵向分布(V)
对齐幻灯片(A)
对齐所选对象(O)
查看网格线(S)
网格设置(G)...

图8-40

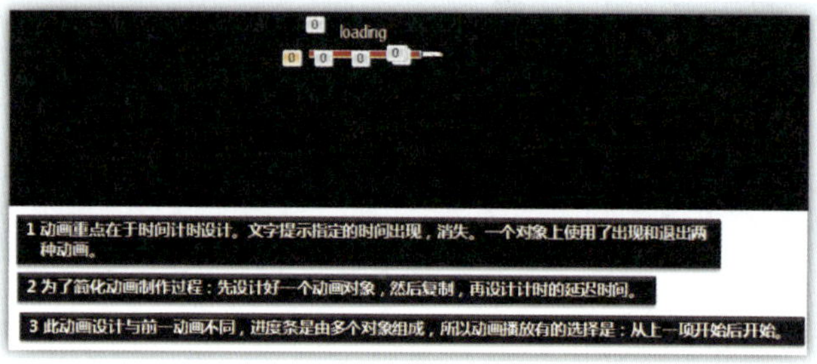
loading
1 动画重点在于时间计时设计。文字提示指定的时间出现，消失。一个对象上使用了出现和退出两种动画。
2 为了简化动画制作过程：先设计好一个动画对象，然后复制，再设计计时的延迟时间。
3 此动画设计与前一动画不同，进度条是由多个对象组成，所以动画播放有的选择是：从上一项开始后开始。

图8-41

进度条的指示也可以由多个小的对象拼合而成，出现的方式也可以有一定变化，如图8-42所示。

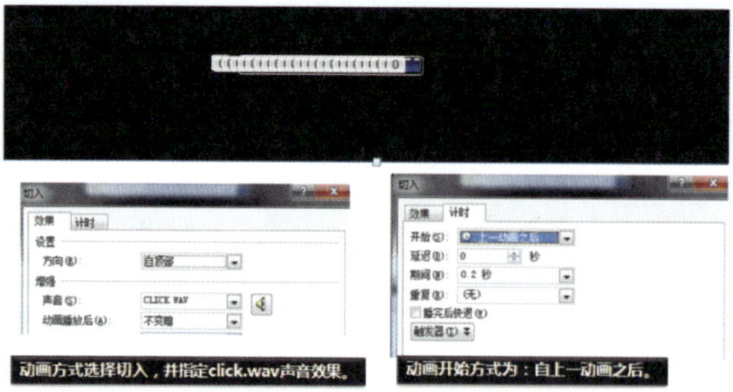
动画方式选择切入，并指定click.wav声音效果。
动画开始方式为：自上一动画之后。

图8-42

案例39：制作写字动画

1. 设计思想

在汉字教学中，汉字的笔画书写顺序是一项重要内容。但在PowerPoint中文字对象是独立的，没有很好的方法将其分解，有一种思路是借助艺术字，将艺术字作为Windows的图元对象复制，然后将其取消组合，但这种方法会受到局限：对于有交叉笔画的汉字就无法设置了。

我们转换一个思路：汉字的笔画没有办法分解，那可以将它描出来吗？用任意矩形工具可以描绘出任意笔画的形状。

2. 实现方法

（1）写出文字，按字描出分解的笔画，注意笔画转折处，要将其分成两部分，如图8-43所示。

（2）设置自定义动画，如图8-44所示。

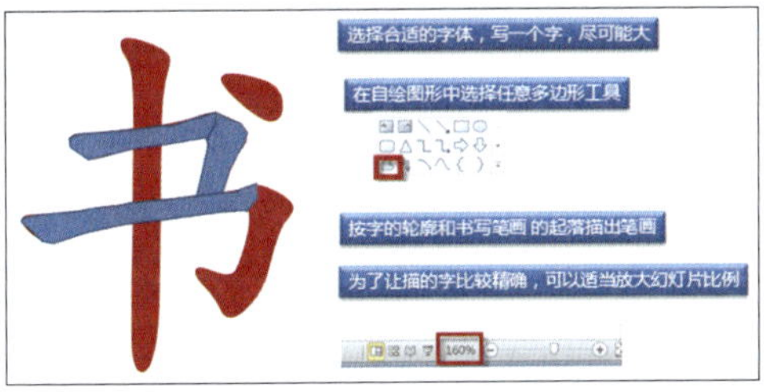
选择合适的字体，写一个字，尽可能大
在自绘图形中选择任意多边形工具
按字的轮廓和书写笔画 的起落描出笔画
为了让描的字比较精确，可以适当放大幻灯片比例

图8-43

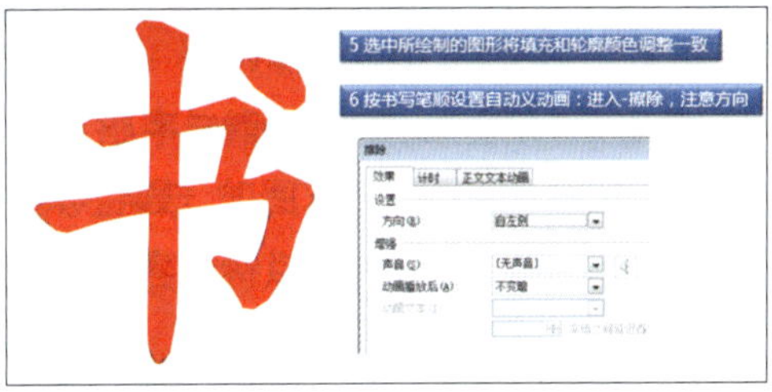
5 选中所绘制的图形将填充和轮廓颜色调整一致
6 按书写笔顺设置自定义动画：进入-擦除，注意方向

图8-44

（3）最后的动画效果设置如图8 45所示。

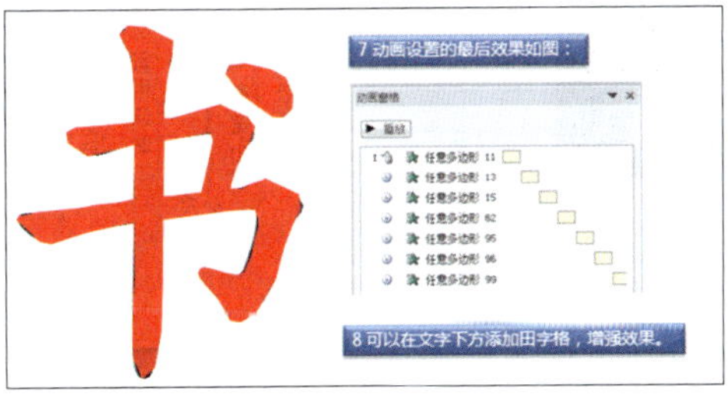
7 动画设置的最后效果如图：
8 可以在文字下方添加田字格，增强效果。

图8-45

案例40：制作课件片头动画

1. 设计思想

片头是一个课件的开始，是课件标题出现前的所有内容。使用动画作为课件的片头，更容易吸引学习者的注意。课件片头一般包括课题名称、制作者姓名、单位等；稍复杂一些的片头还会包括欢迎画面、内容导航等。

课件的片头也可以用来创设与学习内容相关的情境。可以使用与学习主题相关的对象、缩略图等作为动画的元素。也可以挑选课件中的重点内容作为课件片头元素，起到吸引和引导学习者的目的。

一个好的片头，能够立刻将人们的眼光吸引到即将开始的课题上，使注意力集中到下一步将要进行的内容上。所以，在制作课件时，一定要重视片头的作用，要有音乐和动画的配合，节奏要协调，但切忌过于花哨。并不是所有的课件都需要片头动画。

课件的片头动画元素可以设计在多张幻灯片上，让它们连续自动播放；也可以在一张幻灯片上。下面以一个音乐课件片头制作为例，介绍课件片头的设计与制作过程。

2. 设计要点

（1）插入和绘制片头动画需要的对象与元素，如图8-46所示。

图8-46

图8-46中的图片用于制作片头动画的背景，音符用来指引课件标题的出现，因为是音乐课件，插入了声音文件做背景，达到渲染音乐学习气氛的目的。

渐变的线条（可以看成是高度值很小的矩形）和发光的十字星星，可以利用绘制基本形状和渐变填充功能实现类似效果，也可以搜索类似的图片素材。

（2）将这些动画对象放置到相应的位置上，如图8-47所示。复制多个十字星星并置于幻灯片外，音乐的图标也不需要放于舞台上。

（3）进入动画设置。

设置完动画后，要将黑色的矩形置于幻灯片最上方，并覆盖整个幻灯片，形成的效果就是不见动画，只闻其声，让背景音乐先播放，如图8-48所示。

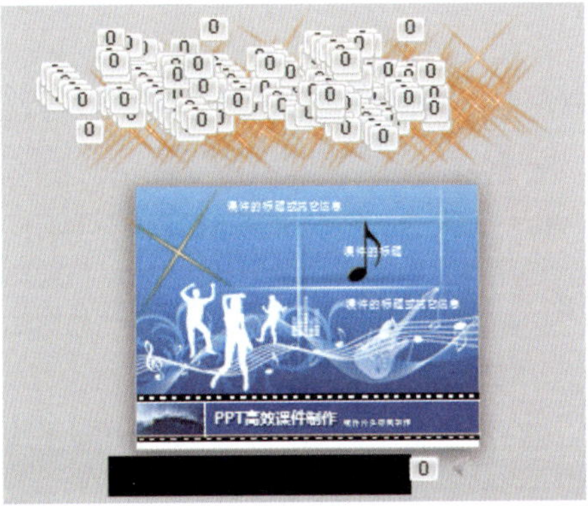

图8-47

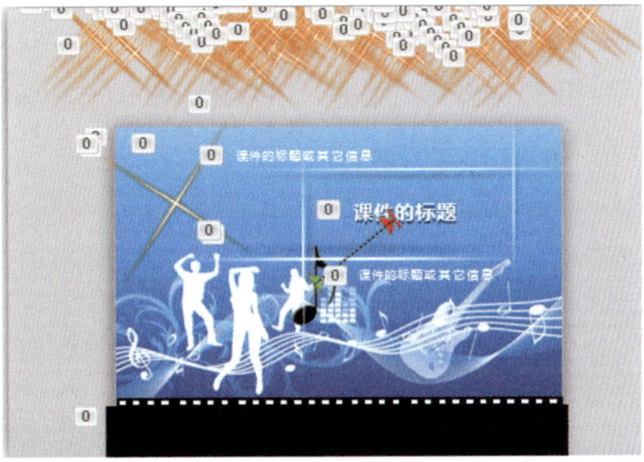

图8-48

黑色矩形动画开始方式可以设置为单击时开始。

单击时黑色矩形消失→背景图像出现→十字星星以缩放方式出现：缩小至屏幕中心→音乐图标出现在幻灯片屏幕中心后，移动至同时出现的白色矩形中心，音乐图标消失→课件标题出现→另外两个文字信息相继出现。

案例41：使用Flash动画

Flash动画（一种以swf为后缀的文件格式）具有很多优点，网络上很多MTV歌曲都是使用Flash制作的。如何利用这些Flash素材制作课件呢?

在PowerPoint中没有提供直接插入Flash动画的方法，只能通过ActiveX控件插入Flash动画，即SWF文件，或使用第三方插件[1]。

1. 请参考第14章：几个与PowerPoint课件制作相关的软件与服务。

（1）如果使用的是PowerPoint 2007或2010，首先要让PowerPoint的开发工具选项卡显示在功能区中，如图8-49所示。

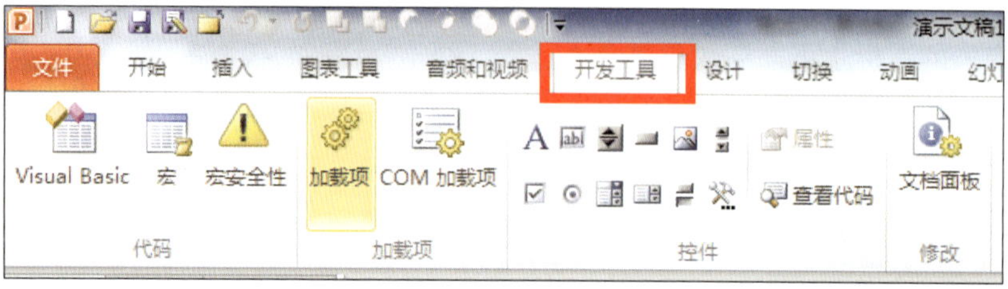

图8-49

具体的设置方法是：在PowerPoint选项设置中，对PowerPoint自定义功能区进行设置，如图8-50所示。

（2）选择自定义控制工具箱中的ShockWave Flash Object，PowerPoint 2003可以直接在视图菜单的工具栏中的控件工具箱面板内选择，如图8-51所示。

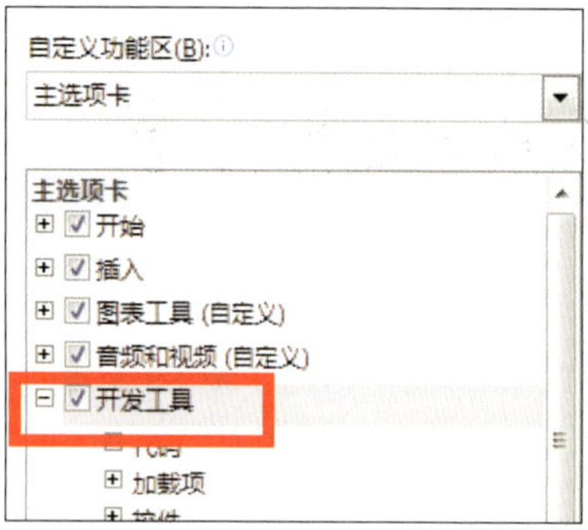

图8-50

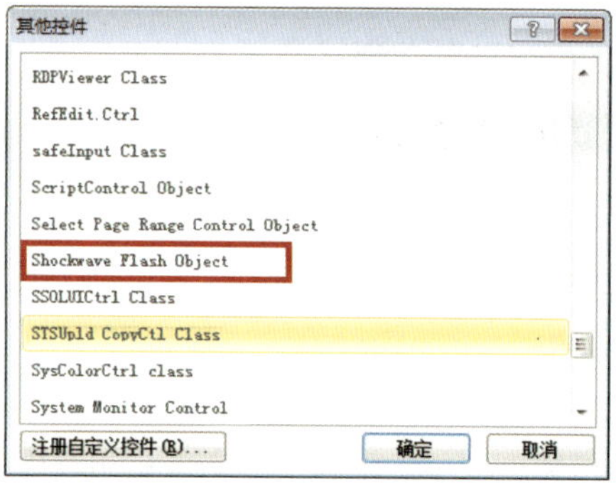

图8-51

（3）在幻灯片上"画"出控件的大小，并进行位置调整，如图8-52所示。

（4）设置控件的属性，如图8-53所示。

注意

有时在PowerPoint中插入Flash动画后，将课件移到其他机器上后会发现Flash动画无法正常播放，出现这种情况大多是因为插入Flash动画时设置的Movie属性不当，在其中使用了绝对路径。想一想：在另一台计算机同样的位置上，是不是有你指定的Flash动画呢？如果没有，Flash动画肯定无法播放了。

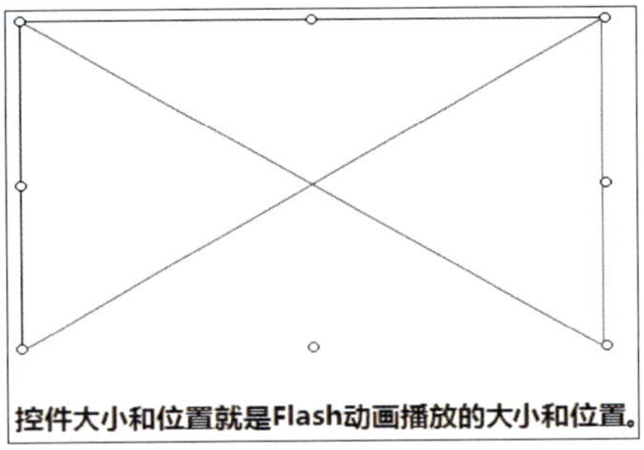
控件大小和位置就是Flash动画播放的大小和位置。

图8-52

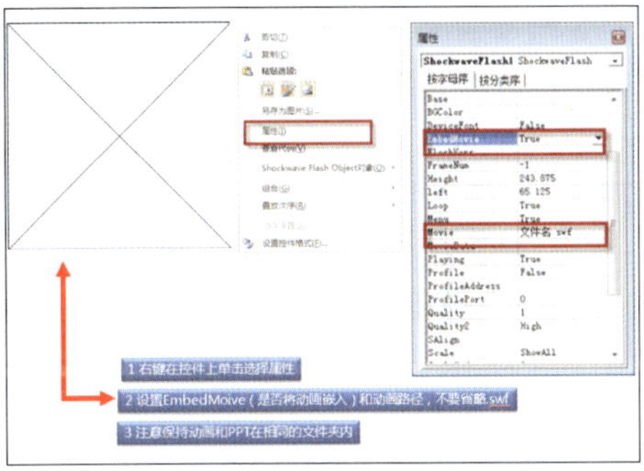
1 右键在控件上单击选择属性
2 设置EmbedMoive（是否将动画嵌入）和动画路径，不要省略.swf
3 注意保持动画和PPT在相同的文件夹内

图8-53

因此在设置Movie属性时，建议大家使用相对路径，最简单的方法就是将Flash动画与PPT文件放在同一个文件夹下，Movie属性直接设置成动画的文件名.swf就可以了。

也可以将EmBedMovie的属性设置为True，其含义是将Flash动画嵌入到PowerPoint中，也可以解决因为动画路径不对无法播放的问题，如图8-54所示。

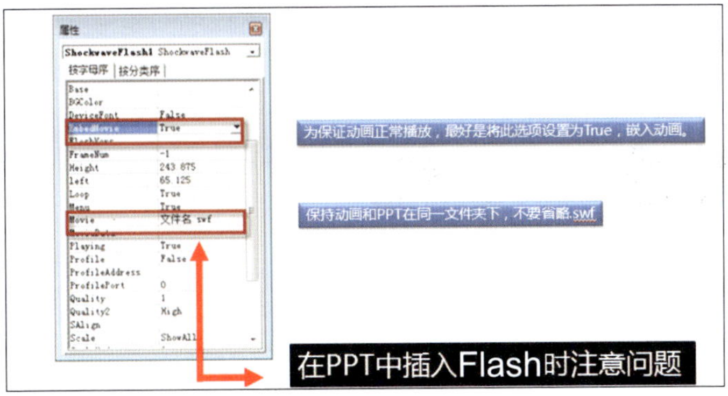
为保证动画正常播放，最好是将此选项设置为True，嵌入动画。
保持动画和PPT在同一文件夹下，不要省略.swf
在PPT中插入Flash时注意问题

图8-54

8.3 PowerPoint动画中的批处理：动画文本设置

前面介绍了一个倒计时动画，其中讲解了PowerPoint中的动画顺序控制，具体请见案例29，其中的计时原理是每一个数字对象先出现，然后过1秒再消失——这样就需要为每一个对象设置动画。实际上我们可以利用动画设置中的文本处理来实现动画的批处理，如图8-55所示。

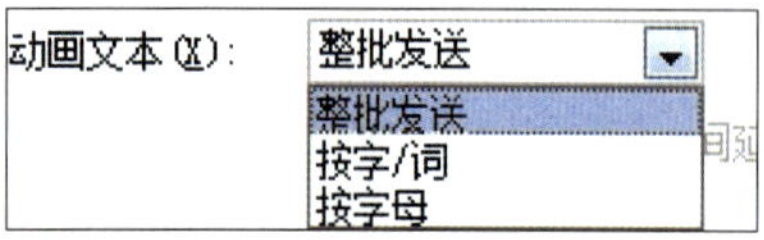

图8-55

（1）何谓批处理

批处理是对一批对象进行相同或类似的自动操作（这里是指各种形式支持文字的动画处理与操作），所以要想制作相同的动画（循环）只要将默认的动画文本改为“按字母/词”选项就可以了。如果是非文本对象，可以通过填充方式，将图像转换为文本，因为在PowerPoint中文字和形状一样，也是由轮廓和填充组成的，所以可以将文字符号的填充设置为图片，从而实现把图片转换成文字。具体方法有两种，一种是利用特殊符号如正方形、三角形等，但只适合用于正方形图片。另一种更通用的方法是输入一个减号，利用文字转换成的“正方形”将其转换成可以任意调整长宽比的“矩形文字符号”，如图8-56所示。

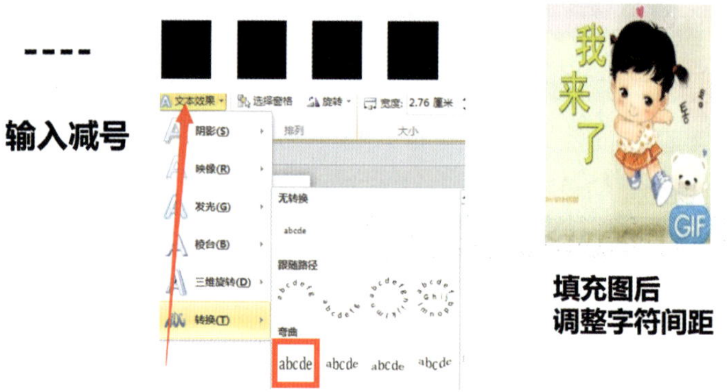

图8-56

将图片转成文字后，就可以为图片使用“文字”中的“按字母”功能处理动画文本，实现“批处理”。这种方法最常用于结合“闪烁一次”动画，实现多图循环播放，类似于多帧循环。

（2）在PowerPoint中如何实现批处理

在PowerPoint中设计的计时程序按批处理的思路制作就更简单快捷了，当然也可以用来制作图片批处理效果。如何实现图片的批处理效果？可以让文字填充图片——请参考第4章内容。当然用文字填充图片的设置还是有技巧的，可以选择一个特殊的符号——如利用输入法中的软键盘输入一个矩形，效果如8-57所示。

（3）字符间距

为了控制动画对象的位置，在PowerPoint中还有一个技巧可以利用：设置字符间距，如图8-58所示。

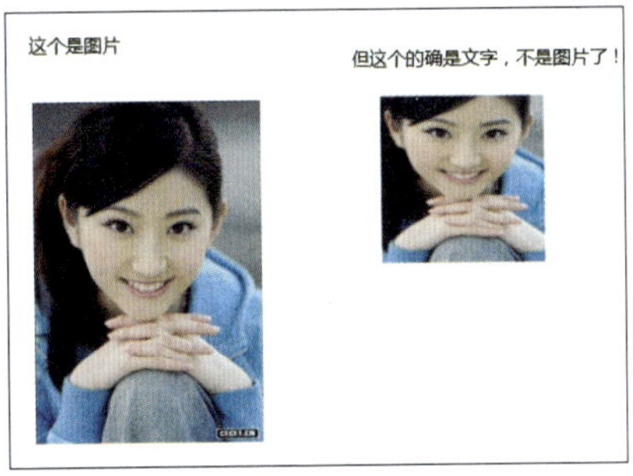

图8-57

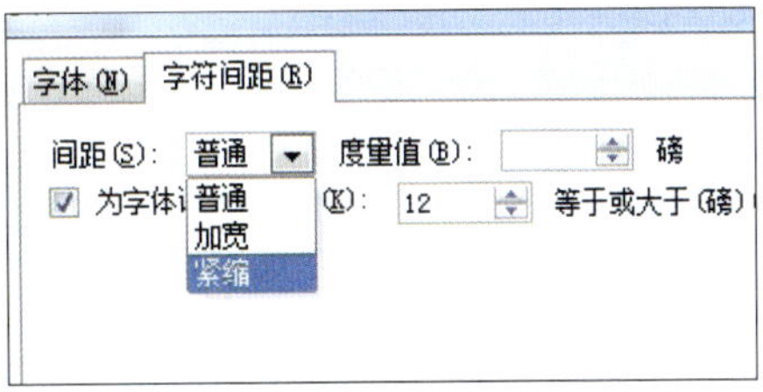

图8-58

修改之后的计时程序可以利用闪烁一次动画实现。

第9章

PowerPoint课件界面设计

本章介绍课件界面设计基本原则，重点阐述了基于主题的界面设计方法和流程，其中多母版使用是学习的难点。另外本章结合PowerPoint软件功能特点探讨了不同类型课件界面（封面、内容、结束、导航等）设计要点和案例。

课件界面是影响课件艺术性最关键的因素，课件是否“好看”，很大程度上取决于课件界面是否“好看”，课件的操作及交互也要通过界面才能完成。课件的内容、交互与界面是课件设计制作中最重要的三部分内容。

课件内容的设计标准：教学性；

课件交互的设计标准：友好性；

课件的界面设计标准：艺术性。

如何设计一个好看、有艺术性的界面？

9.1 课件界面设计概述

一个赏心悦目的课件界面，不仅仅影响用户对课件的印象，还可以激发学习者的兴趣，提高学习的积极性。

很多人认为设计制作界面是一件很“艺术”的事情，但是自己没有“艺术”细胞，也缺乏“高超的图像处理技术”。对于教学性课件而言，这样的看法是错误的。

（1）课件界面设计在很多时候并不是一个从无到有的创造过程，实际上只是将现有的元素（图片、文字、动画等）按一定的布局进行排列而已。

（2）课件界面并不是以烦琐和艳丽为美，而是追求简洁、方便易用，很多时候不是要在界面上“添加修饰”而是应“减少花哨”，而且并不需要复杂的图像编辑处理技能。

（3）影响界面美观的因素不是“技术”而是“心理”，是众多对象有序排列带来的“节奏”感，是从若干直线中出现一条弧线的变化，是在两种颜色中体现出的对比，是稍加点缀和修饰中表现出来的均衡感。

对于教学课件界面设计基本原则只有两点：界面简洁和课件使用简单，要让使用者一眼看上去就知道课件怎么使用，每一个按钮与导航链接功能是什么。

在PowerPoint中，与界面设计相关的内容有：绘图工具的使用，对象的排列对齐，模板、主题、样式、幻灯片版式，幻灯片版，配色方案等，在下面的案例中会逐一介绍。

9.2 课件界面设计的基本原则

PPT课件界面设计，可以将幻灯片视为一张独立的图像，在此基础上考虑幻灯片上对象排版和布局。

1. 简洁

课件的界面设计以“简洁”为第一原则，如何做到界面简洁？除了前面所述的方法：控制使用的颜色、字体、单张幻灯片上的内容数量等，还有一个方法：保持每一张幻灯上一个视觉兴趣中心，如图9-1所示。

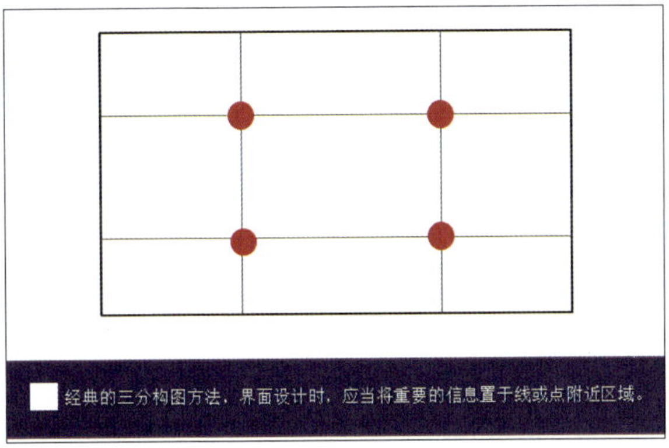
经典的三分构图方法，界面设计时，应当将重要的信息置于线或点附近区域。

图9-1

在课件界面设计中，哪些信息可以作为视觉兴趣中心呢？视觉兴趣中心一般应当为当前页面最重要的信息，如知识点的标题，导航等，如图9-2所示。

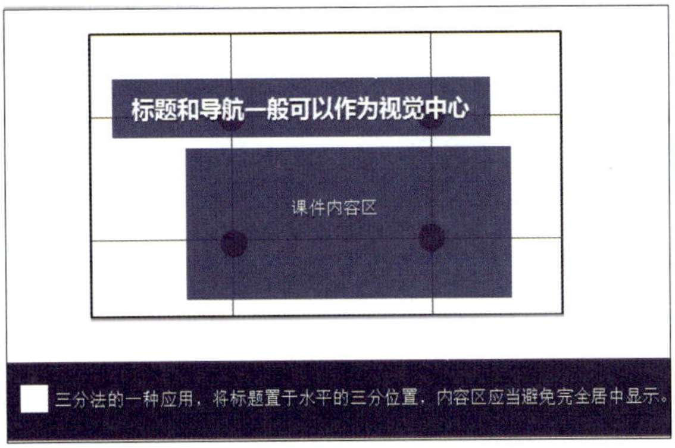
标题和导航一般可以作为视觉中心
课件内容区
三分法的一种应用，将标题置于水平的三分位置，内容区应当避免完全居中显示。

图9-2

又如图9-3所示是按简洁—三分原则设计的一种课件封面风格。

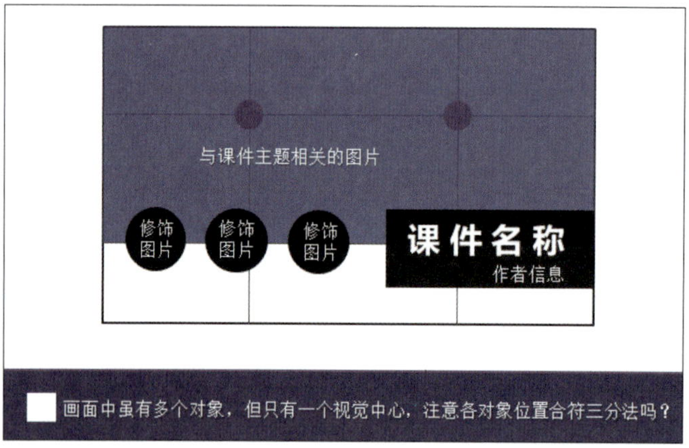
与课件主题相关的图片
修饰图片
修饰图片
修饰图片
课件名称
作者信息
画面中虽有多个对象，但只有一个视觉中心，注意各对象位置合符三分法吗？

图9-3

2. 空白

“画留三分空，生气随之发”，一个界面不留有空白，自然让人觉得有“满”和“挤”的感觉，也不符合课件界面设计的简洁原则，如图9-4所示。

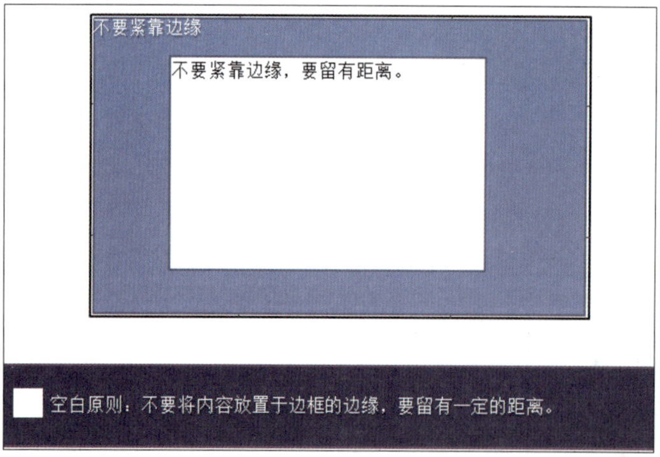
不要紧靠边缘
不要紧靠边缘，要留有距离。
空白原则：不要将内容放置于边框的边缘，要留有一定的距离。

图9-4

空白并非代表完全没有，相对统一的填充、图案都可视为空白，如同摄影中的天空、草地、水面皆是空白，如图9-5所示。

摄影技艺教程
空白原则应用：空白就是留有距离，看"摄影技艺教程"周围。

图9-5

3. 预期

所谓预期是指界面设计时遵循用户使用习惯，这也是以用户为中心设计的一个体现。简单来说，人们在使用和操作课件中会形成一定的习惯，比如关闭窗口按钮都会放置于界面的右上角，你如果把它改到了右下角，那就不符合用户预期了。

（1）位置的预期：指界面中的各对象在设计时位置要相对统一，如课件导航的位置，课件标题位置，控制按钮的位置等。如图9-6所示，在用户第一次见到“力的三要素”导航条在界面的右上角，那么切换到新的幻灯片上，自然会到相应的位置寻找导航。

注意

这种统一并非一成不变。

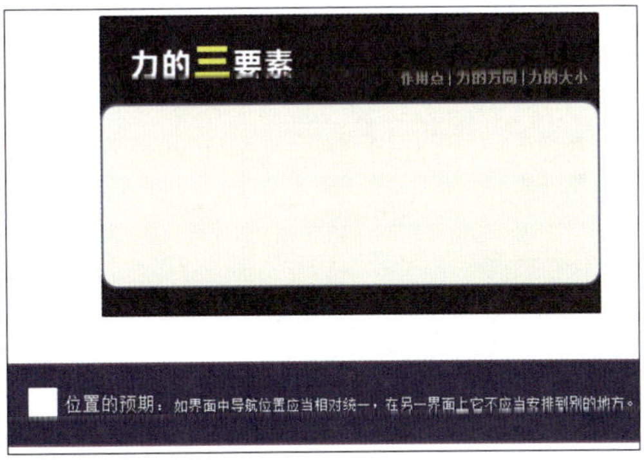
力的三要素
作用点 | 力的方向 | 力的大小
位置的预期：如界面中导航位置应当相对统一，在另一界面上它不应当安排到别的地方。

图9-6

（2）形式的预期：指界面中各对象应当保持外观及操作方式相对一致，如在课件界面中使用矩形按钮，那么其他按钮也应当使用这种风格，不要将同一功能的按钮制作成多种样式。课件内容的呈现方式，幻灯片的切换效果也是一样的道理，应当相对统一，如图9-7所示。

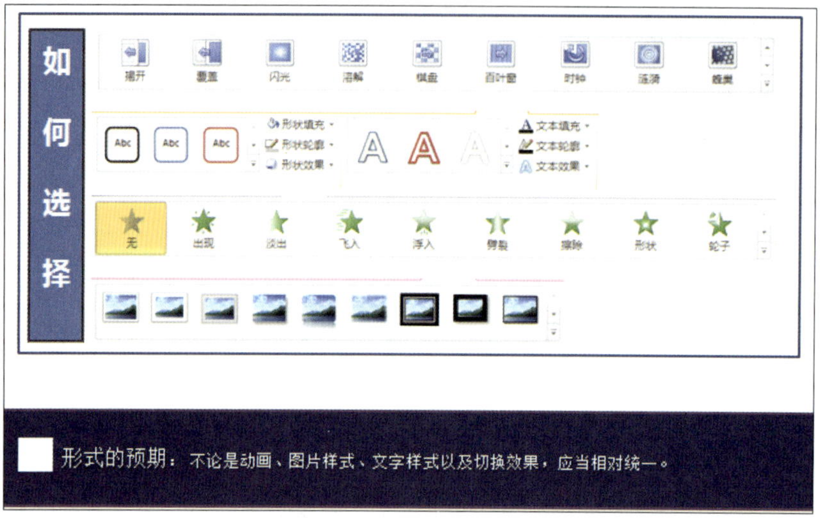
如
何
选
择
形式的预期：不论是动画、图片样式、文字样式以及切换效果，应当相对统一。

图9-7

（3）变化的预期：要让用户能够猜测到后面出现的内容会是什么样的形式。

如图9-8所示，我们看到一个轮子，自然想到它会转起来。看到一，自然想到会有二，内容出现的顺序自然要符合从上至下（从左至右的）顺序。（如果有一种运动是随机运动，就不在这规则之内了。）

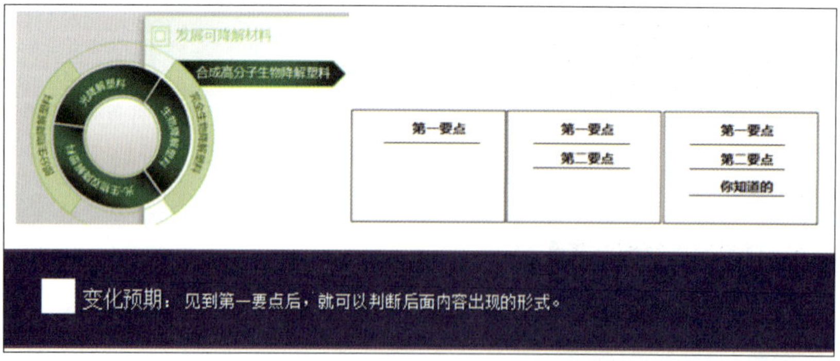
发展可降解材料
合成高分子生物降解塑料
第一要点
第一要点
第二要点
第一要点
第二要点
你知道的
变化预期：见到第一要点后，就可以判断后面内容出现的形式。

图9-8

（4）打破预期：有时多一些变化，可以让界面变得耳目一新，如图9-9和图9-10所示，但一定要注意不能乱。

黑白照片制作
比一比 算得快
打破预期：你期望看到完整图片，这里就只用一半。你希望将它框住，它就是要出框。

图9-9

高效PowerPoint课件制作
北师大教材三年级上册
有多
打破预期：文字也可以斜着放，标题文字也不一定必须放在一起。

图9-10

另外在界面设计中还有一些需要注意的，比如对象的排列、间距、组合等，需要根据实际情况去调整，但不管如何都要让界面上的信息有序，一目了然，在此不再赘述。

下面补充介绍在PowerPoint课件界面设计中美化界面的一些方法和技巧。很多时候我们看到一些课件界面感觉它们很好看、很“艺术”，为什么会有这种感觉呢？我们可能有各自不同的答案，但这些界面中有一些共同的特征，把其归纳为以下几点：合理的使用线条、框架、渐变和半透明以及阴影三维效果等。

（1）合理使用线条（如图9-11和9-12所示）。

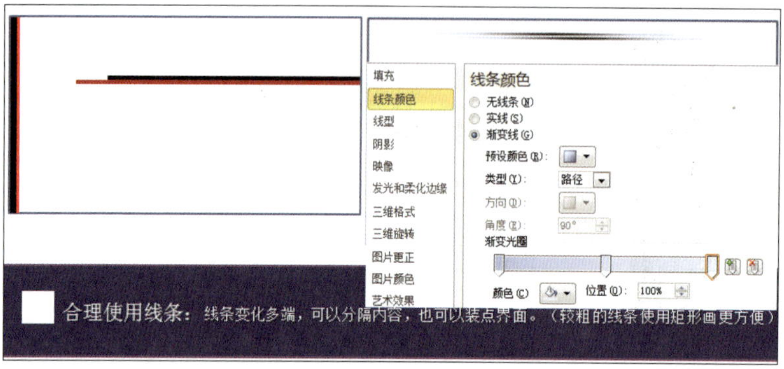
填充
线条颜色
线型
阴影
映像
发光和柔化边缘
三维格式
三维旋转
图片更正
图片颜色
艺术效果
线条颜色
无线条(N)
实线(S)
渐变线(G)
预设颜色(R):
类型(Y):
路径
方向(D):
角度(E):
渐变光圈
颜色(C)
位置(O):
100%
合理使用线条：线条变化多端，可以分隔内容，也可以装点界面。（较粗的线条使用矩形画更方便）

图9-11

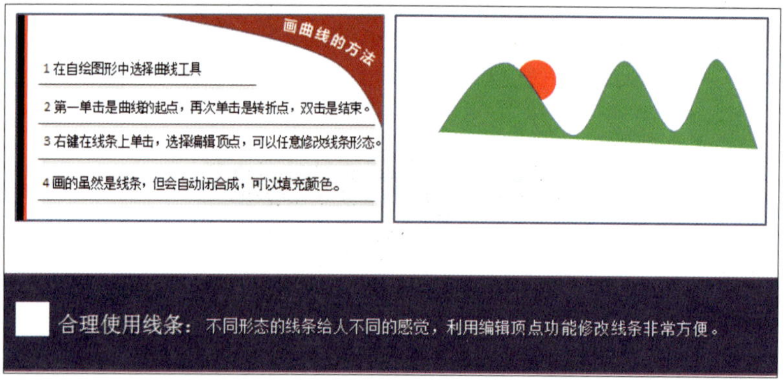
画曲线的方法
1 在自绘图形中选择曲线工具
2 第一单击是曲线的起点，再次单击是转折点，双击是结束。
3 右键在线条上单击，选择编辑顶点，可以任意修改线条形态。
4 画的虽然是线条，但会自动闭合成，可以填充颜色。
合理使用线条：不同形态的线条给人不同的感觉，利用编辑顶点功能修改线条非常方便。

图9-12

直线线条的实现可以用极窄的无边框矩形替代，在矩形中设置渐变填充更方便，更容易观察，而且直接拖动鼠标就可以改变“线条”的粗细。

注意

编辑顶点功能不仅适用于修改绘制曲线的外观，对所有的自绘图形也适用。

（2）合理使用透明和渐变（如图9-13所示）。

请参考自绘图形和制作半透明图像相关章节。

谢谢观看
合理使用渐变：线条变化多端，可以分隔内容，也可以装点界面。（较粗的线条使用矩形画更方便）

图9-13

（3）适当使用三维效果（如图9-14所示）。

立体效果总会给别人带来一种不一样的感觉，但不要滥用，一定要注意整体风格统一。

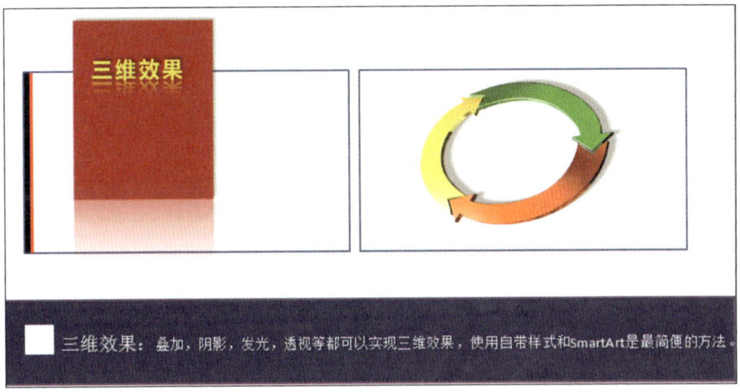
三维效果
三维效果：叠加，阴影，发光，透视等都可以实现三维效果，使用自带样式和SmartArt是最简便的方法。

图9-14

9.3 学习界面设计的基本方法

设计课件界面，需要掌握简单的布局方法，很多课件的界面就是通过对课件内容要素的排列而完成的。因此最基本的学习过程就从学习布局开始。

（1）完成课件界面元素制作，如一个以图片展示为主的课件界面，一般包含图片、图片的标题、图片说明等要素，要先把这些内容做好。

如图9-15所示是没有添加任何修饰的课件效果图。

在这里图片的标题
在这里写上内容说明：图片来自Google的图片搜索。

图9-15

（2）根据版面，对这些内容要素的位置、大小进行排版，添加样式等。如可以对图片添加边框，调整文字的色彩，添加背景等。

同样的内容，排版不同，风格自然不同，如图9-16和图9-17所示。

（3）可以利用PowerPoint中的“设计”选项卡，为幻灯片应用一种主题，从而快速改变幻灯片的外观。

在这里图片的标题
在这里写上内容说明：图片来自Google的图片搜索。这是修饰后的效果。

图9-16

图9-17

所谓PowerPoint的主题，是一种可以快速改变幻灯片颜色、字体以及样式效果的一整套设置，如图9-18所示。

图9-18

（4）如果系统内置的主题不能满足你的要求，可以更改颜色、字体及样式，如图9-19所示。

图9-19

（5）保存主题，保存对现有主题的颜色、字体或者线条与填充效果做出的更改，以便可以将该主题应用到其他文档或演示文稿。通过主题预设或统一风格样式，都是和幻灯片版式及占位符关联的，如果是在空白幻灯片上进行界面设计，一般无须考虑PPT中的主题，确定样式或色彩不符合预期时再修改相应的主题元素。

9.4 精确调整对象位置和对齐对象的技巧

如前所述，课件的界面设计很大一部分工作在于界面的布局，在于调整界面中各元素的位置，如何精确地对这些元素进行移动和对齐操作呢？

PowerPoint中提供了以下三种工具。

1. 网格线和参考线

网格线在幻灯片上提供了位置参考，可以根据线框的位置，合理安排对象的位置。在PowerPoint中，可以按要求设置网格线之间的间距大小。

网格线的设置方法为：在幻灯片上双击调整对象，在“格式”选项卡中的“对齐”命令中选择网格线设置，弹出对话框，如图9-20所示。

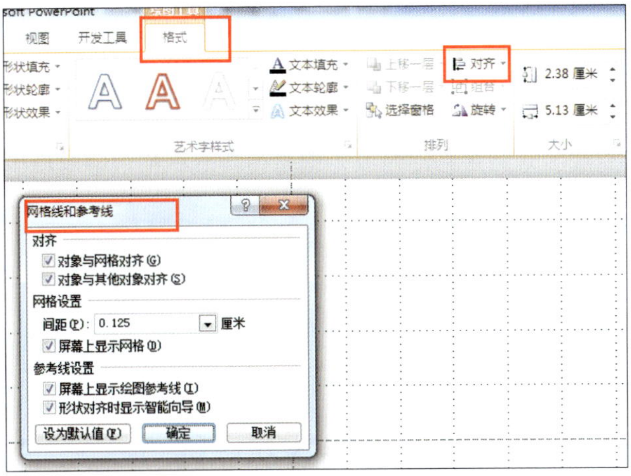

图9-20

再按住Ctrl键，拖动鼠标到幻灯片中创建十字的参考线（水平的或竖直的），如图9-21所示。

2. “对齐”命令

“对齐”命令可以非常方便地设置多个对象的位置，需要注意的是对齐前需要选定对齐方式：是以幻灯片为参考，还是以所选对象位置为参考，如图9-22所示。

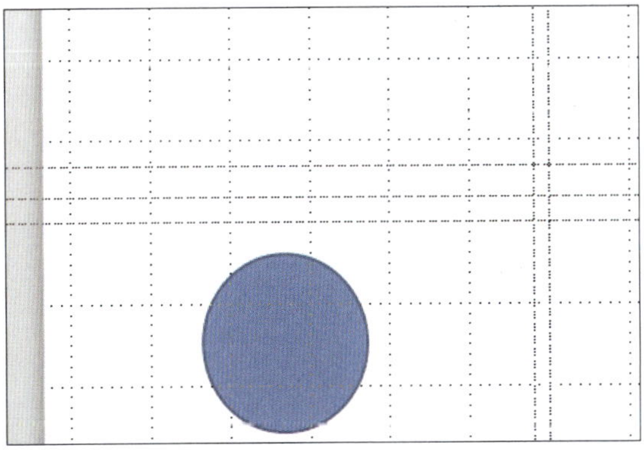

图9-21

图9-22

注意

按Ctrl键，用鼠标单击对象，可以选择多个对象。

3. 快捷键

通常情况下，我们会使用鼠标拖放的方法来移动对象，但是使用鼠标拖放很难精确控制移动的距离，可以利用键盘的四个方向键来移动对象。

使用Ctrl+方向键可以以更小的距离单位移动物体。

使用Alt+方向键可以快速旋转物体的角度。

使用Ctrl+Alt+方向键可以精确调整旋转角度。

案例42：改变幻灯片的默认比例，宽屏效果的实现

使用PowerPoint制作课件时，一般我们不会考虑幻灯片的大小，幻灯片在默认情况下长宽比是4:3，会以充满屏幕的方式放映。但随着宽屏显示设备的普及，人们越来越习惯观看水平视角更广的界面，如何让幻灯片适应这种宽屏展示的特性以及如何让幻灯片满足人们追求16:9或更广的画幅要求呢？

如图9-23所示，这是一个生物课件的标题（来源亚选博客：http://e-learing.blogbus.com）界面的一部分，如果我们设计的课件界面就需要这样的长宽比例，该怎么办呢？

图9-23

在PowerPoint课件制作中一般采用以下两种方法来解决上述问题。

（1）改变默认幻灯片的尺寸。

（2）遮挡法。

1. 使用页面设置改变幻灯片大小的方法

在PowerPoint 2010中的“文件”选项卡中没有了页面设置，可以通过“视图”选项卡进入“幻灯片母版”来修改幻灯片的尺寸及长宽比例，如图9-24所示。也可以通过“设计”选项卡进入“页面设置”对话框。

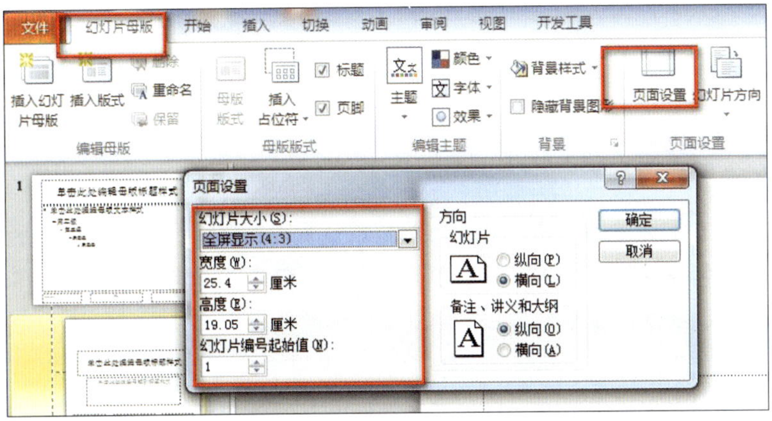

图9-24

2. 利用遮挡来改变幻灯片的画幅长宽比例

所谓遮挡，就是利用PowerPoint中的自绘图形，在幻灯片的上方和下方绘制一定颜色的矩形，从而改变幻灯片显示的长宽比例，如图9-25所示。

用这种方法虽然本质上没有改变幻灯片的尺寸，但从视觉上看，幻灯片中间的内容显示区域（空白的部分）看起来变得更宽了，从而起到了改变幻灯片长宽比例的效果。

利用页面设置来改变幻灯片的尺寸和显示比例是作用于整个文档的，而利用遮挡的方法，可以针对一张或多张幻灯片，因此应用更灵活一些。

并非所有的幻灯片改变大小都是为了要让画面看起来更宽，有时也会让幻灯片看起来变窄，例如可以将幻灯片的显示比例设置成和书本的比例类似，用来模拟书的显示效果。

利用遮挡的方法改变画面显示比例更灵活

图9-25

案例43：为课件选择一种色彩

色彩是影响视觉效果非常重要的因素，色彩也能影响观看者的情绪，有时色彩也是传达内容的一种方式。颜色在课件设计中非常重要，但选择颜色也是非常困难的。很多人在制作课件时，都会为选择课件界面颜色与其中文字内容的色彩而大伤脑筋，有时觉得什么颜色都不好看，有时又觉得什么颜色都不错。

在课件界面设计中使用色彩也经常会出现这两种问题，有的使用太多的颜色，色彩艳丽；有的又只有区区两种颜色略感单调，原则上应当尽可能使用少的色彩。

课件对色彩的选择最基本的要求是平和、对比明显，除特别的强调内容外，避免出现太过刺激的色彩配合。

一个课件里面要求有一个主体色彩，可以为绿色、蓝色或黑白色，例如一些文学、历史课件中也有很多使用褐色的，但很少有以红色、黄色或紫色为主色调的。

对于色彩，虽然很多时候难以选择，但建议在动手做课件之前，一定要为课件选择一个基调，然后可以依据这个基调去选择其他色彩。

选择色彩时一般会考虑课件内容和使用课件的人，一般小学或低年级儿童使用的课件界面色彩会多一些，图片素材也很丰富，如图9-26所示。

但每一个课件的界面都是有自己主体色调的，如图9-27所示的课件界面是以绿色为主色调的。

图9-26

图9-27

如图9-28所示，这个界面是以天蓝色为主色调的。

课件中最经典的颜色组合为：黑与白组合，蓝与白组合，黑与黄组合，绿与白组合和绿与黑组合，这些组合都可以保证前景与背景之间有很好的对比效果，如图9-29所示。

图9-28

图9-29

不恰当的配色正好相反，如深色对深色或亮色对亮色，这样两者之间缺乏对比，自然影响阅读效果，如图9-30所示。

在PowerPoint的“设计”选项卡中为我们提供了一些内容的颜色组合，在PowerPoint 2003中称之为配色方案，可以自己创建，也可以使用或编辑系统定义的这些色彩组合，如图9-31所示。

在使用色彩作为背景填充时，为了增强视觉效果，通常使用渐变填充效果。在实际使用过程中，还可以尝试将一种色彩的不同深浅（饱和）度结合起来使用，具体设置如图9-32所示。

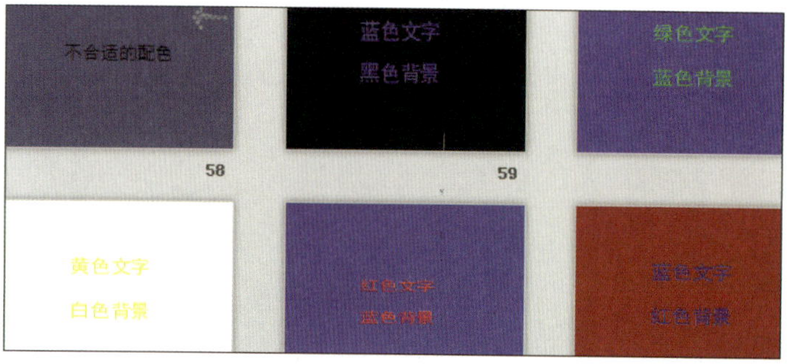

图9-30

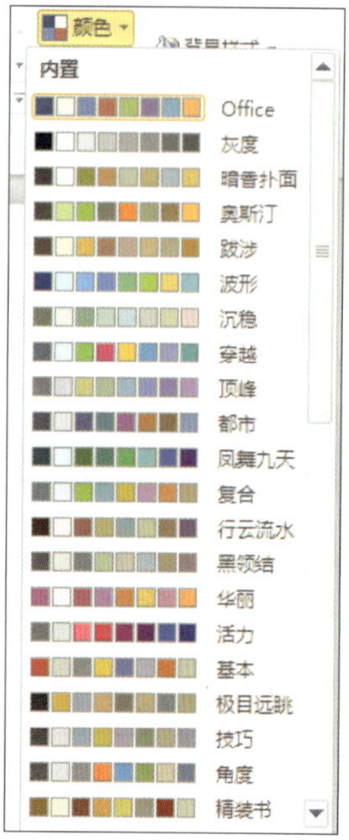

图9-31

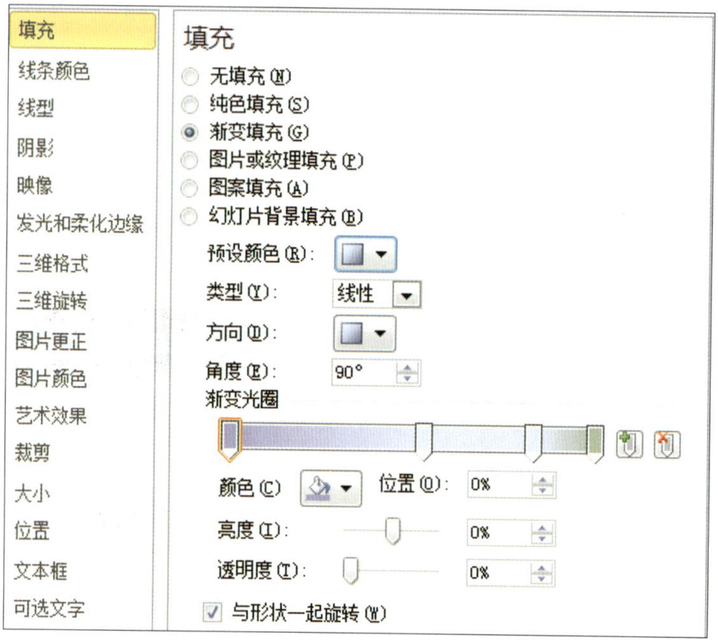

图9-32

案例44：设计课件内容的导航条

从课件界面构成来看，课件界面主要可以分为三种区域：课件内容区、课件导航区（辅助信息）和美化修饰区。

内容区是课件界面的主要部分，导航区的作用主要是用来指示当前内容所处位置，以及进行相关内容跳转的方法。

课件界面美化或修饰并不是必须要在课件界面上体现，界面自身所采用的布局、颜色、对象大小排列都起到美化修饰的作用，如图9-33所示。

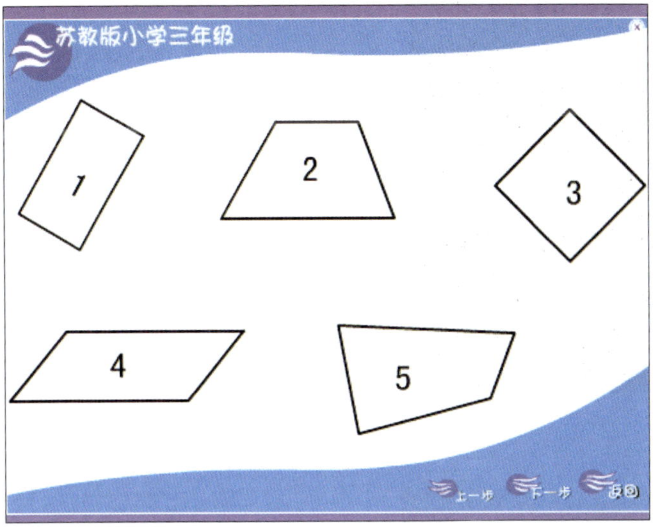

图9-33

利用PowerPoint制作的课件，一般可以通过单击鼠标，对课件的内容进行一页接一页的展示，但这种课件内容展示的方式比较机械，而且让别人无从了解课件整体内容结构等方面的信息，所以在课件制作中通常利用一定的导航方式来控制课件内容的展示过程和结构，如图9-34所示。

导航条是课件制作中最常用的一种导航方式。它一般出现在课件界面的边缘部分，有时是显示课件的整体结构，有时是显示课件内容所在位置。

“导航”这个词来源于Web的页面设计，导航的主要功能是让用户知道自己所处的位置，能够从相应的幻灯片上跳转到相关的内容，所以导航设置最基本的要求就是：指示清楚，有去有回（可以从A到B，也可以从B到A，此功能一般需要使用超链接或动作设置），控制幻灯片的播放顺序。

导航的形式有各种样式，常见的有以下几种。

形式1：利用“幻灯片结构地图（如图9-34中右上角所示）”指示当前浏览内容所在的位置，这个导航仅起到位置指示作用，也有一定的修饰效果。

如图9-35所示也是一种导航形式，不过感觉更多是起到装饰作用，并没有起到真正的导航作用。

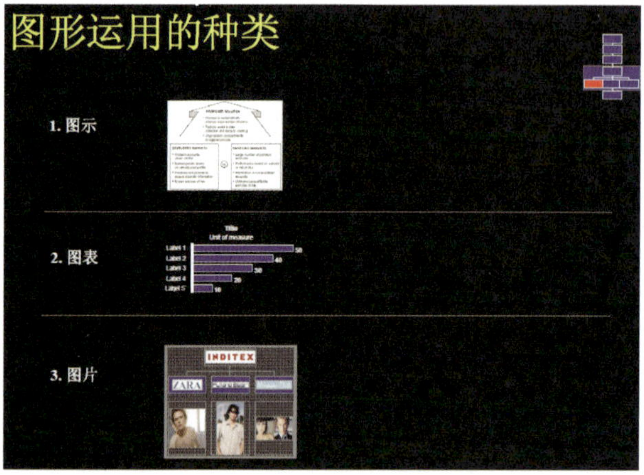

图9-34

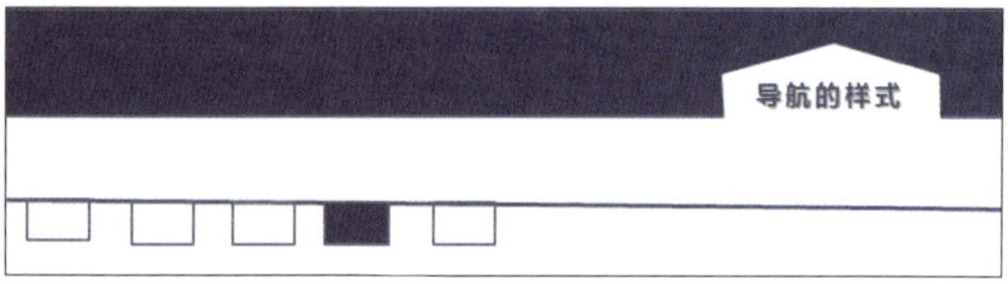

（引用自lonlyfish博客）

图9-35

如图9-36所示，这种方法可以用于设计导航，也可以用于设计课件内容，比如可以将当前需要强调的内容设计得有别于其他内容。

（引用自秋记的博客中的作品）

图9-36

此类导航的最大特点是按一定的规则组合一批图形，按幻灯片的位置将特定位置的形状色彩、大小进行更改，以起到指示作用。

形式2：利用时间线等形式的形状组合，进行位置指示与导航，此种方式变化较多。

如图9-37所示，数字可以用实际所处位置的内容标题代替。

如图9-38所示是用图示制作的内容导航：用图示做导航可以让界面活泼一些，但图示是否能指示当前内容则要看图片的选择了。

图9-37

课件制作：李卫平

图9-38

形式3：目录导航。

一般目录导航可以作为课件的主界面，因为涵盖了课件主要的内容结构，会突出显示，很难做到小巧，所以目录导航很少会出现在每张幻灯上，使用目录导航常用来指示的是其二级结构导航。目录的形式一般是绘制的“按钮形状”进行排列，当然也可以选择图片等形式，目录导航可以灵活控制课件内容的跳转，如图9-39和图9-40所示。

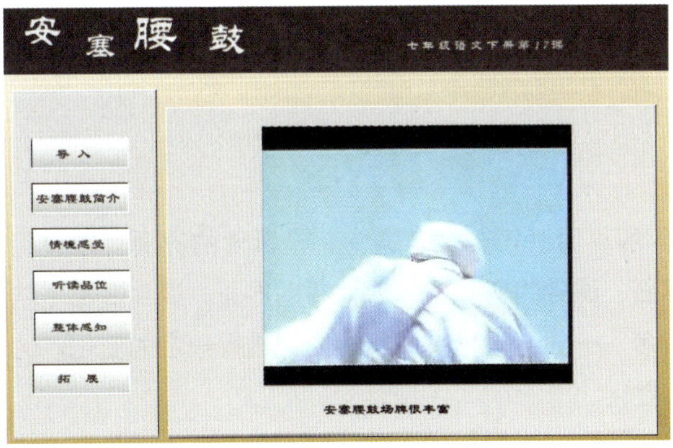

图9-39

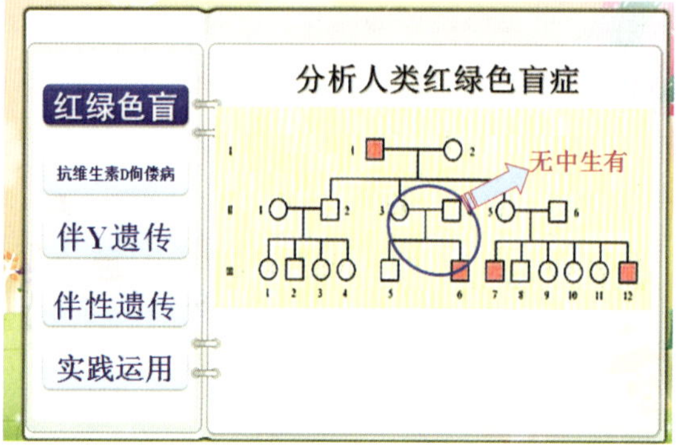

图9-40

形式4：“按钮+标题”导航。

如果课件内容结构比较复杂，在每一个课件界面都放置导航会非常困难，所以很多情况下，在课件界面上会采用变通的方式，即只标明当前幻灯片的内容与前后幻灯片相关的部分，如图9-41和图9-42所示。

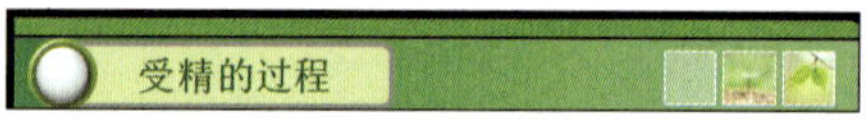

图9-41

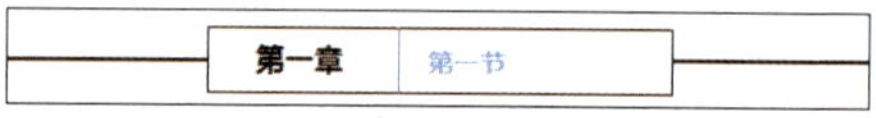

图9-42

注意

在课件中虽然注重导航的应用，但导航应当注意版面的布局，要“小巧而灵活”，不应当抢占了课件内容显示的空间。

案例45：设计课件封面

如果按课件的结构及功能为课件的界面进行分类，通常一个课件的界面可以分为以下几种类型：课件封面、课件主界面、课件内容界面、课件帮助界面、课件退出（结束）界面。其中课件内容界面变化较多，一般会根据其展示的内容进行一定的变化，这样也可以让课件界面看起来统一并有变化。

另外在课件的开始部分即课件封面出现之前，有的还会有课件片头动画，在课件的结束界面也通常有动画出现。

课件封面设计的要求和特点

课件封面一般是课件开始使用时展示给用户的第一个界面，其最大的功能是：容易引起使用者注意，告诉使用者一些基本信息，包括课件的标题、老师与单位的基本信息、开始的链接，以及必要的说明等。

像书的封面一样，课件封面要力求设计新颖，有创意，给人一种焕然一新的感觉。

设计课件界面的要素一般为文字和图片，为了增加感染效果，可以在此界面外播放与课件内容主题相符的背景音乐，添加Logo或部分修饰动画元素等，如图9-43所示。

从图9-43所示的课件封面中，你能看出课件封面主要包括哪些元素吗?

图9-43

课件封面的设计主要是设计“课件标题”的布局，一般封面都是基于图片+标题方式，如图9-44所示。

如图9-45所示，这是张齐华老师的《认识分数》课件封面，课件的标题直接置于背景图片上，在标题左上角与右下角添加了课件的相关辅助信息。

图9-44

图9-45

案例46：设计课件主界面

PowerPoint课件的主界面一般是PPT的导航页面，有的课件主界面与课件的封面是合二为一的。

有时PPT课件主界面就是一页目录幻灯片。如图9-46所示是一个介绍研究报告的PPT主界面。

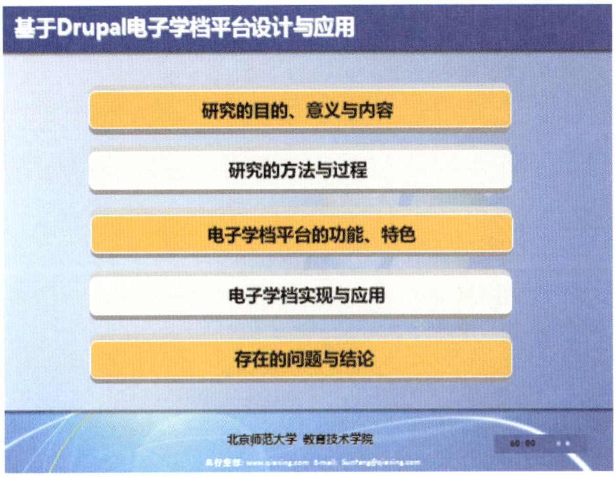

图9-46

对于课件来说，主界面应当包括课件的主体内容结构并能进行相应的跳转。

课件主界面上的目录和前面介绍的导航设计方式相同，只是主界面没有像导航那样的版面限制，所以版面设计要灵活得多，如图9-47所示。

课件制作者：邢晓丹

图9-47

图9-48中的课件界面“目录排列”则做了很大的变化，无论是位置还是按钮的形态都做了优化，与课件使用对象的年龄相符。

图9-48

案例47：设计课件内容界面

一般课件中内容界面最多，对于内容界面设计要求是：风格统一，内容部分要占据界面的主要位置，容易被学习者关注和阅读，如图9-49所示。

图9-49

为了吸引学习者的注意，最常用的内容界面是利用框架形式，即在呈现内容部分时用框架将其“包围”，如图9-50所示。

Hi，您好！
欢迎来到《从零开始学英语》。
我是Andy老师，
将帮助你学好英语。
按键盘任意键或鼠标左键退出

图9-50

具体内容的呈现也可以利用框架形式，如图9-51和图9-52所示。

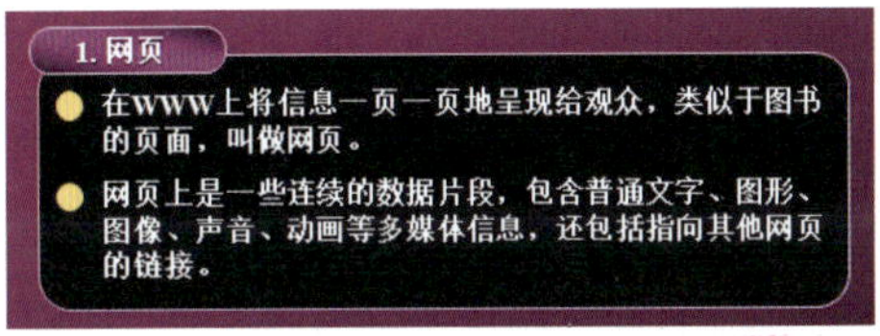
1. 网页
在WWW上将信息一页一页地呈现给观众，类似于图书的页面，叫做网页。
网页上是一些连续的数据片段，包含普通文字、图形、图像、声音、动画等多媒体信息，还包括指向其他网页的链接。

图9-51

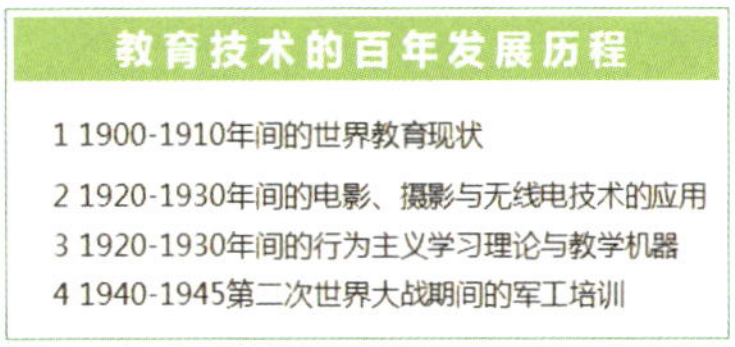
教育技术的百年发展历程
1 1900-1910年间的世界教育现状
2 1920-1930年间的电影、摄影与无线电技术的应用
3 1920-1930年间的行为主义学习理论与教学机器
4 1940-1945第二次世界大战期间的军工培训

图9-52

在内容界面中，除了要考虑显示内容的位置与面积，还应当考虑内容的呈现方式与顺序，为了帮助学生注意与理解所呈现的内容，课件多采用多媒体/多通道（感观）的方式来呈现内容，如图9-53所示。

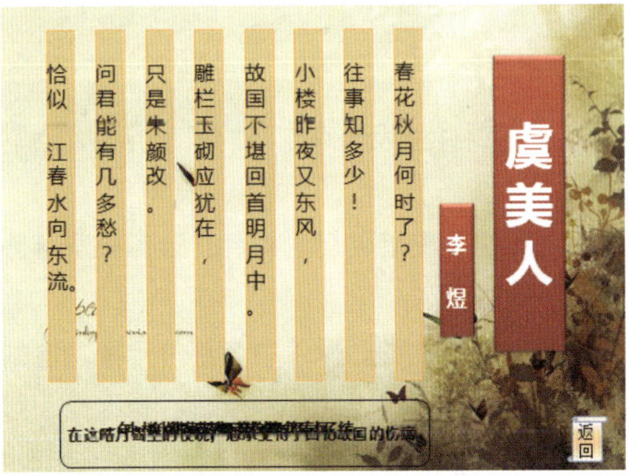
虞美人
李煜
春花秋月何时了？
往事知多少！
小楼昨夜又东风，
故国不堪回首明月中。
雕栏玉砌应犹在，
只是朱颜改。
问君能有几多愁？
恰似一江春水向东流。
返回

图9-53

图9-53所示是内容呈现界面，文字是一列列出现的，而且在下方还提供了同步解释的文字。

案例48：课件中的帮助与设计课件的帮助界面

课件界面设计要简洁，也要友好。所谓界面友好，就是让用户明确课件界面中各元素的功能，不要产生歧义。比如一个按钮设计，如果用户不知道是干什么用的，或者是看到“返回”按钮但用户却不明白是返回上一级内容，还是返回主菜单，觉得迷糊，这就没有做到“友好性”。

课件的友好性还体现在尊重用户操作习惯上，很多教师与学生在长期使用计算机的过程中对一些操作都有相对固定的认识，课件界面设计就应当遵从这种约定与认识。

课件的帮助界面一般是为使用者提供课件的使用帮助信息，但并非所有的课件都要有帮助界面，课件的帮助与使用说明，有的是以文档的方式提供，有的是通过文字说明或鼠标悬停告诉用户软件的操作流程与功能，整合到课件中，也有的是制作独立的课件帮助界面，如图9-54所示。

通过文字指示，可以帮助用户明确按钮的功能，如图9-55所示。通过按钮等指示，可以帮助用户明确课件使用流程。

图9-54

图9-55

除了以上为用户提供帮助和指导信息外，很多课件里设计有专门的帮助界面，通常包括以下内容。

（1）课件制作工具与所需要的运行环境，如需要安装使用的软件、计算机屏幕分辨率大小等，字体等素材资源目录结构等。

（2）课件的结构与操作顺序指南，包括课件的结构图，课件中各部分元素功能的说明、操作方法等。

（3）课件的使用范围与适用对象，学习者需要做哪些准备，需要知道哪些基础知识。

（4）课件的教学设计思想与过程，以及课件的使用方法与教学情境介绍。

（5）也有把课件制作者的基本信息一并整合到课件帮助界面中的情况，如图9-56所示。

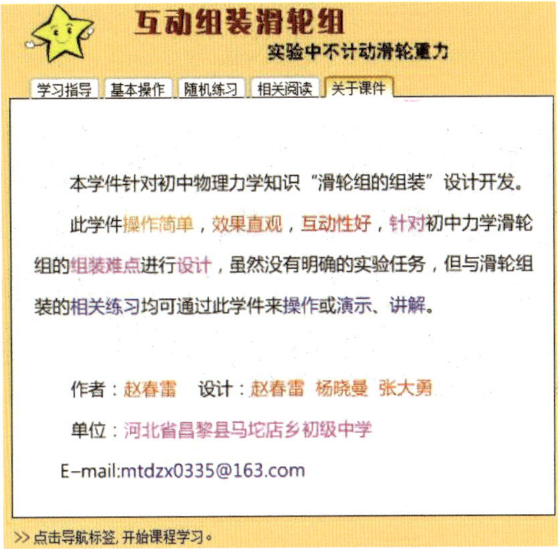
互动组装滑轮组
实验中不计动滑轮重力
学习指导
基本操作
随机练习
相关阅读
关于课件
本学件针对初中物理力学知识“滑轮组的组装”设计开发。
此学件操作简单，效果直观，互动性好，针对初中力学滑轮组的组装难点进行设计，虽然没有明确的实验任务，但与滑轮组装的相关练习均可通过此学件来操作或演示、讲解。
作者：赵春雷 设计：赵春雷 杨晓曼 张大勇
单位：河北省昌黎县马坨店乡初级中学
E-mail:mtdzx0335@163.com
>>点击导航标签，开始课程学习。

课件制作者：赵春雷。课件中提供了课件适用范围，操作方法等信息。

图9-56

案例49：设计课件退出界面

退出界面大致有三种方式：一是说明型，即说明课件制作者、参与人员等；二是致谢型，即使用“谢谢观赏”、“批评指正”等内容；三是“挽留型”，即在真正退出或结束课件放映前，给课件使用者一个确认的机会。

1. 说明型

如图9-57所示，这是课件结束退出时的界面，说明了课件参与人员等相关信息。一般此类结束界面，采用文字动画（自下而上，然后消失）的形式也很多。

2. 感谢型

如图9-58所示，此类型退出界面一般是在结束课件时呈现对观众的感谢语，通常在公开课的课件、报告讲座中出现较多。

此类型退出界面多以文字居中的形式出现，当然也可以选择团队合作、握手等一类的图片作为界面中的修饰元素。

重庆市渝中区第二实验小学
鸣谢：马佳、刘光健
执教：喻梅
课件：陈洋

图9-57

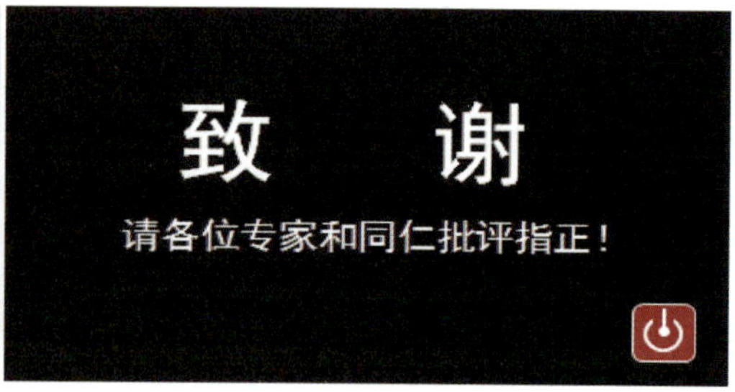
致　谢
请各位专家和同仁批评指正！

图9-58

3. 挽留型

如图9-59所示，此类型退出界面一般采用的方式都是在用户退出时，使用一个确认的对话框，在很多计算机软件中，如果涉及对一些重要信息的操作：如文件的删除、编辑等，会出现一个确认对话框。主要是防止用户无意操作时退出课件。

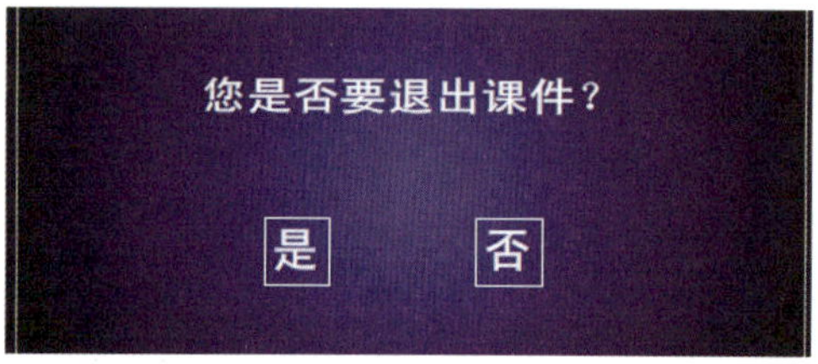
您是否要退出课件？
是
否

图9-59

在PowerPoint课件中，此类型也可以用来防止用户的无意点击退出情况，但实际意义不大，因为PPT课件从播放到编辑状态之间的切换非常方便。但也可以借用这样的方式，在结束课件放映前展示一些辅助信息等。

案例50：优秀课件界面赏析

严格地说，界面设计并没有统一的标准，什么样的版面布局好看并没有统一的答案，况且每一个人欣赏的角度也不同，所以界面设计在追求整体上的统一、简洁、易用外，更多的是其中的多样性和变化性。

下面截取一些课件中的界面和大家一起赏析，如图9-60和图9-61所示。

此课件采用以蓝色为主色调，导航设计明确合理，界面中的标题文字和图像利用阴影、镜像、渐变等方法进行了修饰和美化，增加了界面的视觉效果，界面中的两个切换内容按钮如果能向右侧移动一些，则更显均衡。

图9-60

如图9-62所示是一个介绍数码照片后期处理的PPT，其界面简洁，以蓝色为主色调，风格一致，结构清晰。

图9-61

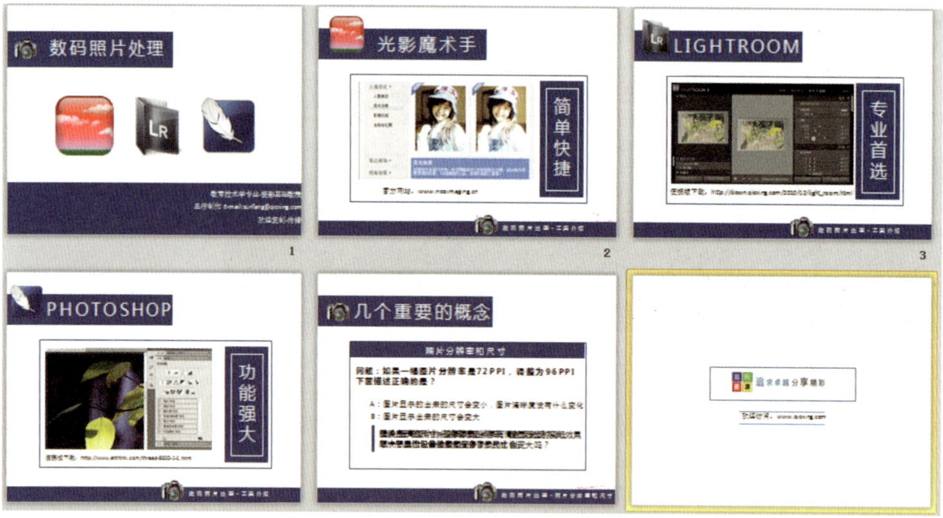

图9-62

如图9-63和图9-64所示是小学数学教学课件中的一组界面，其界面设计风格统一，适宜儿童观看，如果标题文字和边框风格统一则会更好。

图9-63

图9-64

课件界面颜色的选择要利用相近色，这样整体色彩风格统一，又有变化，如图9-65所示。

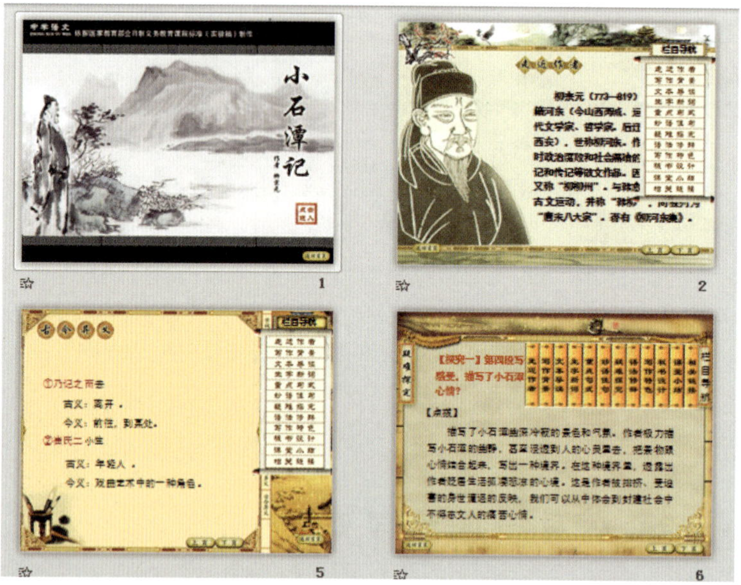
小石潭记
1
2
5
6

图9-65

如图9-66和图9-67所示，其课件界面中的元素圆方相济，动静结合，儿童形象活泼可爱，和快乐学拼音的氛围相匹配。

快乐学拼音
kuai le xue pin yin
首页
shouye
声母
shengmu
拼音表
pinyinbiao
游戏
youxi
韵母
yunmu
关于课件
guanyukejian
此汉语拼音课件声像皆备、图文并茂、交互性强，借助其功用，可提供丰富的信息源，不仅能激发学生的兴趣、开发他们的智力，调动他们的学习主动性，使孩子们能够快乐的学会汉语拼音，而且便于教学反馈和调控，有利于体现学生的主体地位。
课件说明
kejianshuoming
适应学科：小学语文
适应年级：小学一年级或学前教学
教材选用：综合了各种版本的汉语拼音的教材
源文件　：本课件源文件需要用Macromedia Flash 8打开
运行环境：在WINDOWS操作系统下运行
播放器　：Flash7.0或更高版本的播放器
课件制作
kejianzhizuo
制作人：张洪钢 王俊山
单位　：唐山市古冶区范各庄小学
联系方式：QQ：41421500
email:naoguaer@126.com
新思考网站 | 播种者社区 | 古冶教育 | 古冶范小 | 脑瓜儿博客
版权所有 脑瓜儿动画 email:naoguaer@126.com

图9-66

图9-67

9.5 母版与多母版技术在课件制作中的应用

很多教师喜欢找一些漂亮的模板，利用这些模板来修饰和美化课件，实际在PowerPoint中还有一个母版工具，利用好母版设计制作课件界面，比模板更灵活和高效，下面学习什么是母版，如何利用母版进行课件界面设计！

1. 什么是母版

想一想，如果让你制作十个一模一样的橡皮泥娃娃，你可以一个个地去捏，但最好的方法是制作出一个模具，然后把橡皮泥放到模具里。这样做不仅高效，而且最大的优点在于：如果你需要修改娃娃的形象，只需要更改一个模具，而不是重头再一个个地去捏。

母版就是幻灯片的模具，虽然PPT课件里的幻灯片各不相同，但有很多张幻灯片会使用相同的背景、导航结构、提示信息、字体格式等，可以把这些元素做成幻灯片母版，这样就可以利用母版统一设计幻灯片的背景、导航及文字格式。或者说，如果你想在多张幻灯片上显示相同的元素，那么最好的处理方式并不是将这个元素直接添加到幻灯片上，而是添加到母版上！

母版与幻灯片的关系如图9-68所示，我们看到幻灯片最终效果，实际是幻灯片与母版叠加的效果。

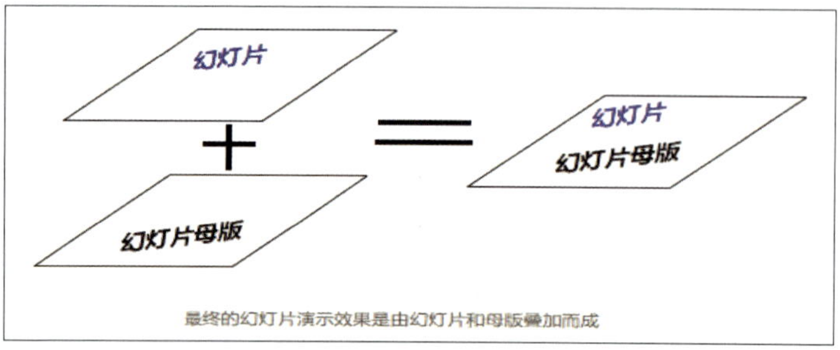

图9-68　幻灯片母版原理

2. 母版和模板有什么区别

相比母版，大家更熟悉模板，实际它们是相互交织在一起的，很多幻灯片模板都是利用母版设计出来的。模板最大的功能就是提供了统一设置幻灯片或部分幻灯片背景的方法，但却没有批量修改幻灯片背景和幻灯片上对象的功能，如果要批量修改幻灯片的背景及上面的对象则必须要利用母版功能。

如果你想把一个PPT课件里的标题文字统一修改为黑体，字号大小为小三，则可以在母版中修改相应幻灯片版式的标题文字格式。

母版与模板都可以同时设置多张幻灯片的背景及风格，但母版具有编辑修改功能，也可以说母版具有批量设置格式的功能；模板中的内容的编辑和修改一般在幻灯片母版中实现。

3. 如何利用母版

PowerPoint中一共有三种母版类型：幻灯片母版、讲义母版和备注母版。幻灯片母版是幻灯片的模具，讲义母版是讲义打印的模具，备注母版自然是幻灯片备注的模具。这里主要介绍的是与幻灯片外观设计最紧密的幻灯片母版。

以下操作以PowerPoint 2010为例来进行介绍，如果你使用的是PowerPoint 2003或

2007版本，只需要找到相应命令即可，操作的方式大致相同。

（1）进入幻灯片母版的方法：从“视图”选项卡中单击“幻灯片母版”命令，如图9-69所示。

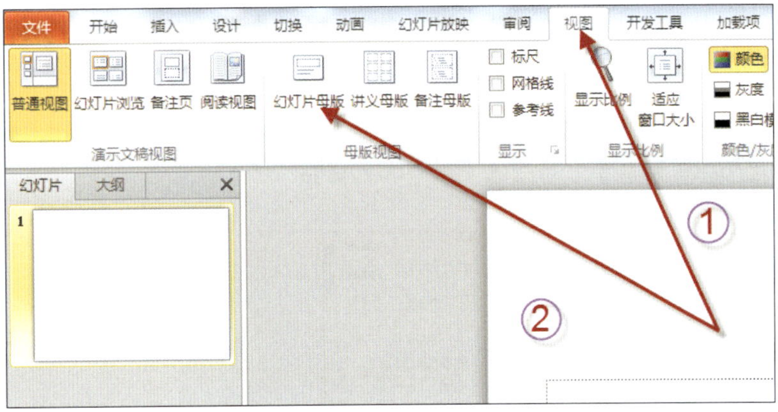

图9-69

（2）幻灯片母版也是一张幻灯片，在这上面可以添加、删除、修改任何元素，这些元素都会在应用此母版的幻灯片上显示出来，只是母版中的幻灯片一般提供的是通用内容和内容的排版布局，在这里可以使用占位符来完成布局，如图9-70所示。

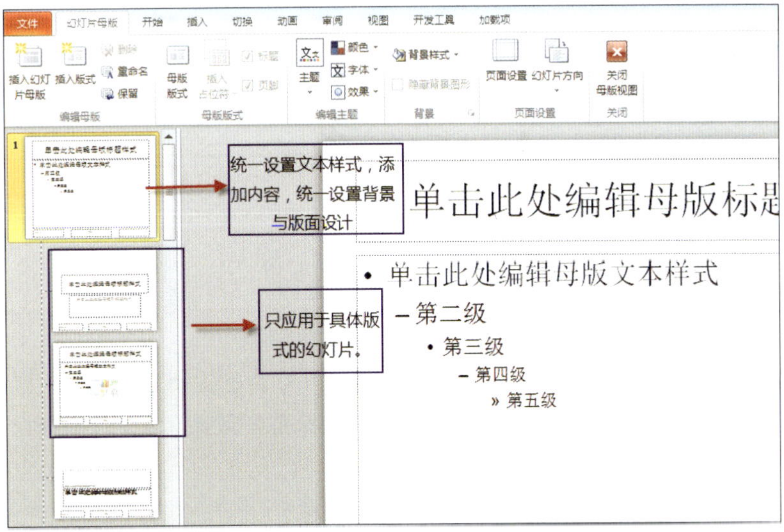

图9-70

而且幻灯片母版上的标题样式与文本样式可以控制相应幻灯片中的文字样式，也就是说如果母版中的样式文字改成红色、加粗、四号字，那么相应幻灯片中标题文本框中的文字都会变成红色、加粗、四号字。

注意在PowerPoint 2003中仅提供标题母版与普通幻灯片母版，但在PowerPoint 2007与2010版本中，所有的幻灯片版式都有了自己的母版，也就是说，你可以根据幻灯片的版式为每一类幻灯片设计不同的母版。如图9-71所示是常见的幻灯片版式。

不过在做课件界面设计过程中，不必拘泥于幻灯片版式，可以自己设计幻灯片，插入相应的占位符，这样的界面布局更有灵活性，如图9-72所示。

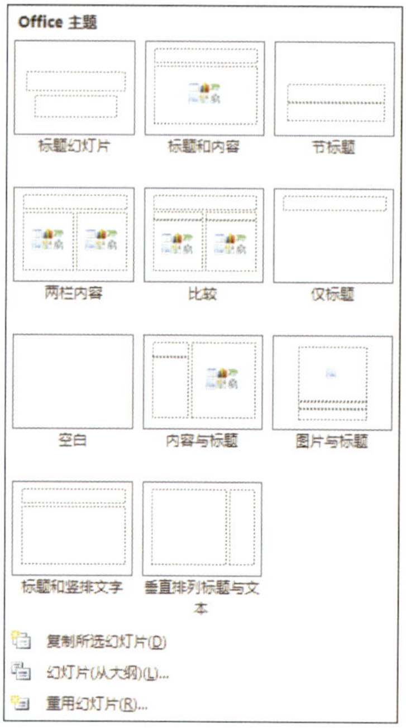

图9-71

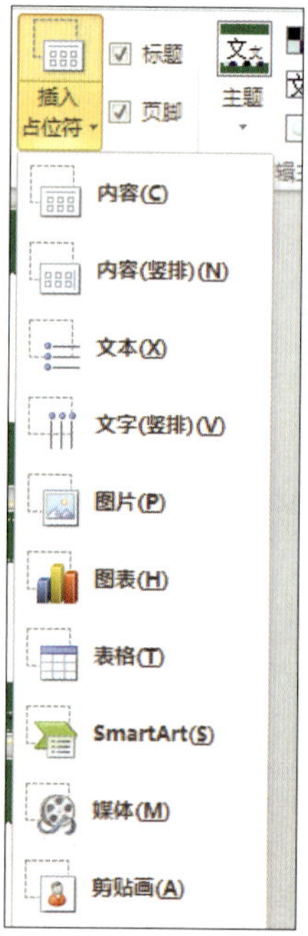

图9-72

所谓的占位符就是先占住一个固定的位置，然后再往里面添加内容。它在幻灯片上表现为一个虚线框，虚线框内部往往有“单击此处添加标题”之类的提示语，一旦用鼠标单击之后，提示语会自动消失。当我们要创建自己的课件界面布局时，占位符就显得非常重要，它能起到规划幻灯片结构的作用。

（3）在幻灯片母版选项，可以对幻灯片母版进行管理，如添加、删除等操作，如图9-73所示。

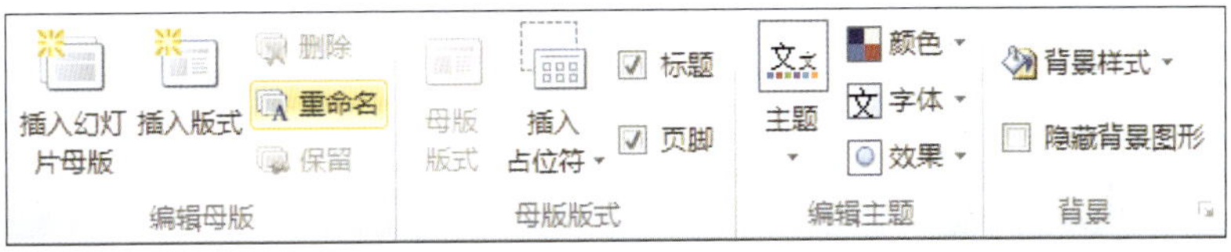

图9-73

（4）将母版应用于幻灯片。

利用母版设计课件的界面，可以设计多种风格的母版，以适用于不同的课件，也可以将不同母版样式应用于不同内容结构的幻灯片，如图9-74所示。

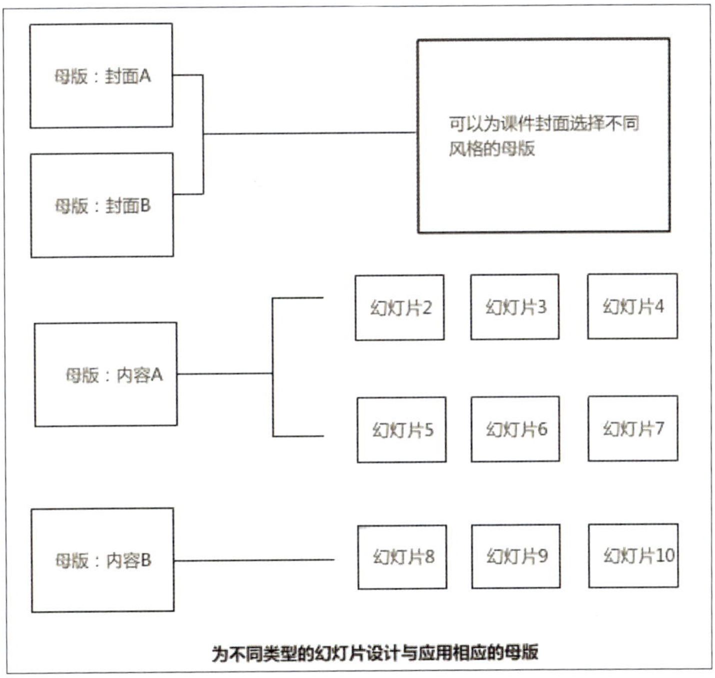

图9-74

如图9-75所示是设计的幻灯片母版之一，作为课件内容展示的一个界面，左侧是内容导航，蓝色背景作为内容标题，右下方是制作者或其他提示信息。

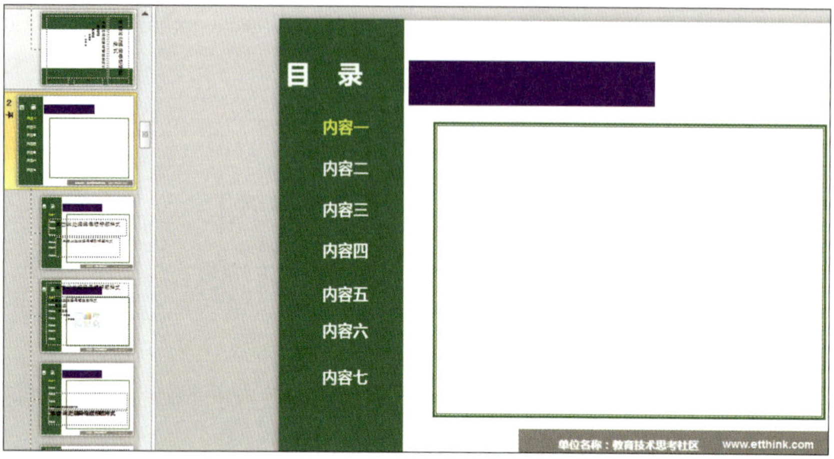

图9-75

把设计的母版应用于幻灯片，只需要在幻灯片导航窗格单击鼠标右键，在弹出的快捷菜单中选择相应的版式即可，如图9-76所示。

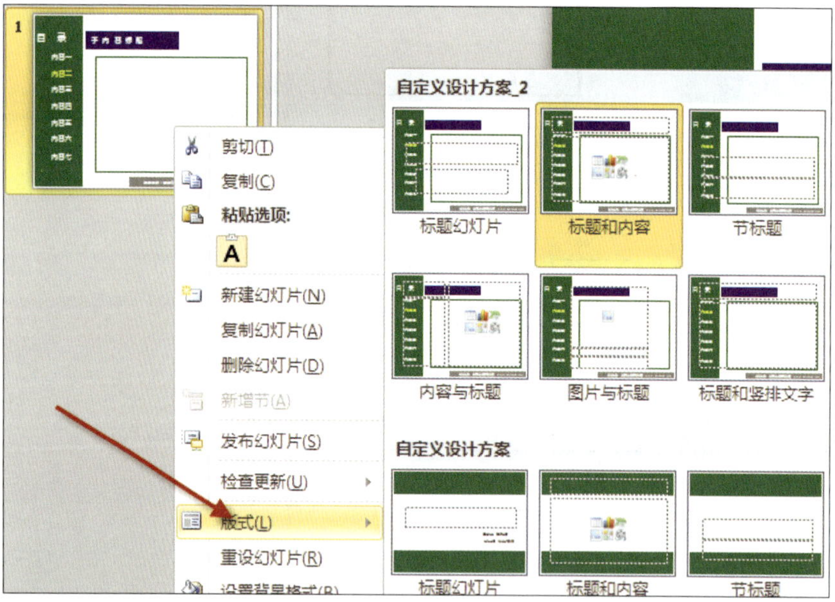

图9-76

在PowerPoint 2003中需要在幻灯设计选项栏中选择。

4. 如何利用母版设计与制作课件界面

利用母版设计制作课件界面，关键要做两件事情：

第一，考虑好课件界面布局，分好导航区与内容区及美化区，为不同的界面类型设计不同的母版。

导航区主要提供课件的导航结构，美化区主要是幻灯片上的修饰元素。

课件界面主要包括封面、主界面、内容界面以及结束界面等。

第二，提出幻灯片中的共同要素，决定哪些内容需要放在母版中。尽量做到课件界面与内容相分离，这样可以大大提高母版的重用率。

如图9-77和图9-78所示是一个PPT课件母版示例。

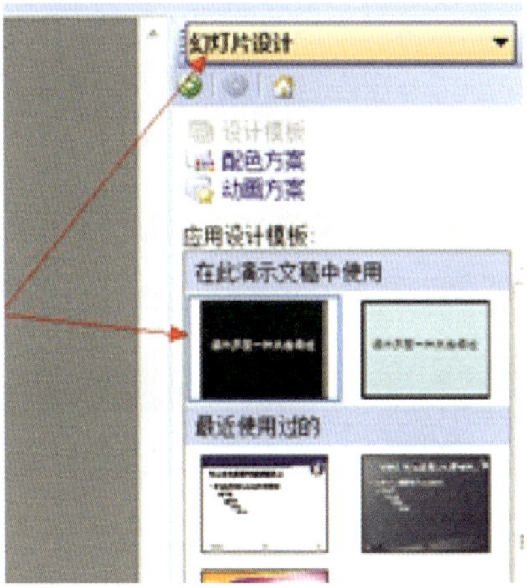

图9-77

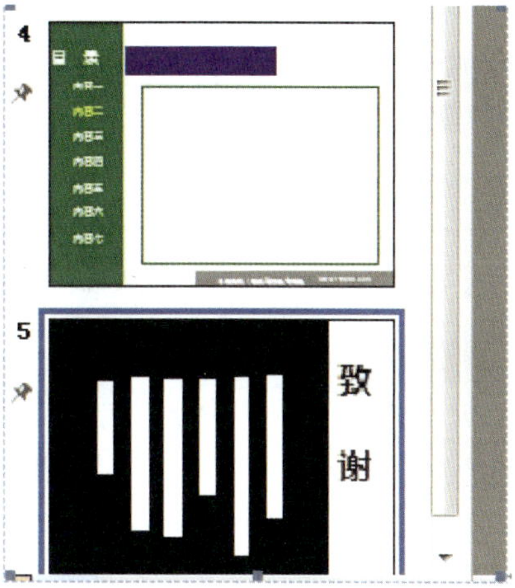

图9-78

母版2是课件的封面，母版3和母版4是内容界面，另外还可以添加一些小的动态图片作为修饰元素，母版5是结束界面。

随着制作时间的积累，大家都可以拥有一个自己的母版库，可以为每一种类型的界面多制作几个风格，那样做起课件界面就会更快了，也会有更多个性的选择！

5. 使用母版应当注意的问题

（1）利用遮挡。因为母版上面的对象都会在幻灯片上显示出来，为了提高效率，我们不会为每一张幻灯片都制作一个母版，那样也失去了母版的意义，那么如何让一些对象不在某些特殊的幻灯片上显示出来呢？可以在这些幻灯片上绘制一些与前景色相同的形状，把不想显示的对象遮挡住。

（2）在利用幻灯片母版设计界面时，利用绘制的形状，可以非常方便地分割幻灯片的布局，在这里应当注意长宽比例，以及颜色与文字颜色的搭配，课件界面要求简洁，不要使用太多色彩，但对比一定要强，以保证投影效果。

（3）在母版中也可以添加一些自定义动画效果，或插入Gif动态图片以及Flash动画，这些动画也会在应用此母版的幻灯片上显示出来，是一种美化幻灯片的好方法。

（4）在PowerPoint 2007及2010版本里，幻灯片母版中已经可以自由插入占位符，利用好占位符，可以提高课件母版的易用性与灵活性。

9.6 基于主题的课件界面设计方法

课件制作追求内容与形式的统一，但另一方面却又希望课件的具体内容与显示界面相对分离，界面与内容的分离能大大提高界面修改的效率，并且方便课件界面的重复使用。

基于主题的PPT界面设计方法有两层含义，一层是指在PPT界面设计中利用主题技术进行界面设计，而不是采用直接套用模板的方式修改PPT的界面，主题技术包括：自定义主题设置，自定义主题保存，主题利用等（PPT主题方法适用于PowerPoint 2007和2010版本）。

（1）自定义主题设置：包括PPT的色彩配置、字体设置、效果选择、背景设置等，例如需要修改幻灯片的布局与版面可以对主题的母版进行重新定义和编辑。

（2）自定义主题保存：在PowerPiont中幻灯片主题可以保存为独立的主题文件，方便界面设计方案的迁移与重用。

（3）主题利用是指将已有的主题设计应用到新的课件作品中，在PowerPoint中通过浏览主题进行选择即可。

基于主题的PPT界面设计第二层含义是指界面的风格应当和课件内容的主题相统一。实现内容与主题相统一的方法可以通过在PPT母版或相应幻灯片中预留相应的占位符或者主题替换图片实现，课件制作者可以根据课件内容提取出能表达其特点的相关图片，利用PowerPoint中的替换图片功能，从而快速更改PPT界面，实现内容与主题的统一。

通常情况下，我们美化幻灯片采用的方法是找一个自己喜欢的模板，然后另存或直接在模板上进行修改，这种方式虽然直观，却没有将内容和界面有效分离。建议按如下方法操作。

（1）制作课件内容幻灯片，不需要任何修饰和美化。

（2）选择一个自己喜欢的模板幻灯片或作品，保存主题。

（3）将自己保存的主题应用到课件内容幻灯片上。

（4）在课件内容上选择幻灯片的版式，统一修改字体和颜色（可以新建一个自定义颜色）。

（5）对于无法应用版式的幻灯片可以采用重用幻灯片的方式导入模板或作品中的幻灯片。

下面通过一个实例来介绍这个使用过程的具体操作（适用于PowerPoint 2007和2010版本）。

（1）制作好自己的课件内容，例如：内容幻灯片.ppt。

（2）打开模板幻灯片（参考的PPT作品），保存当前主题（设计标签），如图9-79所示。

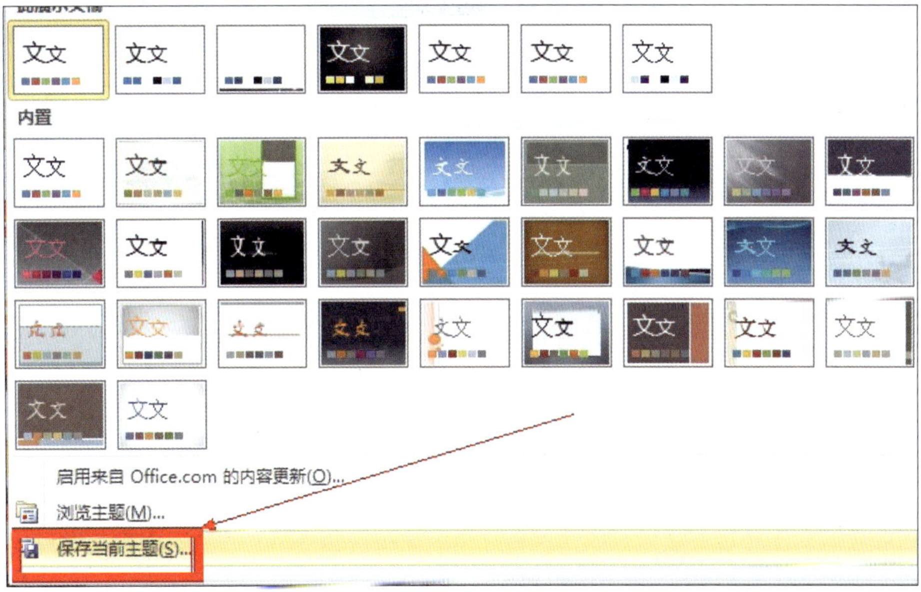

图9-79

（3）将保存的主题应用于课件内容.ppt（浏览主题）后，例如为幻灯片选择合适的版式（如要修改内容，请进入版式中修改），如图9-80所示。

图9-80

（4）如果字体、色彩不适合，可以统一修改，如图9-81所示。

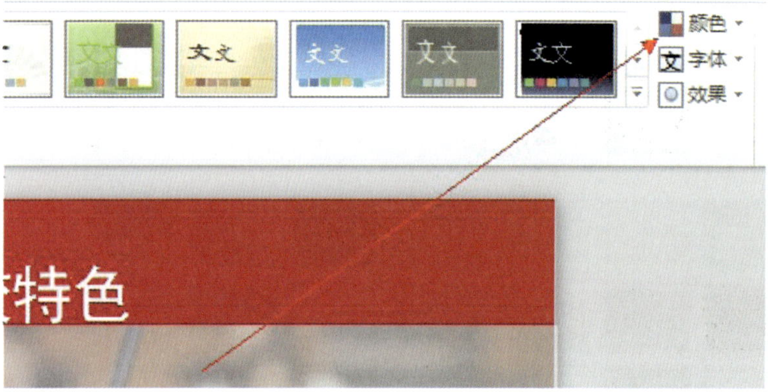

图9-81

（5）如果有的幻灯片选择不到合适的版式，就复用幻灯片（比如第一张幻灯片），主题中没有提供封面母版。

基于主题内容的课件界面设计更多的是指界面风格与课件内容主题一致，结合前面学习的母版技术、图形填充技术可以快速将一个版面布局转换为不同主题内容的课件，如图9-82所示。

图9-82

图9-82中所示的两个课件封面布局完全相同，不同之处在于修饰表达课件主题的“图片”不同，一个是以化学为主题，一个是以生物为主题。之所以能完成这样的替换，是因为其图片是通过形状填充的，只要改变形状中的填充图片就实现了主题图片的更改（如果是矩形图片，可以通过直接插入图片来替换图片，但不规则形状图片只能用填充来设计）。

第10章

PowerPoint 课件交互设计

本章主要介绍利用超链接、动作设置以及触发器实现按钮、菜单、热区等交互方式实现方法，特别是交互练习（填空、选择、判断、连线等）材料设计实现技巧。另外还介绍了利用自定义控制、VBA及宏实现交互方法，这是学习的难点。学习本章除了掌握这些交互形式和实现技巧，重要的是能够根据实际教学需求将传统的教学内容（不具备交互性的学习材料）设计成交互性课件（学习材料）。

交互性是课件与其他教学媒体和教学材料最重要的区别，印刷材料和课件都是教学内容的传递工具和载体。但课件除可以使用更丰富的媒体形式展现内容外，还可以灵活控制内容出现的顺序和形式，为不同的学习者提供不同的有针对性的内容和反馈信息，这就是课件的交互。

课件的交互从根本上来说有以下两层含义。

（1）课件交互是指使用/操作课件的方式，如通过按钮、菜单、热区控制课件的播放。

（2）课件交互是指课件能让学习者实时向课件输入信息，课件也能提供及时反馈信息，没有反馈也就没有交互。

在课件设计与制作过程中，交互具体表现在以下四方面。

（1）对课件信息的选择与控制：用户能够自主选择相应内容。

（2）用户能够在课件输入一定信息。

（3）能够控制课件中的一些对象。

（4）获取反馈信息。

在PowerPoint里，如何能实现按钮、菜单、热区等操作呢？课件如何能及时响应不同学习者输入的信息呢？

PowerPoint课件制作主要是利用PowerPoint以下特性实现课件的交互功能。

1. 超链接

超链接是一种内容跳转技术，使用超链接可以实现从课件中的任意一点内容跳转到任意另一个内容上。因而可以利用超链接实现对课件内容的重新组织，以适应不同的学习者和教学情境的需要。

2. 动作设置

动作设置的作用和功能与超链接类似，超链接只能实现一种单击操作，而动作设置还提供了“鼠标经过”操作，还可以设置和控制声音的播放、停止，执行宏及启用外部对象。

3. 触发器

触发器是PowerPoint中一种非常神奇的“装置”，触发器本质上是一个开关。触发器设置在自定义动画的计时设置选项中，我们在前面的音频和视频信息播放控制中都使用到了“触发器”，触发器就是动画的开关，就像我们日常生活中只有按下开关后灯才会亮。在PowerPoint中，利用触发器可以为自定义动画设置各种播放条件，从而实现“判断”、“选择”等效果。

4. VBA

VBA，即Visual Basic for Application，它以VB语言为基础，是经过修改并运行在Microsoft Office中的应用程序。利用VBA可以让PowerPoint具备程序设计和开发功能，通常VBA在PowerPoint中是以宏的方式来使用的。VBA增强了PowerPoint的交互功能。

10.1 使用按钮

按钮是课件制作中最常见的交互方式，按钮是一个可以响应鼠标点击的指定对象。在PowerPoint中可以使用自绘图形、插入的图片或者文本框等对象制作按钮。

图10-1

如图10-1所示是一个使用自绘图形和文本组合而成的按钮。使用自绘图形可以设置填充颜色和填充方式，也可以添加阴影和3D效果，还可以设置文字格式。

可以为指定的按钮对象添加超链接按钮或动作设置，从而让它具有按钮的功能，如图10-2所示。

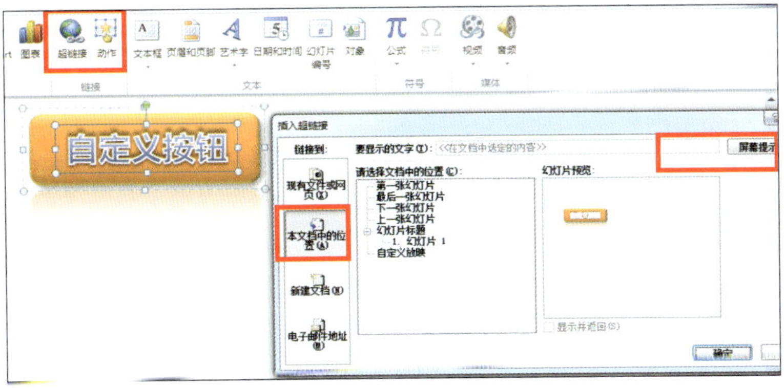

图10-2

插入超链接是为按钮指定单击时跳转的位置，链接的内容可以是本课件中的幻灯片，也可以是外部的文档或网页链接，或者是指定的放映方式等。也可以使用“动作设置”对话框设置超链接，如图10-3所示。

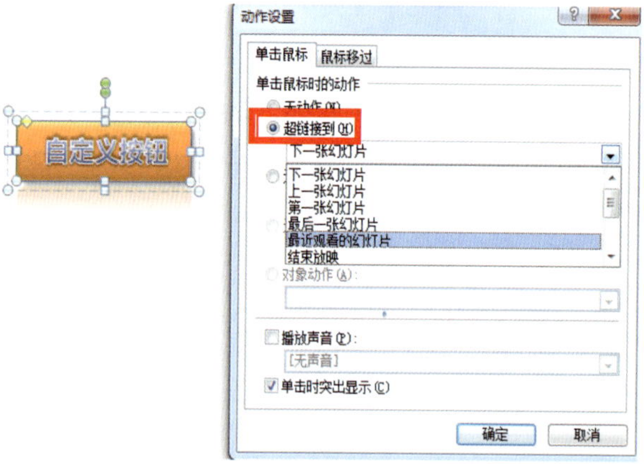

图10-3

在将鼠标移动到设置了超链接的对象上面时，鼠标会转变为手的形状，提示此处可以单击，可以通过设置播放声音选项为按钮添加音效。

10.2 详解触发器及其使用

触发器是PowerPoint中实现简单交互的重要方法，如果想精确控制或改变动画播放次序，使用触发器是最方便的选择。

1. 什么是触发器

所谓的触发器实际就是一个自定义动画的触发条件，可以利用触发器（有无单击指定对象）来控制幻灯片中的动画播放、视频和声音。

默认情况下，在PowerPoint中单击鼠标一般会有两种结果：跳转到下一张幻灯片（或链接到另一张幻灯片）或播放一个自定义动画。所以如果为自定义动画设置了触发器，则一般要取消“单击鼠标切换幻灯片”功能，保证必须通过触发器控制内容。

2. 哪些对象可以设置为触发器

在PowerPoint中，一个图片、图形、按钮等都可以作为触发器，一段文字或文本框也可以作为触发器，单击触发器时它会触发一个指定的操作（播放指定动画、控制声音或视频等）。

3. 在哪里设置触发器

如果想要使用触发器，在幻灯片中必须要有自定义动画、声音操作或视频操作（也在动画功能区中，通过添加动画效果按钮添加）。如果没有这些元素那么你用触发器做什么呢?

触发器的设置选项在“自定义动画”命令中的“计时”标签中，如图10-4所示。视频和音频触发器的设置也在这里。

如图10-4所示为自定义动画播放设置了一个触发条件：单击图片3时，才会播放它。设置了触发器的对象（动画、音频或视频）前会出现一个触发标志，如图10-5所示。

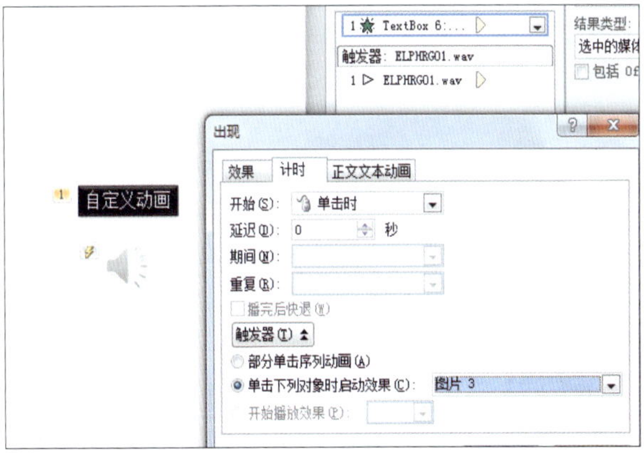

图10-4

图10-5

4. 触发器与超链接有何区别

触发器与超链接最大的区别即超链接实现的是跳转或打开指定的程序。触发器是在同一张幻灯片中控制对象的自定义动画播放。

但在效果上，使用超链接（与动作设置）可以实现触发器的功能，只是需要使用更多的幻灯片。例如在一张幻灯片中，可以通过单击图片来播放指定动画，也可以通过设置超链接来链接到指定动画的幻灯片上，如图10-6所示。

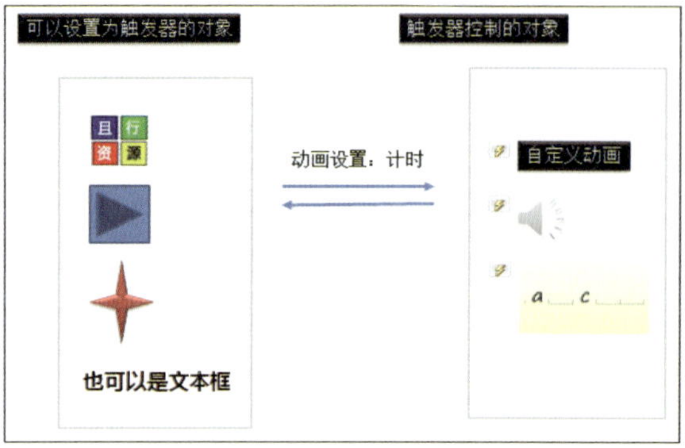

图10-6

所以使用触发器最主要的目的是设置自定义动画播放条件，利用自定义动画为不同的“单击”操作提供不同的反馈信息，同时精简幻灯片结构。

案例51：利用触发器制作开关按钮

开关按钮在课件中经常用到，例如控制音乐的播放与停止，物体闭合与打开，电闸的关与合等。实际上，任何具有两种状态的对象，都可以利用开关按钮来实现。

如图10-7所示，如何实现单击时开关闭合，再次单击时开关断开这种效果呢?

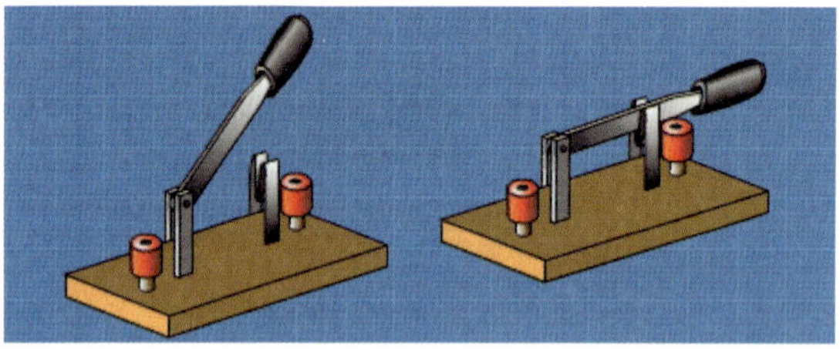

图10-7

1. 设计思路

在PowerPoint中，一个对象可以添加几种动画效果，如进入动画、退出动画。可以通过开关对象设置进入和退出动画，并利用触发条件，实现开关效果。

2. 实现方法

因为要使用触发条件，所以不选择“单击鼠标时”这种切换幻灯片方式。这样可以保证使用者去单击指定的按钮，如图10-8所示。

（1）制作开关，可以使用图片，也可以自己绘制图形，如图10-9所示。

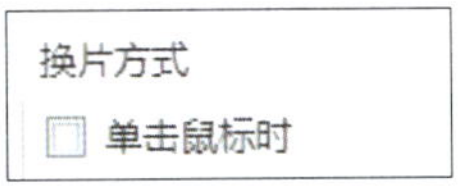

图10-8

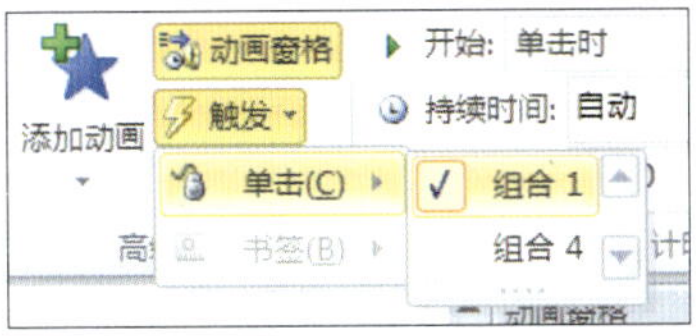

图10-9

◎ 组合1是开。

◎ 组合4是关。

（2）为开对象添加“出现”动画，并设置触发条件：单击开对象。

（3）为关对象设置消失动画，触发条件同样是：单击关对象，但动画出现方式是选择“与上一动画同时”。

（4）用同样的方式设置关对象消失和开对象出现的动画及触发条件。最后动画窗格的设置如图10-10和图10-11所示。

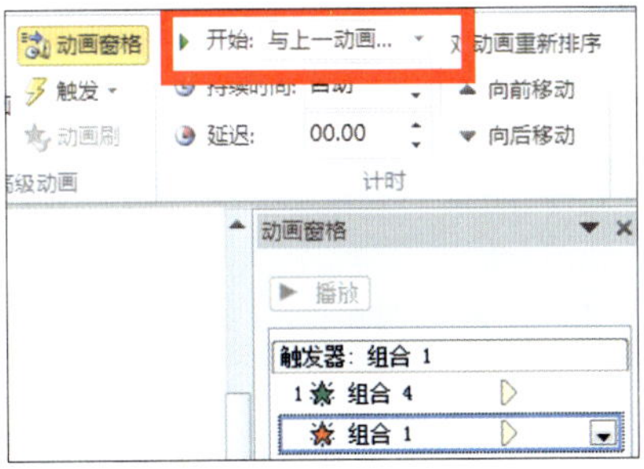

图10-10

图10-11

（5）将开关重合并对齐。

注意

设计开关按钮重点在于为一个对象设置两个动画效果：出现和消失。触发条件要根据开关的顺序进行设置。在动画窗格中，我们可以直接将一个自定义动画拖放到触发器下方，也可以解除，并调整触发器下的自定义动画开始顺序（类似于直接调整动画的先后顺序）。

案例52：制作菜单

菜单是计算机中一种常见的交互方式，菜单最大的特性是可以折叠，所以在一定的场合可以起到节省空间的作用。

1. 设计思路

菜单的制作方法实际与开关按钮制作的方法一样，因为菜单也只有两种状态：一种是展开，一种是收起。所以我们采用开关按钮的方法，先制作出菜单的两种状态，然后设计触发条件即可。

2. 实现方法

（1）制作菜单的两种状态如图10-12所示。

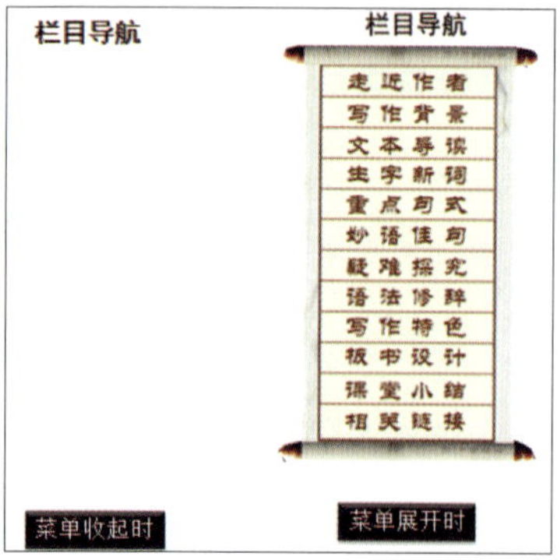

图10-12

（2）菜单与按钮的区别是：菜单有很多项，每一项要跳转到指定的位置（超链接或动作设置），所以制作时要先将这些项分开，再设置超链接，避免以后修改麻烦。如果你使用图片作为菜单，可以使用透明的自绘形状覆盖在菜单项上，然后组合，这样就不用为每一个菜单项设计同样的动画了（在PowerPoint 2010中可以使用动画刷复制动画设置），如图10-13所示。

图10-13

（3）设置动画触发条件：为菜单项设置两个动画，一个是自顶部进入动画；一个是自底部退出动画，如图10-14所示。

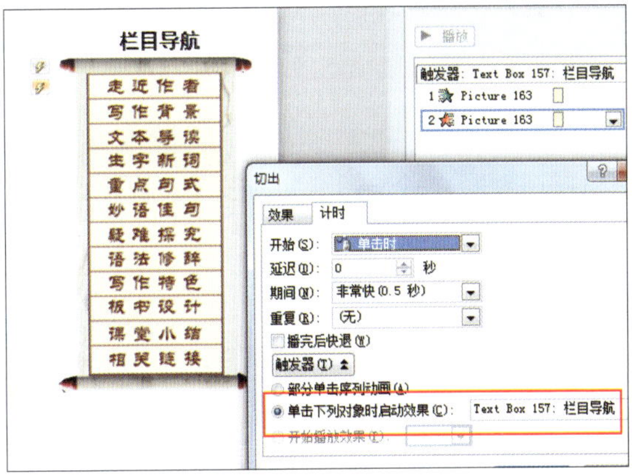

图10-14

3. 应用拓展

菜单有很多种形式，前面制作的是下拉形式的菜单，也有水平展开或向上展开的菜单形式，只是动画和位置不同，原理是相通的，如图10-15所示是一个水平展开的菜单。

图10-15

案例53：热区的应用——鼠标经过提示信息

在很多课件中，为了让学生了解物体的结构，经常使用图片或模型来展示。如果要让学生详细了解物体各部分的结构，则在课件中需要对物体的不同部分进行交互设计，这就是热区。

1. 什么是热区

热区也是按钮，是隐形的或者也可以说是看不见的按钮。

2. 如何制作热区

因为热区就是按钮，所以制作的方法与按钮相同，只是将绘制的按钮边框设置成无线条颜色，填充设置成透明的。

3. 如何使用热区

热区有两种操作：一种是进入热区，进入热区时显示提示信息。另一种是离开热区。离开热区时，提示信息要消失。在PowerPoint中可以利用动作设置中的鼠标经过效果来制作进入热区的操作。

如何实现离开热区操作呢？

实际也是利用PowerPoint中动作设置的鼠标经过效果，对同一位置设置两个热区，一个小一些，一个大一些，大的热区置于下方，因为进入小热区后在离开时必须要经过大热区，所以也就实现了离开小热区的操作效果。

下面通过一个认识照相机结构的实例，看一看具体热区交互如何实现。

（1）插入一张照相机图片，绘制两个不同大小的圆形，作为热区，其大小要与相机的指定部件大小相符，形态也可以按照相机部件的形态进行绘制，如图10-16所示。

图10-16

注意

一定要将小的热区置于大的热区上方，为了制作方便，可以填充不同的颜色以便于观察，如图10-17所示。动作设置完成后，再将其设置成透明和居中对齐的热区。

图10-17

也可以将整个照相机图片作为大的热区。

（2）热区居中对齐快速设置方法是：选中两个热区，使用对齐命令中的上下居中对齐命令。设置好的透明效果如图10-18所示。

图10-18

（3）将幻灯片复制一份，用来提供提示信息，提示信息可以设置成以自动播放的自定义动画方式出现，如图10-19所示。

（4）为小热区设置动作：鼠标经过时，链接到提示消息所在的幻灯片，如果不能确定自己所选择的是小热区还是大热区，可以使用Tab键切换选择对象，如图10-20所示。

图10-19

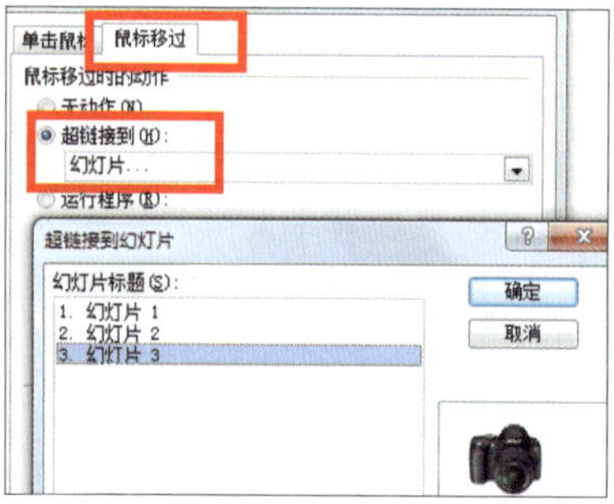

图10-20

（5）为大热区设置鼠标经过时链接到原来位置，如图10-21所示。

图10-21

（6）利用这种方法，也可以实现图片大小状态之间的切换：鼠标经过小图时将链接到大图，然后在大图的下方，放置一个比大图稍大的热区，设置成鼠标经过时链接到小图。

10.3 利用幻灯片自定义放映实现演示文档的结构控制

在使用PowerPoint制作课件的帮助或说明等模块过程中，经常会遇到跳转到一个幻灯片后，再返回原处的情况，如果用普通的超链接方法则有很多限制，具体原因如下：

超链接可以看作从一张幻灯片（称之为源幻灯片）跳转到另一张幻灯片上（称之为目标幻灯片），如果要返回源幻灯片通常需要在目标幻灯片上再设置一个返回的超级链接。但如果源幻灯片是不固定的，则超链接设置就无法实现所需要的功能，例如：我们分别需要从A，B，C，D……等不同的幻灯片跳转到帮助内容上，如果从B幻灯片跳转，则在查看帮助后就回到B幻灯片，如果是C幻灯片就返回到C幻灯片，怎么办呢（见图10-22）？

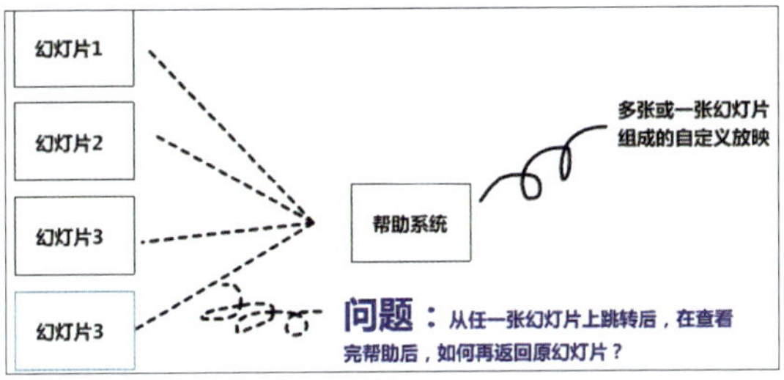

图10-22

1. 解决思路

可以利用超链接设置中的链接到自定义放映，而不是具体的幻灯片上来解决问题。（链接到自定义放映有一个特殊的设置选项：显示并返回，如图10-23所示。）

图10-23

2. 实现过程

（1）制作一张或一组相关幻灯片(如帮助模块，在这里就是第四张幻灯片)。

（2）将需要跳转的几张幻灯片（或一张幻灯片：这是是幻灯片4）添加自定义放映，如图10-24所示。

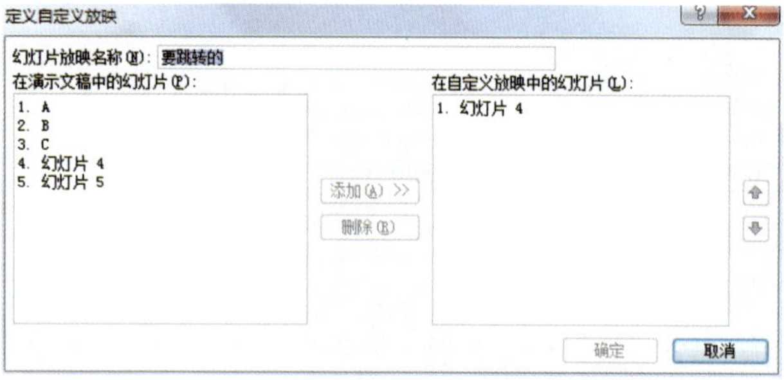

图10-24

（3）在母版的位置上放映帮助（链接按钮：案例中使用的是设置统一起链接）并且链接到相应的自定义放映。

（4）选中"显示并返回"复选框，如图10-25所示。

图10-25

注意

利用动作设置中的"超链接到最近观看的幻灯片"下拉选项，可以实现从任意幻灯片链接到一个固定位置（幻灯片）。

案例54：制作选择题

PowerPoint制作的课件一般用来在课堂中向学生展示教学内容，但也可以制作成练习型的课件，即通过PPT向学生提供练习的内容，可以是选择、填空、判断、连线等方式。

使用PowerPoint制作练习题，可以向学生及时提供反馈信息，如果使用VBA交互，则还可以实现统计学生成绩，随机出题等功能。

注意

为了让学生不能直接看到正确的答案和反馈信息，将课件的格式保存成Power Point放映格式。

这里先介绍利用触发器设置的选择题。

1. 设计思路

设计选择题，主要是设计学习者选择选项后，如何为学习者提供反馈信息。可以利用超链接（动作设置）：单击指定项后跳转到相应的幻灯片上，即如果做一个选择题则需要五张幻灯片（每一个选择提供一个反馈结果），也可以利用前面介绍的触发器，把选项制作成触发器，让它们触发各自的反馈结果则更方便。

2. 实现方法

（1）制作好题目内容和一个选项与反馈信息，如图10-26所示。

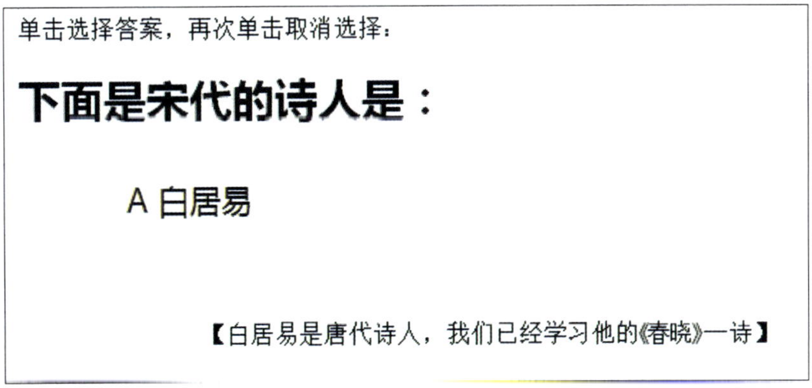
单击选择答案，再次单击取消选择：
下面是宋代的诗人是：
A 白居易
【白居易是唐代诗人，我们已经学习他的《春晓》一诗】

图10-26

（2）为提示信息添加进入和退出动画，并设置触发条件，如图10-27所示。单击选项会出现提示信息，再次单击提示信息会消失。

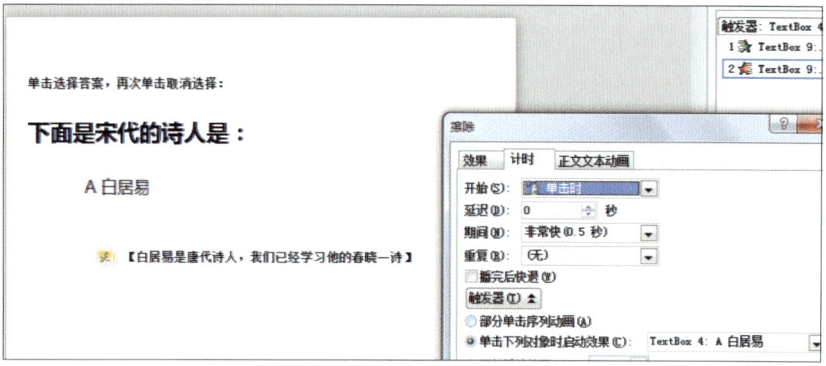

图10-27

（3）选中选项和提示信息，复制一份制作“B选项”，如图10-28所示。

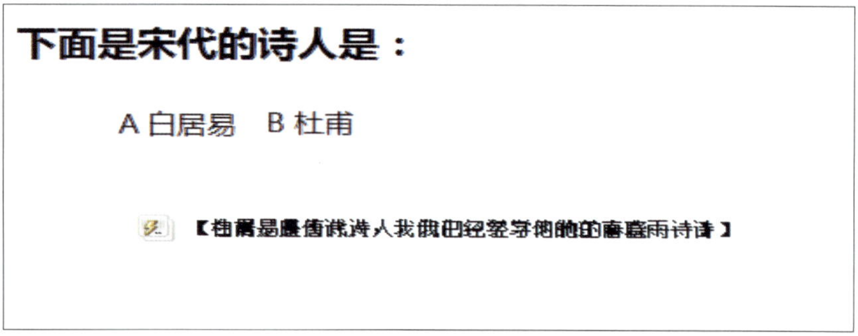

图10-28

（4）用相同的方法，制作“C选项”和“D选项”，为了防止操作时单击鼠标后切换到下一面，要取消幻灯片的单击鼠标切换选项，如图10-29所示。

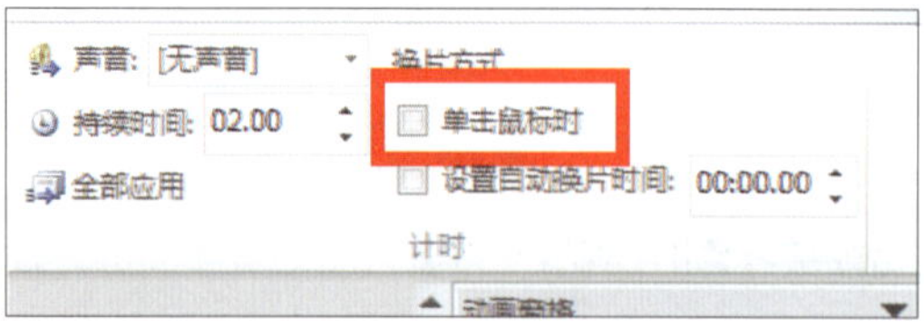

图10-29

（5）将文件保存成幻灯片放映格式，如图10-30所示。

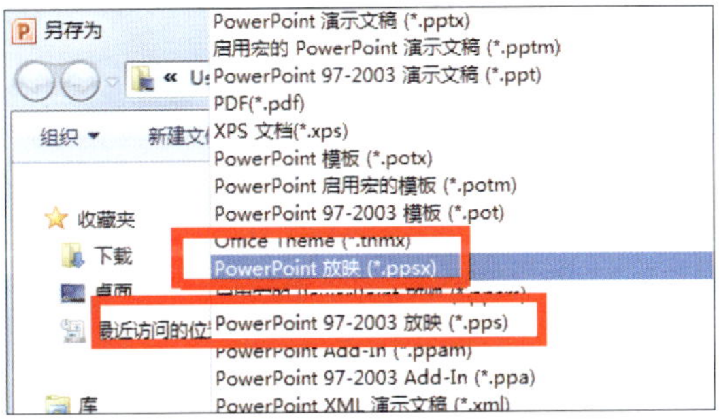

图10-30

3. 应用拓展

利用触发器设计选择题，是将选择题的选择项设置为自定义动画的触发器，利用自定义动画出现（退出）来控制选择的结果。选择题的选择项可以是多种形式，下面是一个两项选择题，分别以大的糖果和小的糖果作为触发器，如图10-31所示。

图10-31

单击大的糖果时，触发哭脸的自定义动画，哭脸出现。单击小的糖果时，触发笑脸的自定义动画，笑脸出现。

利用相同的原理，可以制作判断题和连线题（见案例53）等。

案例55：制作连线题

连线题的制作原理和选择题类似，单击连线对象会出现连线动画，所以为相应的连线动画设置触发条件就可以了。

（1）按以下内容，设置连线对象，如图10-32所示。

（2）为了方便设置触发条件，将菊花与菊花的图片组合成一个对象，用同样的方法处理莲花和牡丹的图片。

（3）为三条线设置相应的动画再现方式。

（4）为三个连线动画设置触发条件，如图10-33所示（读者制作的对象名称和此图中可能并不一致，理解原理即可）。

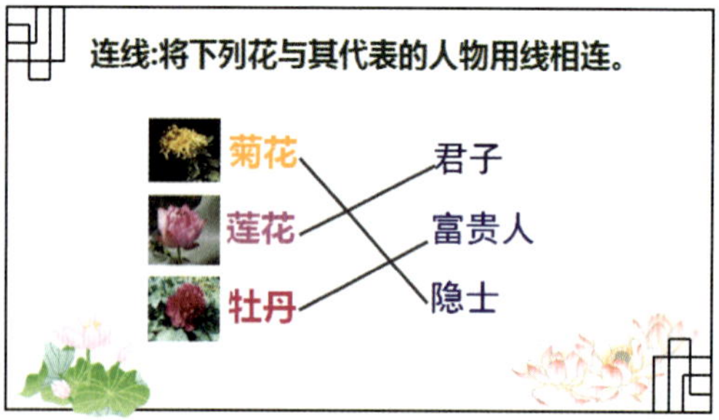

图10-32

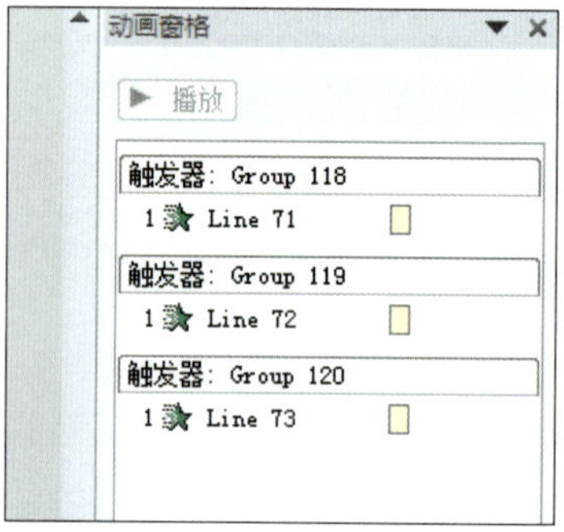

图10-33

案例56：制作填空题

1. 设计思想

填空题是一种常见的练习形式，在PowerPoint中实现填空的效果一般有以下几种方式。

（1）使用一张幻灯片制作填空的题目，再制作另一张“带答案”的幻灯片，在填空的位置设置一个超链接，可以跳转到带答案的幻灯片上。

使用这种方式制作填空题，需要设计许多张幻灯片，设置和控制也比较麻烦。

（2）将答案选项和题目制作在同一张幻灯片上，为答案选项添加进入和退出两种自定义动画，然后在填空的位置添加一个透明的形状用来作为触发器，控制答案的显示还是隐藏。

2. 实现方法

具体实现方法如图10-34和图10-35所示。

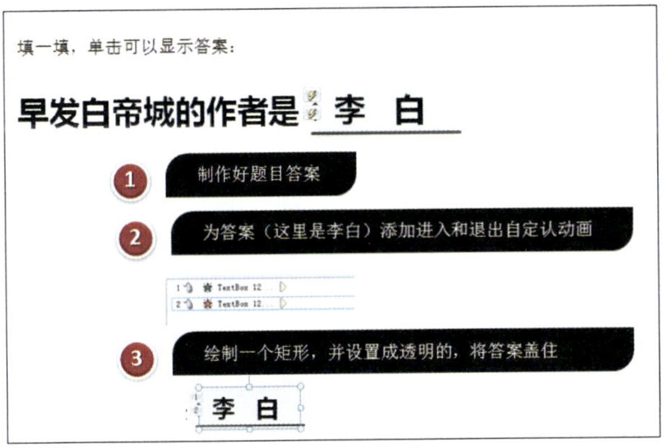
填一填，单击可以显示答案：
早发白帝城的作者是 李 白
1 制作好题目答案
2 为答案（这里是李白）添加进入和退出自定认动画
3 绘制一个矩形，并设置成透明的，将答案盖住
李 白

图10-34

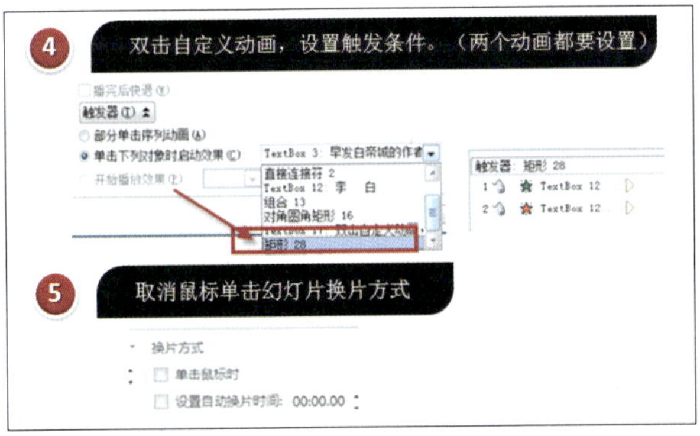
4 双击自定义动画，设置触发条件。（两个动画都要设置）
触发器(I)
部分单击序列动画(A)
单击下列对象时启动效果(C)
TextBox 3: 早发白帝城的作者
直接连接符 2
TextBox 12: 李 白
组合 13
对角圆角矩形 16
矩形 28
触发器: 矩形 28
5 取消鼠标单击幻灯片换片方式
换片方式
单击鼠标时
设置自动换片时间: 00:00.00

图10-35

10.4 认识PowerPoint中的VBA技术

很多人认为PowerPoint做不出很好的人机交互效果，实际上这种看法是错误的。这是因为我们并没有深入了解它，如之前介绍的案例，利用PowerPoint自身的自定义动画

与触发器的确无法完成响应用户输入文字、随机出题、拖动物体等交互方式，但PowerPoint还有一个利器——VBA，利用VBA可以轻松实现这些交互设置。

1. 什么是VBA

VBA是微软专为Office系列软件（如Excel，Word当然也有PowerPoint等）[1]设计的编程语言，它是Visual Basic的一个子集，与其他程序设计语言相比，其最大的特点就是：简单、易学、灵活。

它是PowerPoint能听得懂的一种语言，通过它，你可以控制PPT中的一切，如幻灯片、图片、文本……

2. 在哪里写VBA

如果你使用的是PowerPoint 2007或2010，可以参考前面在PowerPoint中插入Flash动画的方法，打开“开发工具”选项卡，在里面会看到有一个控件工具箱，如图10-36所示。

图10-36

如果你使用的是PowerPoint 2003，可以在“视图”菜单中的工具栏命令中选择控件工具箱。

在这里有很多控件，如按钮、文本框、列表框、单选按钮等。选择一个控件，如按钮，然后就可以在幻灯片中拖动鼠标“画”出它们，如图10-37所示。

如果想更改它的外观，则可以在按钮上单击鼠标右键，在弹出的菜单中选择“属性”命令，在弹出的对话框中进行设置，如图10-38所示。

1. VBA不限于Office软件的使用，现在有很多软件也支持VBA，如AutoCAD等。

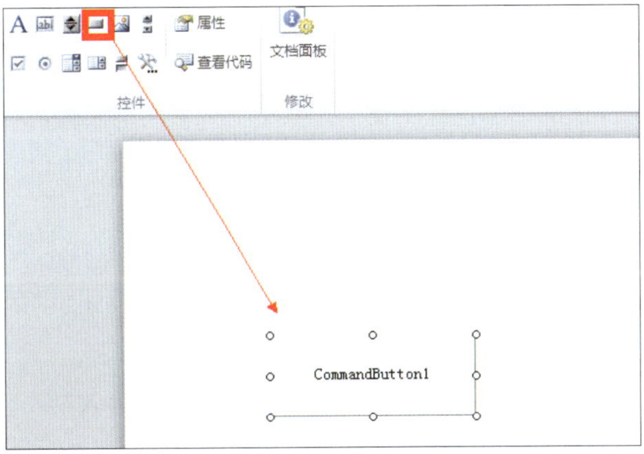

图10-37

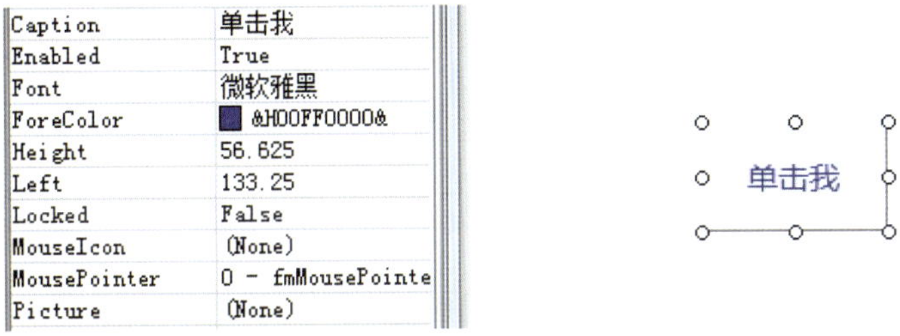

图10-38

双击它就可以编写VBA了，如图10-39所示。

图10-39

以后再放映幻灯片时，单击cmd1按钮，就会执行上面输入的命令。

案例57：弹出提示信息

在课件中，经常需要向用户提供反馈的信息，弹出窗口是其中一种常用的方式，利用VBA中的msgbox()命令[1]即可轻松完成这样的任务。

（1）按前面介绍的方法，在幻灯片中插入一个按钮，双击按钮，输入：

```
MsgBox ("你做得真棒！")
```

注意

弹出的信息要放在引号内，引号和小括号使用的是英文符号，如果输入的是中文全角符号，则会运行出错，如图10-40所示。

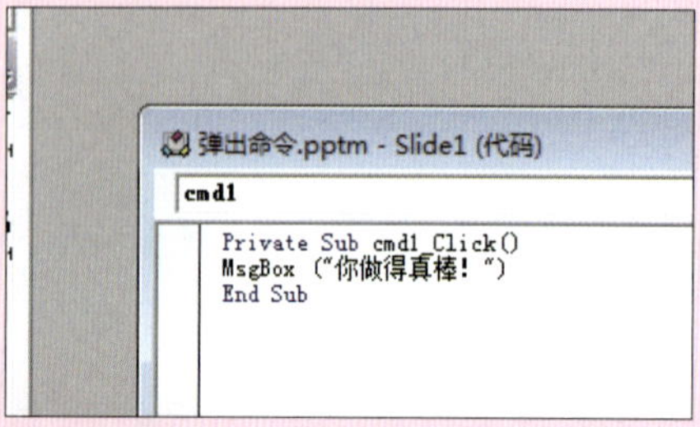

图10-40

（2）保存文件。使用了VBA的PowerPoint在保存时要选择启用宏的格式，如图10-41所示。

（3）放映PowerPoint。单击设置好的按钮，就会弹出如图10-42所示的提示窗口。

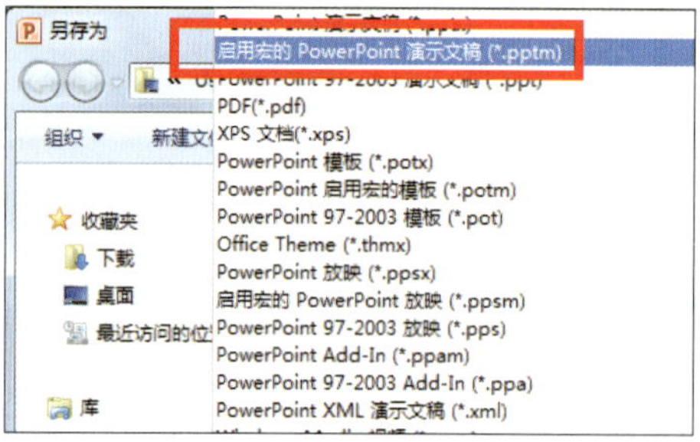

图10-41

图10-42

1. 专业一点的说法应当叫函数。

案例58：输入文本

利用控件箱中的文本框，可以让用户在放映幻灯片时输入内容，下面制作一个加法练习题。

（1）选择文本框和按钮控件，如图10-43所示，制作好题目。

（2）设置文本框和按钮的属性，如图10-44所示。

图10-43

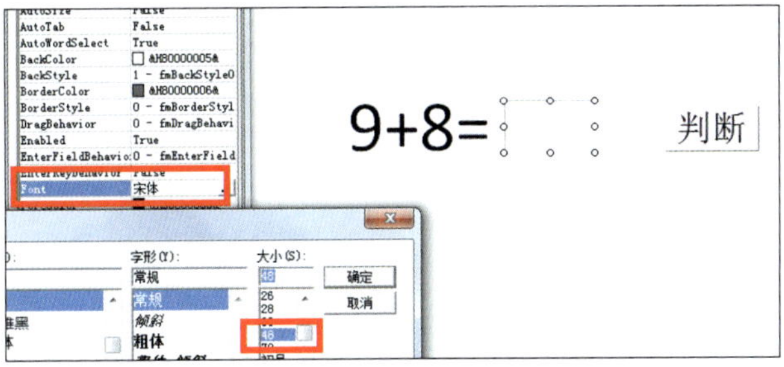

图10-44

（3）双击判断按钮，在按钮的单击事件中输入以下命令：

```
If TextBox1.Text = 17 Then
MsgBox ("做对了！")
Else
MsgBox ("你再想一想")
End If
```

注意

在这里使用IF语句对输入文本框中的内容做判断，如果输入的值为17则输出正确的反馈结果，如果输入的值不为17就会输出错误的反馈结果。

（4）放映PowerPoint，如图10-45所示。

图10-45

案例59：随机听写单词

如果你想实现上面的随机出题的功能，可以参考本案例中的随机听写单词的方法。

（1）制作如图10-46所示的界面。

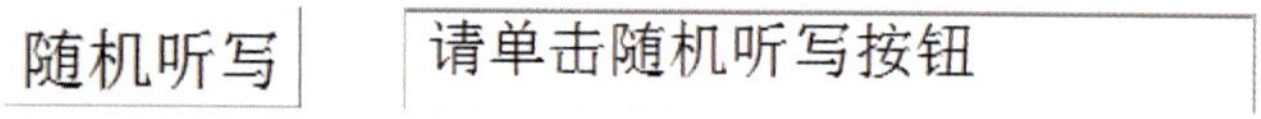

图10-46

注意

文本框中出现的默认值是修改TextBox1控件的text属性实现的。

（2）双击按钮输入以下命令：

```
Dim a As Integer
a = Int((10 * Rnd) + 1)
Select Case a
 Case 1
TextBox1.Text = "hand"
 Case 2
TextBox1.Text = "ear"
 Case 3
TextBox1.Text = "eye"
 Case 4
TextBox1.Text = "nose"
 Case 5
TextBox1.Text = "foot"
 Case 6
TextBox1.Text = "leg"
 Case 7
TextBox1.Text = "finger"
 Case 8
TextBox1.Text = "nail"
 Case 9
TextBox1.Text = "tooth"
 Case 10
TextBox1.Text = "neck"
```

```
End Select
Beep
```

注意

此处使用了Select Case的语句来实现多分支选择，如果分支较少，则也可以使用前面介绍的IF语句。

实现随机出现单词的功能是使用Rnd命令生成一个0～1的随机数，但a = Int((10 * Rnd) + 1)正好在1～10，这样就可以从中随机选择一个单词。

利用这样的方法还可以制作随机点名等课件。

（3）放映PowerPoint，效果如图10-47所示。

图10-47

10.5 认识PowerPoint中的宏

宏是微软Office软件中提供的一个重要工具，宏实际是可自动执行任务的一项或一组操作，因此宏是一种程序（使用VBA语言），利用宏可以实现批处理操作，可以完成指定Office中的任何操作，如自动新建文档、插入指定文档、设置对象格式等。

在Office 2003软件里，你可以录制宏：将你当前操作步骤录制成一个宏，然后通过运行宏，就可以重复实现操作。PowerPoint中的宏也是如此，你也可以把它看成VBA的一种应用环境，通过宏来编写管理VBA代码。

在PowerPoint的“开发工具”选项卡中选择宏命令，如图10-48所示。在打开的对话框中可以新建、编辑、删除宏、指定宏的作用范围。

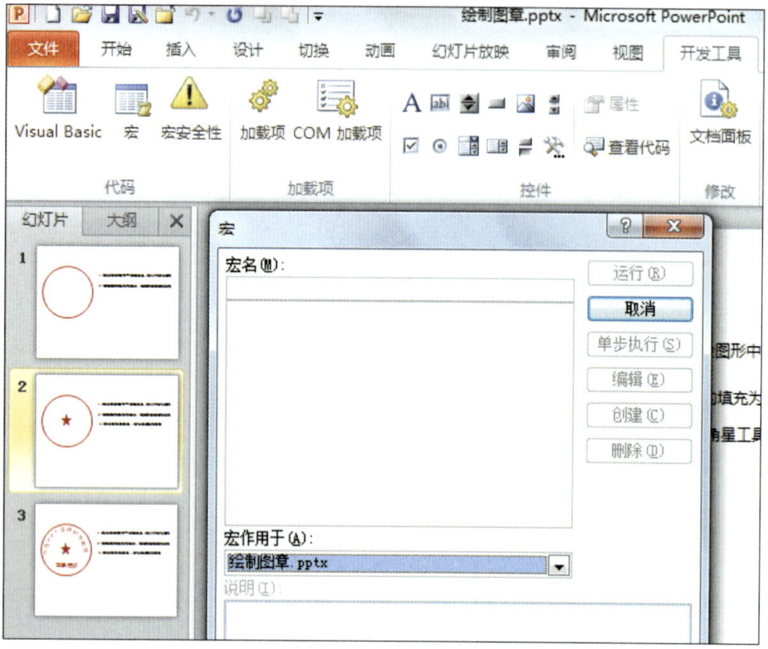

图10-48

下面通过一个实例——控制小球在幻灯片上的移动来讲解宏的应用。

（1）绘制一个小球和两个箭头，箭头是用来控制小球运动的，如图10-49所示。

（2）新建宏名称分别设为leftIt和rightIt，如图10-50所示。

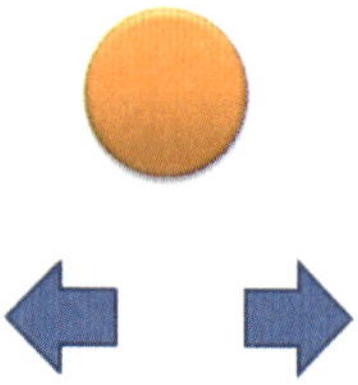

图10-49

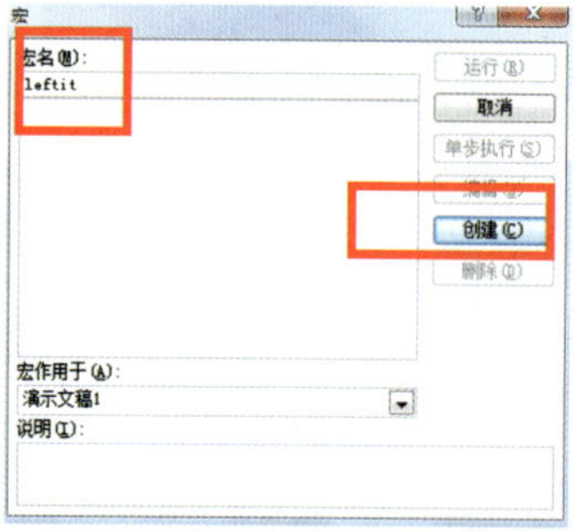

图10-50

让小球每次向左移动一些距离，宏代码如下：

```
Public Sub leftIt()
    Dim sp As Shape
```

```
    Set sp = PowerPoint.ActivePresentation.Slides(1).Shapes("my_
circle")
    sp.IncrementLeft -10
End Sub
```

相应的制作向右移动的宏：

```
Public Sub rightIt()
        Dim sp As Shape
        Set sp = PowerPoint.ActivePresentation.Slides(1).Shapes(“my
 _circle”)
        sp.IncrementRight 10
End Sub
```

（3）指定宏运行的条件。如向左的箭头，指定向左运行的宏。指定宏的条件是通过为对象添加动作来实现的，如图10-51所示。

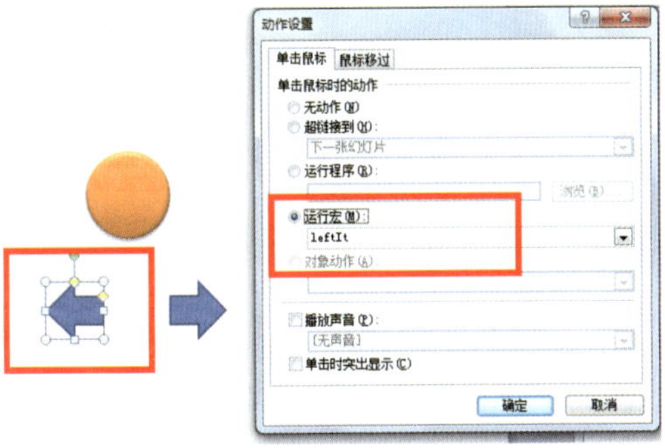

图10-51

第11章

PowerPoint课件制作实例

本章通过摄影教程课件制作实例介绍了课件制作一般过程，特别是在课件制作过程中课件内容的选择、教学问题的解决方法和界面设计重点内容。

制作课件要先明确解决的问题是设计解决方案，整理编辑素材等，下面我们看一看摄影教程课件制作过程和方法。

摄影是教育技术学专业的一门基础课程。摄影教程的课件是为了让学习者了解一些基本的摄影知识，掌握一定的构图、拍摄技巧以及曝光规律，为学习者深入了解照相机的结构提供直观经验，帮助学习者熟悉拍摄流程。同时此课件也可以作为摄影爱好者的一个辅助学习材料。利用PowerPoint设计与制作摄影教程的课件主要目标为学习者提供照相机结构图解、不同拍摄条件对拍摄结果的影响、摄影核心词汇解读以及摄影作品的赏析等内容。

11.1 课件的教学设计

1. 教学对象分析

摄影教程的课件主要是面向教育技术专业的学生和一些摄影爱好者，他们对摄影有着比较浓厚的兴趣，大多数人有使用数码照相机和手机拍摄的经验，虽然了解基本的拍摄操作，认识照相机，但对单反照相机的结构认识不足，同时对摄影基础理论和术语缺乏认识，即只知道如何做，但却不知所以然，如不了解景深、光圈、快门速度对照片有何影响。

2. 教学内容分析

摄影教程主要内容包括：了解照相机及其结构，掌握照相机的基本操作，掌握摄影基础技术聚焦、测光、曝光，以及各种题材照片的拍摄技巧等，了解基础的摄影构图知识，能够对摄影作品进行评价。

具体的内容分析，可以借助概念图或思维导图建立知识内容之间的结构，如图11-1所示。

注意

可以根据实际情况，对自己的课件内容进行详细分析，找出重点与难点，以及它们之间的联系，这样不仅可以帮助自己梳理教学知识，而且对于课件的框架结构与导航设计有很大的帮助。

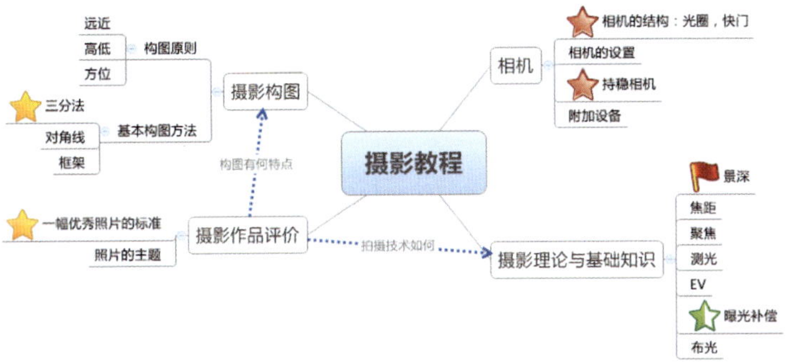

图11-1

3. 课件要解决什么样的问题（包括教学策略设计）

在对教学内容进行分析的基础上，学生对于照相机的光圈、景深、EV等概念理解有困难，同时对曝光补偿与拍摄照片效果认识不够，不了解如何使用数码照相机进行聚焦/合焦的方法。同时教材中的摄影构图介绍的知识比较抽象，没有相应的实例与作品分析。

因此要想利用课件解决这些问题，需要罗列如下内容。

为学习者提供照相机镜头的剖面图和镜头光圈变化以及光线进入镜头的动画，帮助学习者理解光圈的概念，以及光圈的表示方法。

为学习者提供不同的景深照片实例，分析照片，让学习者理解景深的概念。

提供不同光圈、焦距拍摄出同一物体的照片，分析光圈与焦距对景深的影响。

提供不同的曝光组合拍摄照片，帮助学习者理解曝光的概念。

为学习者提供分析照片的范例，让学习者了解如何评价照片。

……

11.2 课件素材收集、编辑与制作

课件的素材主要包括照相机及照相机结构的图片、单击按钮的声音、照相机拍摄时的声音、拍摄过程相关动画/视频等。

一些动画可以通过PowerPoint自身的自定义动画来实现。对于这些素材的收集与处理，请参考相应的各章知识。

11.3 课件界面和导航设计

根据前面的教学内容分析和课件主要问题的解析，我们将课件主体分为以下几个部分，如图11-2所示。

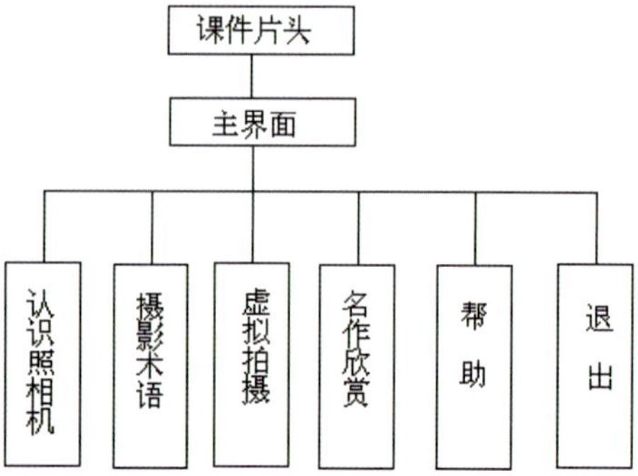

图11-2

◎ 认识照相机

学习摄影，首先要熟悉手中的照相机，这正是所谓的“工欲善其事，必先利其器”。只有很好地了解照相机的功能，才能拍摄出自己想要的照片。这部分内容主要介绍了照相机的结构和常见的几种照相机类型，特别是对照相机的主要组成部分——快门和镜头做了重点介绍。

◎ 摄影术语

聚焦和焦距、测光和曝光、景深和构图这些都是使用“135照相机”和进一步学习摄影所必须掌握的，是摄影课程中的基本概念，在这里结合文字和图片对这些概念做了很好的解释。

◎ 虚拟拍摄

这里为学习者提供了一个虚拟拍摄的实践机会，主要让学习者在没有照相机的情况下，也可以掌握基本的照相机操作步骤以及曝光调整规律。

◎ 名作欣赏

对学习摄影的人来说，“模仿”是最好的老师。在这一部分内容中，提供了世界上著名摄影大师的经典作品，从中可以体会摄影构图和拍摄技巧，提高自己的审美和艺术鉴赏力。

◎ 帮助

制作课件，我们要追求精益求精，但是实际上并不存在十全十美的东西，特别是对不可知的使用者和运行环境，课件在运行时候有可能会出现一些问题。所以我们对课件的运行环境、操作提供说明，对可能出现的常见问题提供可行的解决办法和途径，有的时候还要为学习者提供一个交流讨论的环境或动态的操作提示。所有这些都是“帮助”要考虑的。本课件的帮助说明并不完善，只是对课件的运行环境做了简单说明，有兴趣的读者可以自己重新设计。

1. 课件的片头设计（如图11-3所示）

图11-3

课件的片头可以插入Flash动画，在网上可以找到一些图片素材作为片头。也可以使用PowerPoint自行制作，可以设计成照片轮番展现的形式。

片头中所使用的元素与课件内容主题相符即可。

2. 课件的封面（如图11-4所示）

图11-4

课件的封面提供了授课者的基本信息，采用了阴影、半透明，以及渐变的修饰方法。

3. 课件的主界面（如图11-5所示）

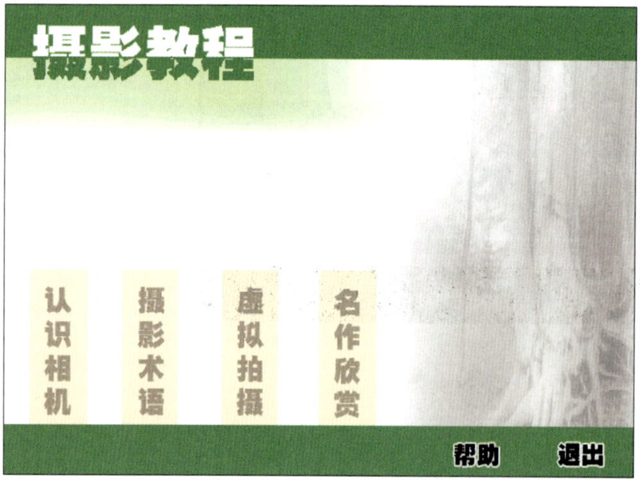

图11-5

课件的主界面提供了课件基本内容导航，注意双色字和描边文字实现方法，背景中渐变图像可以使用遮挡方法实现。

4. 课件的各内容界面

认识照相机单元的界面，如图11-6所示。

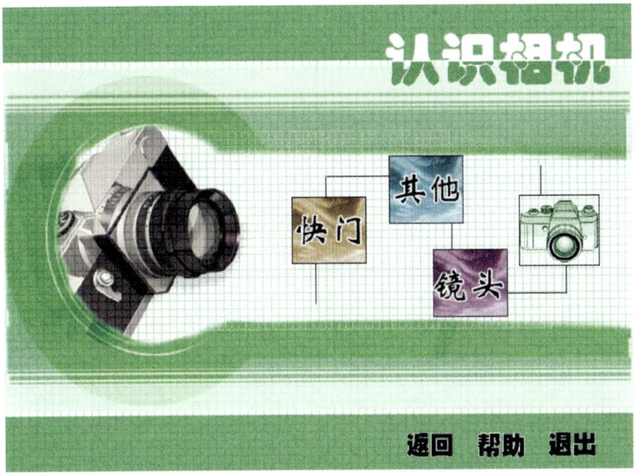
认识相机
其他
快门
镜头
返回
帮助
退出

图11-6

认识照相机单元中的光圈界面，如图11-7所示。

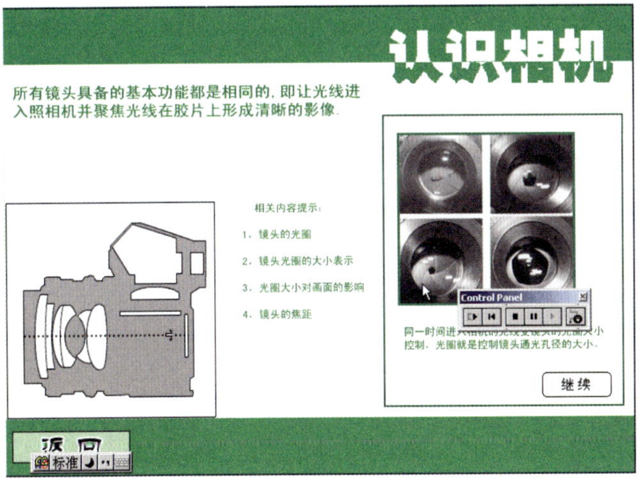
认识相机
所有镜头具备的基本功能都是相同的，即让光线进入照相机并聚焦光线在胶片上形成清晰的影像.
相关内容提示:
1. 镜头的光圈
2. 镜头光圈的大小表示
3. 光圈大小对画面的影响
4. 镜头的焦距
Control Panel
控制. 光圈就是控制镜头通光孔径的大小.
继续
标准

图11-7

认识快门单元的子界面，如图11-8所示。

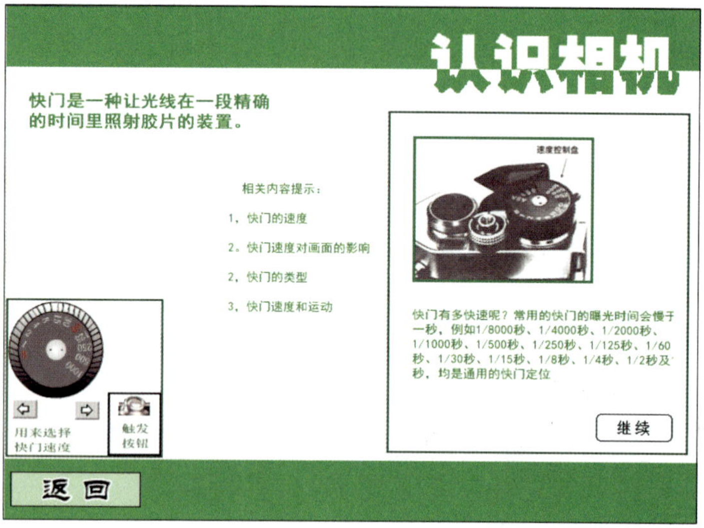

图11-8

摄影术语单元的了解界面，如图11-9所示。

图11-9

名作赏析单元的子界面，可以根据照片大小，调整文本框的大小，如图所11-10示。

图11-10

11.4 课件的交互功能实现

1. 调整照相机光圈大小的功能实现

（1）将光圈的素材图片插入幻灯片，如图11-11所示。

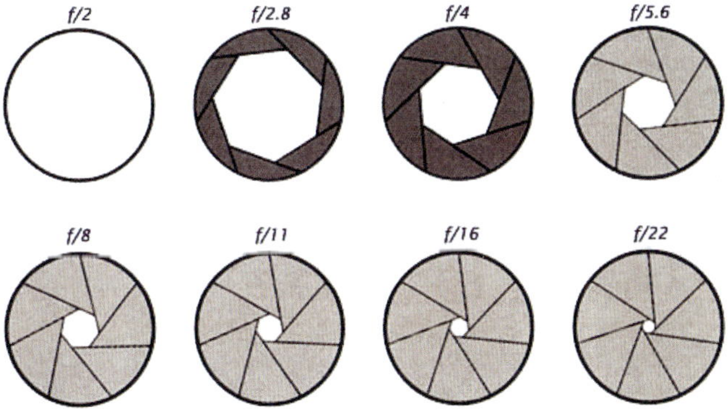

图11-11

（2）利用裁切功能，将素材图片分成两行，并去除上面的标示符号，按光圈由小到大，从左到右排列，并组合成一个对象，如图11-12所示。

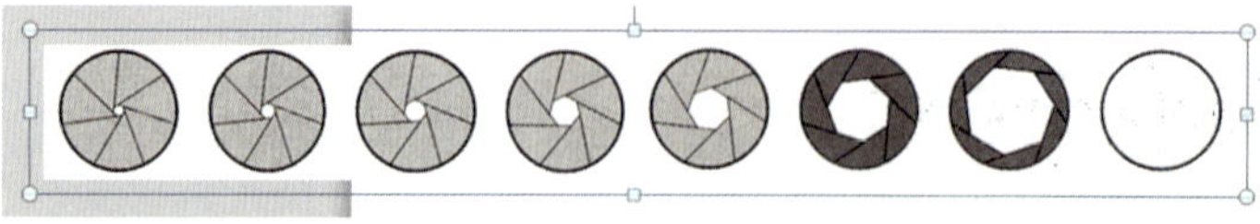

图11-12

（3）为镜头组合的对象添加一个从左到右的直线运动自定义动画，触发条件是单击向右的键头，如图11-13所示。

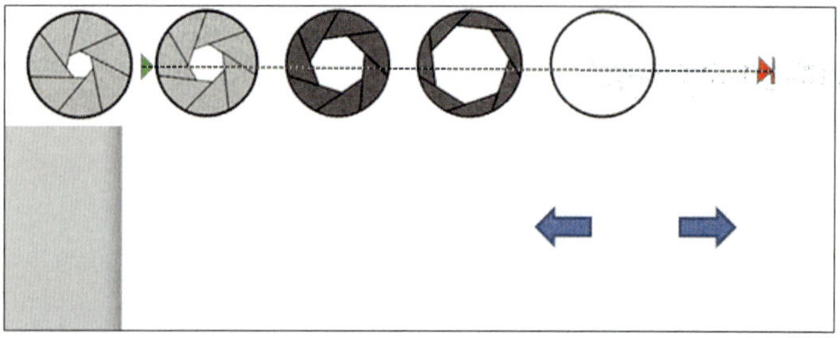

图11-13

（4）复制镜头组合对象，用相同的方法制作触发动画，有几个光圈就做几个动画，如图11-14所示。

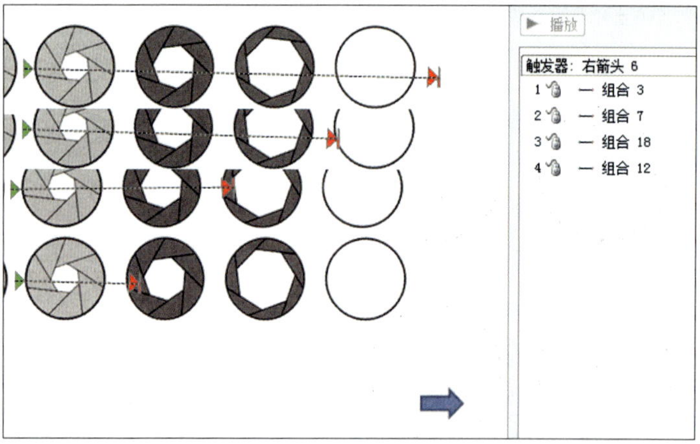

图11-14

（5）将镜头对象适当的重叠，并进行适当的遮挡，如图11-15所示。

这样就实现了单击向右的键头改变光圈大小的效果。

利用相同的方法，可以在另一张幻灯片制作出单击向左箭头，减小光圈的效果。

2. 虚拟拍摄功能的实现

（1）虚拟拍摄的功能之一是让学习者了解曝光量对照片效果的影响，设计成在相同光照条件下，使用不同的曝光量拍摄照片效果的展示。

插入一张曝光正常的照片，然后复制两份，通过调整图片的亮度对比度，改变其他两种图片，如图11-16所示。

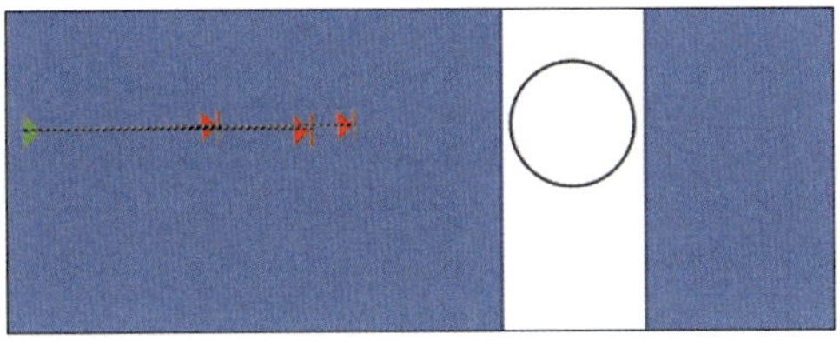

图11-15

图11-16

注意

在PowerPoint 2003中用图片工具栏上的对比度调节按钮进行设置。

（2）按如图11-17所示的界面进行设置，添加三个不同的拍摄曝光结合。通过单击不同的曝光组合，观察不同的拍摄效果。

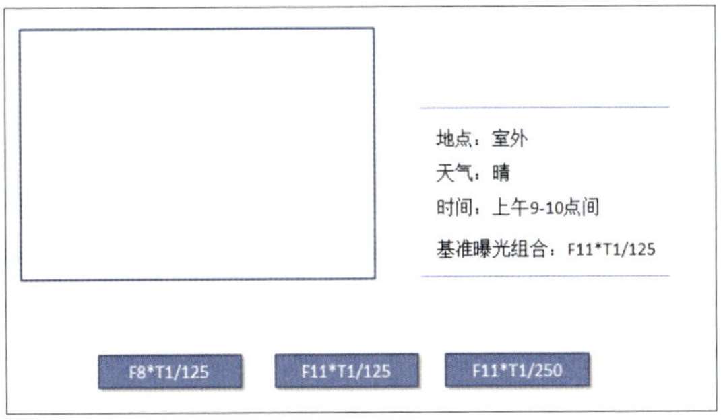

图11-17

（3）先设置三个图像的出现动画，根据曝光对它们设置合适的触发条件。

（4）为每一个图像分别添加两个退出动画，主要目的是保证单击曝光组合时，拍摄照片能正确显示出来，如图11-18所示。

（5）第一个对象应当有三个自定义动画，一个进入，两个退出。对动画的同步方式进行设置，消失动画设置为同步于进入动画（在上一动画之后或同时都可以）如图11-19所示。

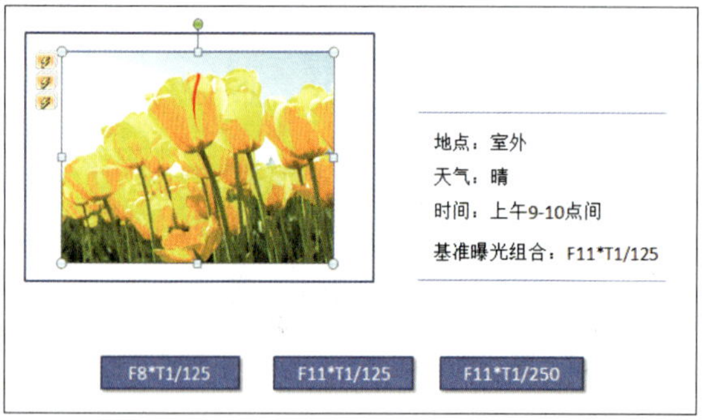

图11-18

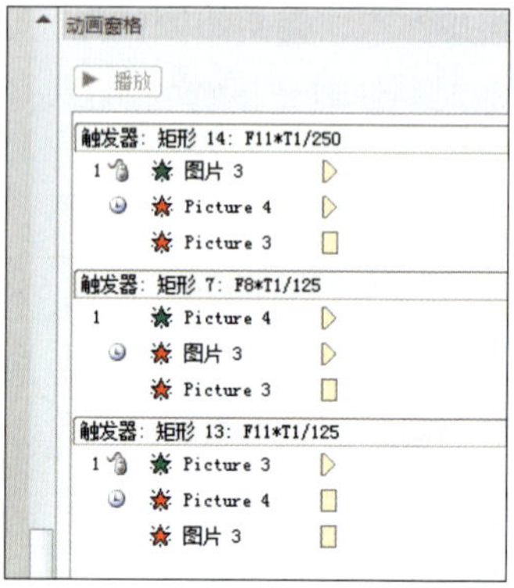

图11-19

11.5 课件的放映与格式设置

因为在课件中已经设计了独立的内容导航，所以可以将鼠标单击切换幻灯片功能取消。

在名作赏析时，让播放的背景音乐与课件存储的文件夹相对位置不变。嵌入课件制作中使用的微软雅黑及其他特别字体，将课件保存成演示文档放映格式。

11.6 用PPT制作微课——以小学数学问题链子的长度为例

微课是一种以视频为主要形式的教学资源，微课与课件有很大的不同，最本质的区别在于本书中介绍的课件主要是指教师在课堂环境中使用的，而微课则是学生自主学习使用的材料。所以制作微课要从学生“自主”学习这个情境来考量，而且很可能学生与教师并非处于“面对面”的环境中。另外微课都很“小”，微课之所以“微”就是指微课的内容往往仅聚集一个具体的问题或一个知识点，下面以一个小学三年级数学题“链子的长度”为例来介绍用PPT如何制作微课。

1. 微课的选题

微课内容一般聚焦于一个具体的知识点，在实际教学中教师也可以根据学生常错题、难题制作“视频”，可以省去重复讲解过程。“链子的长度”是小学三年级数学中的一个测难题，很多学生初次接触这种类型题目的时候，通常感觉重叠部分的长度计算起来很困难，有时会重复计算，造成解题错误。通过“微课视频”为学生提供解题过程，并步步引导学生推理和思考，可以帮助学生掌握解决此类问题的规律。

2. 微课设计

微课解题只是一个具体习题的讲解，重点是要“说清楚”解题思路和推理方法。在PPT中绘制链子连接的示意图，并在演示过程中提供标记和解说。

3. 微课制作

使用PPT制作微课时，PPT成为微课内容的主要载体，要像做课件一样，做好教学内容，如图11-20所示。

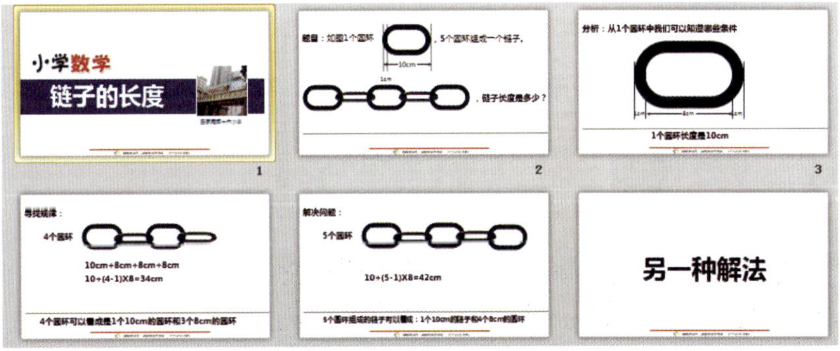

图11-20

在设计教学内容时，需要考虑为方便解说控制内容的呈现顺序，可以设计自定义动画控制内容的呈现顺序。

这个微课不是直接将PPT另存为视频，而是使用Camtasia这个工具（也可以使用我们前面介绍的FastStone Capture）录制PPT的放映过程。

这里之所以没有采用将PPT另存为的方法生成视频，是因为在推理过程中需要强调的细节较多，设计成自定义动画较为烦琐，采用录制的方法，可以在录制过程中标注要点，也可以在录制后视频编辑中标识。

Camtasia在录制过程中，可以使用creenDraw功能（按Ctrl+Shift+D组合键）添加标注。在录制过程中需要选择录制声音选项，也可以在后期重新配音，直接录制声音能更好把握声音的时间长短，如图11-21所示。

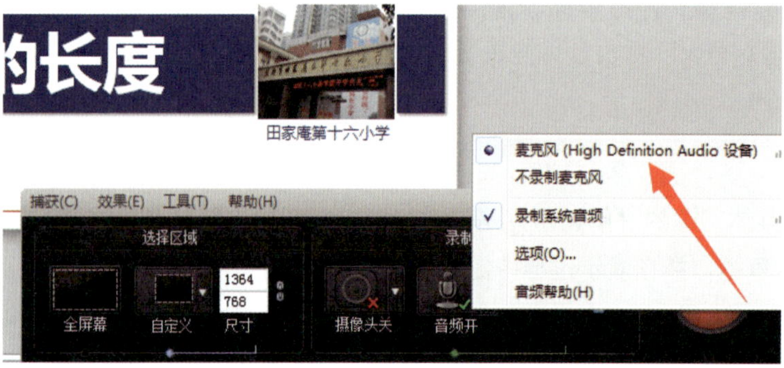

图11-21

录制PPT的放映和解说过程后，在Camtasia时间轴上可以对录制的视频进行剪辑，如图11-22所示。

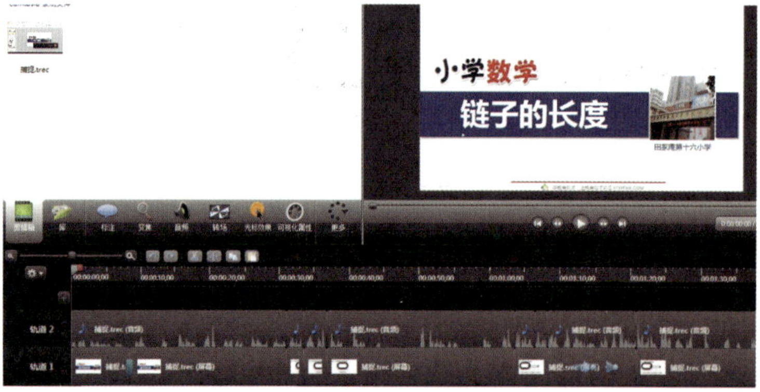

图11-22

在这里主要是进行对多余部分分割、删除，添加标注信息，添加缩放效果（变焦）强调细节内容等操作。

4. 微课生成与发布

微课一般采用视频格式发布，因为视频集解说与图文于一体，可以在多种设备上播放，学生易于自主观看，一般微课视频保存为MP4格式，如图11-23所示。

图11-23

可以根据教学需要选择相应的视频分辨率，一般选择720P。制作微课主要是给学生观看，如果使用微课成了一种常态的教学方法（模式），则学生获取微课资源的途径也是至关重要的。

第12章

PowerPoint课件打包技术

本章主要解决PowerPoint课件在发布过程中可能遇到的软件兼容、字体显示、媒体链接和内容保护问题，学习的重点是了解各种存储格式特点和放映设置，能够根据实际需要选择相应的发布形式。本章的难点是借助第三方工具（见第14章）将PPT发布为SWF等格式。

制作课件的目的之一是通过课件实现教学资源共享。同时课件也体现了课件设计者和制作者对教学内容的加工，课件也成为教师之间交流的结合点，设计和制作课件也是教师积累教学经验和资源的有效方法。

12.1 概述

使用PowerPoint制作的课件可以非常方便地在不同的计算机上运行，当然前提是你的计算机使用的是Windows系统（Windows XP、Vista、Windows 7等都可以），并且安装了相应版本的Office软件。

但在很多情况下，设计制作课件的计算机并非是播放课件的计算机，此时可能会出现以下一些意想不到的问题。

（1）插入的声音和视频文件播放不了；

（2）课件里的字体效果变了，以前用的是一种字体，显示出来的却是另外一种字体效果；

（3）插入的Flash动画播放不了；

（4）提示PowerPoint版本不对，如果你想使用PowerPoint 2003来播放PowerPoint 2010格式的文档，那么课件当然无法打开了。

除了这些问题，课件在使用和传播过程中另一个让人头痛的问题就是课件的版权问题。有人希望通过网络或其他途径传播分享自己的课件，但又不愿意别人把它改得面目全非，更有甚者只改了一个名字，就把课件“据为己有”了。

12.2 利用PowerPoint打包功能，让课件随时随地播放

PowerPoint具有非常强大的多媒体集成能力，可以将视频、声音、图片等多媒体内容整合在一起。

但PowerPoint有时没有将声音文件，以及视频文件嵌入到幻灯片中，而是以链接的方式使用这些多媒体内容，这种方式虽然可以减小课件主文件的体积，方便多媒体内容

修改和编辑，但如果移动课件后就容易造成链接文件丢失或路径错误等问题。

PowerPoint提供了打包功能，可以自动将课件使用的外部资源组织在一起，并且提供了PowerPoint播放器，即使在没有安装PowerPoint的计算机上也可以运行。

（1）在PowerPoint 2003版本中，可以直接利用“文件”菜单中的“打包…”命令，按照向导完成课件打包。

（2）在PowerPoint 2010版本中，可以通过“文件”选项卡中的“保存和发送”命令，将演示文稿转换成CD，如图12-1所示。

图12-1

注意

此处选择的命令是“打包成CD”，弹出“打包成CD”对话框，如图12-2所示，如果你选择“复制到CD”命令，会将这些内容刻录成光盘。

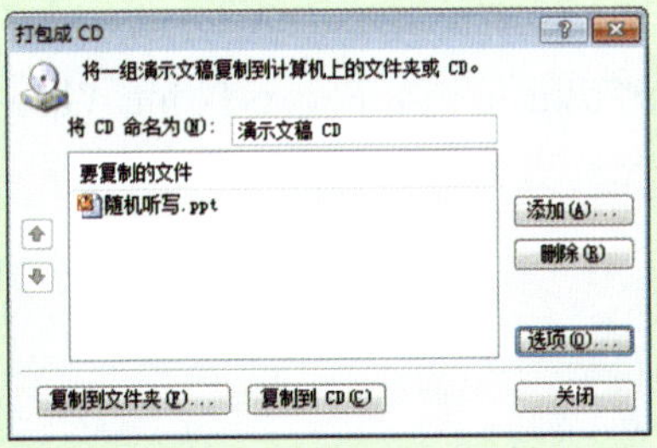

图12-2

但你可以选择“复制到文件夹”命令，如图12-3所示。

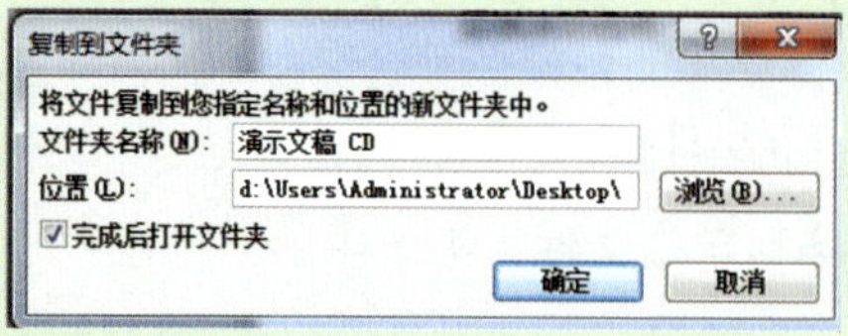

图12-3

确定要复制的内容，如图12-4所示。

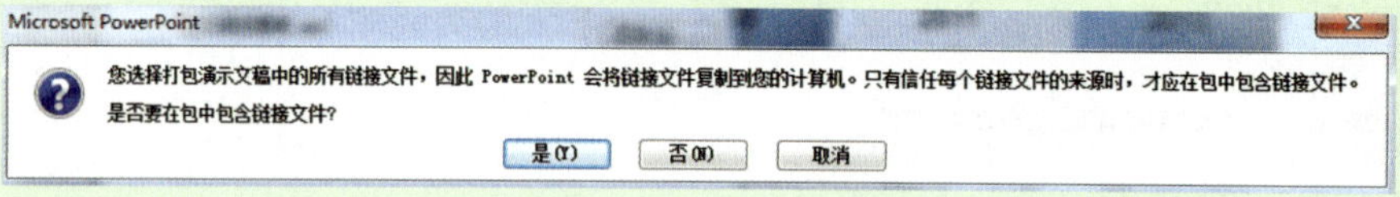

图12-4

在将课件打包功能中，也提供了课件内容保护，以及字体的设置，如图12-5所示。

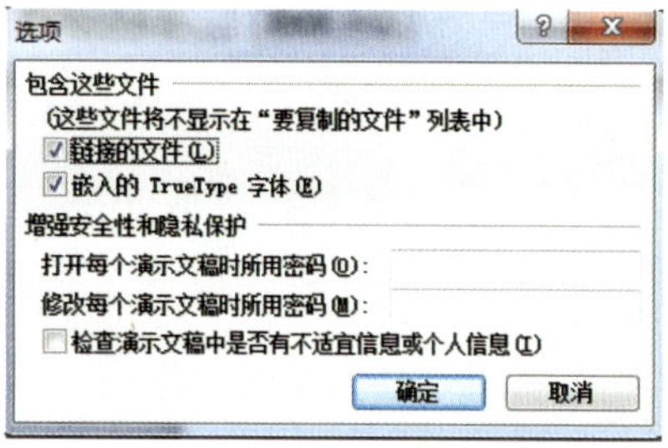

图12-5

如果课件在打包过程中（针对PowerPoint 2010）没有提供PowerPoint Viewer程序（可以在没有安装PowerPoint的计算机上查看PowerPoint），关于PowerPoint Viewer的功能和下载地址请参考第14章。

12.3 PPT课件完成后的优化

如果觉得使用打包功能太麻烦，而且使用打包会大大增加课件的体积，可以在发布前对课件进行一些优化，同样可以保证课件可以在每一台计算机上正确播放。

1. 嵌入字体

如果你使用了特别的字体，在最后一次保存时要嵌入字体。可以利用文件另存为对话框中的工具设置保存选项，如图12-6所示。

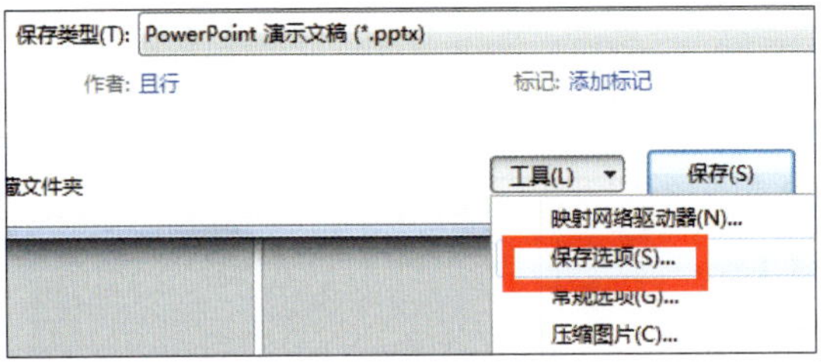

图12-6

选择将字体嵌入文件选项，如图12-7所示。

2. 压缩图片

在“另存为”对话框中的压缩图片选项中可以为播放的课件选择比较低的分辨率，如图12-8所示。

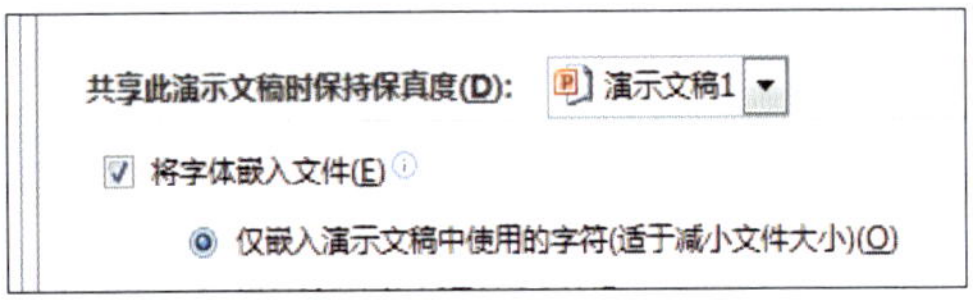

图12-7

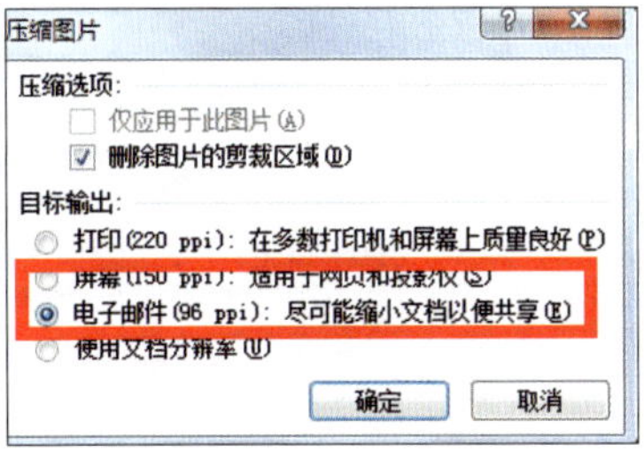

图12-8

如果你的幻灯片里使用的图片比较多，压缩后PPT课件体积会变小很多，如图12-9所示。

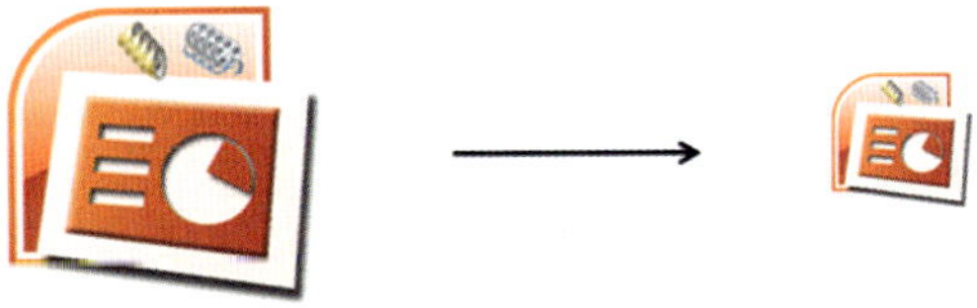

图12-9

3. 文件路径

如果你使用的是PowerPoint 2007或2010版本，无须担心媒体文件的路径问题，因为在默认情况下，它们是嵌入在幻灯片中的，除非你在插入媒体时特别选择了以链接方式插入，如图12-10所示。

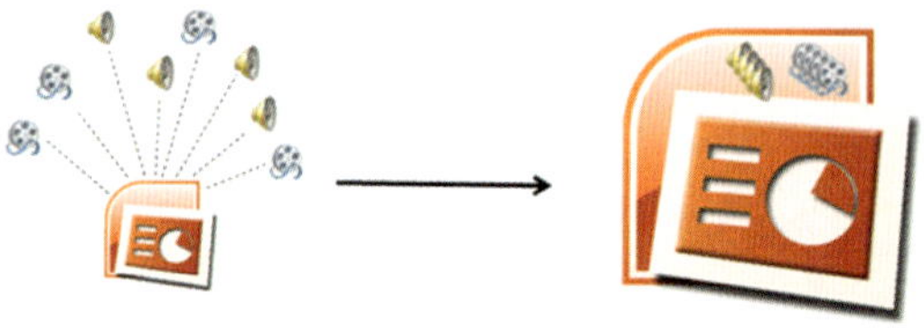

图12-10

在PowerPoint 2010中提供了兼容性检查，为了保证制作的课件能够正常播放，可以先进行兼容性检查，如图12-11所示。

信息
最近所用文件
新建
打印
保存并发送
帮助
选项
退出
转换
某些新功能被禁用，以便改善与早期版本 PowerPoint 的兼容性。升级到当前文件格式将启用这些新功能。受影响的对象包括图表和媒体对象。
优化兼容性
是否计划在其他计算机上传递此演示文稿? 优化媒体兼容性可改进您的体验。
使用 PowerPoint 的以前版本插入了 2 个媒体文件。如果要针对兼容性优化这些文件，请升级文件格式。
检查文档(I)
检查演示文稿中是否有隐藏的属性或个人信息。
检查辅助功能(A)
检查演示文稿中残障人士可能难以阅读的内容。
并更改此演示文稿的任何部分。
检查是否有早期版本的 PowerPoint 不支持的功能。
检查问题
准备共享
在共享此文件前，请注意其包含以下内容:
文档属性、作者的姓名和裁剪图像数据
演示文稿备注

图12-11

通过PowerPoint文件中的信息检查，可以对课件中的多媒体素材进行进一步的优化，查看文件兼容性并完善，还能够对课件内容加密保护。

案例60：让课件自动播放，使用PowerPoint的放映格式

使用PowerPoint制作课件，最后的课件存储格式是PPT（PowerPoint 2003版）或PPTX（PowerPoint 2007版或2010版），这是PowerPoint的演示文档默认存储格式，这种格式便于对课件内容的编辑和修改。每次打开这样格式的课件，都会先进入PowerPoint的编辑状态，然后才能进行课件内容的播放。

PowerPoint还可以保存成放映格式，打开文档时，会自动进入“放映”，而不会打开PowerPoint软件进入普通编辑视图，如图12-12所示。

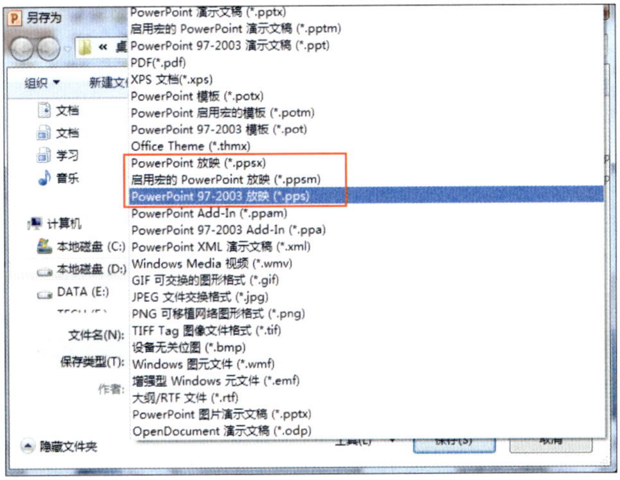

图12-12

把课件存储成放映格式以后，打开课件时会直接进入幻灯片的放映模式。

注意

将课件保存成幻灯片的放映格式，方便了课件的播放，但对课件内容的编辑造成了一定的麻烦。

如果你需要课件中的内容，则可以进行如下操作。

（1）直接将课件的放映格式.pps，重命名为PPT。

（2）先启动PowerPoint软件，再通过“打开”命令打开课件，这样课件又回到了编辑状态。

案例61：增强课件容错能力，防止误点击

在PowerPoint课件使用过程中，经常会发现因为无意间单击了鼠标，导致课件内容显示顺序不当的问题，或者是教师在教学过程中临时调整了幻灯片显示次序，需要在许多张幻灯片中寻找自己要显示的内容。

要解决这样的问题，首先要依赖课件的内容导航设计，如果课件带有层次清晰、结构一目了然的导航，就可以非常方便实现课件内容的跳转。

对于一个优秀的课件，这种导航是必不可少的，所以我们也就不需要PowerPoint中默认的幻灯片切换方式，应当把换片方式中的“单击鼠标时”选项取消，如图12-13所示。

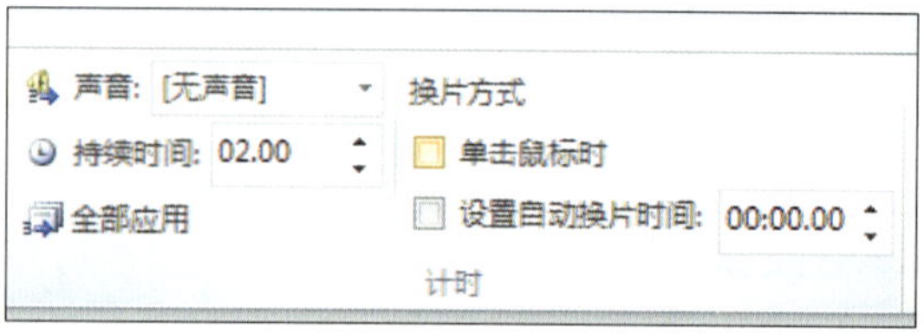

图12-13

案例62：保护课件版权，防止课件内容被任意修改

在12.1节中，介绍了通过“打包”命令中的选项设置，可以为PowerPoint设置阅读和编辑的密码。在PowerPoint中的“另存为”对话框也可以完成相同的设置。

（1）在另存PowerPoint课件时，选择“工具”下拉按钮（在“保存”按钮左侧）中的“常规选项”命令，如图12-14所示。

（2）在弹出的对话框中进行文档阅读密码、编辑密码的设置，如图12-15所示。也可以直接在“文件”菜单中的“信息”命令中进行一些保护选项设置，如图12-16所示。

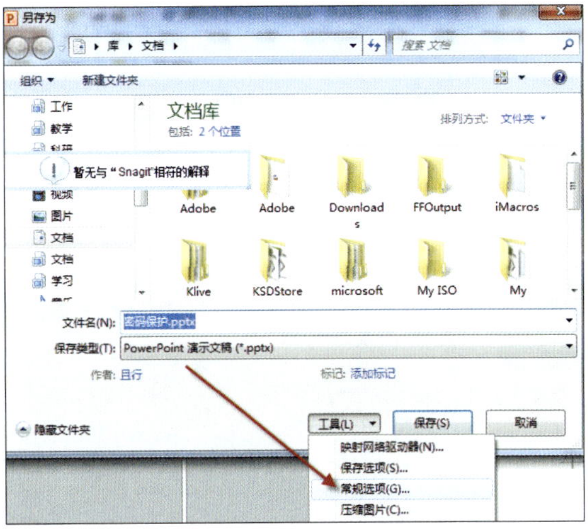

图12-14

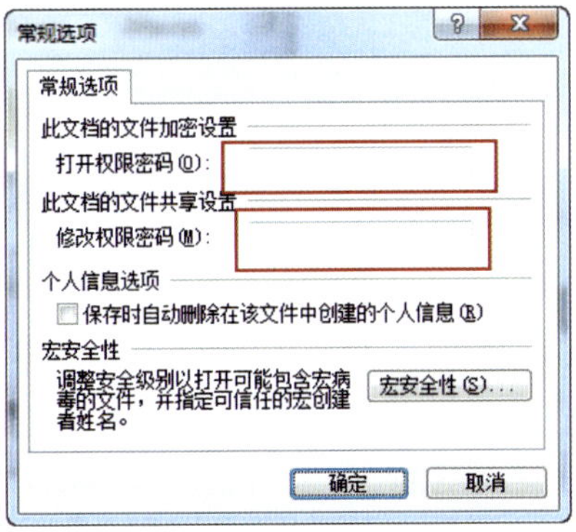

图12-15

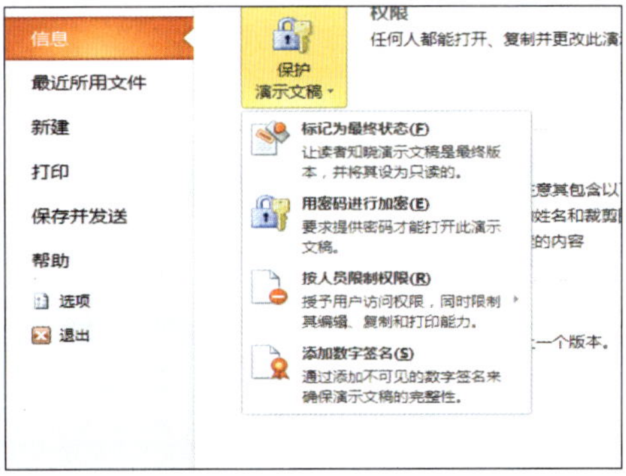

图12-16

案例63：转换课件格式，网络发布更方便

PowerPoint课件除可以保存成常规的PPT或PPTX，以及放映格式PPS或PPSX格式以外，还有其他几种格式选择，这些格式大多是为了方便PowerPoint作品在网络上发布，如图12-17所示。因此用PowerPoint制作的课件，根据需要可以选择合适的格式在网络上发布，这样既可以方便更多的学习者直接通过浏览器观看课件内容，也便于课件共享。

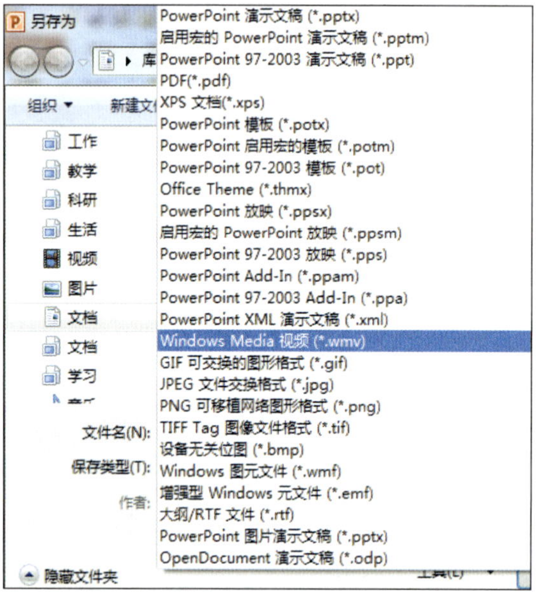

图12-17

1. PDF格式

PDF也称Portable Document Format，可以通过浏览器查看其中的内容，与普通的文档相比，非常适合作为电子文档，阅读者也不能随意进行编辑，更便于保证文档的完整性和版权。

2. JPEG/GIF/PNG等图片格式

通过“另存为”命令可以将PowerPoint课件中的内容以图片的方式保存下来，其优点在于：

（1）文档显示一致，不会因为字体的原因影响显示效果。

可以方便地将内容发布到网页中，比如将自己的PPT课件发布自己的博客或QQ空间中。另外，如果只需要将幻灯片上的部分内容转成图片，则可以直接选中这些内容，在右键菜单中选择“另存为图片”命令。

（2）保护内容不被修改，但以图片保存的课件内容将失去课件中的动画设置效果。

3. WMV视频格式

在PowerPoint 2010里提供了直接将PowerPoint发布成视频的格式，发布成视频最大的优点是可以将作品直接上传到优酷、土豆等这类的视频分享网站，便于内容的传播，但PowerPoint文档转换成视频后就没有交互效果，只能显示内容。

虽然PowerPoint 2010提供了另存为视频的方法，但如果你想在视频转换过程中进行更多的个性设置或提示，则建议在PowerPoint演示时，采用录制屏幕的方法获取视频，如利用Camtasia等软件进行录制。或者在PowerPoint 2010中选择“文件–保存并发送–创建视频”命令（在PowerPoint 2013版中位置略有不同）。

课件打包的终级目标是保证课件在任何环境可以正常播放和使用，或者为了特殊场合的使用，如在网页中插入课件，可以选择视频、图片或PDF格式，在打包前一定要做好课件的备份和保存源文档格式，方便后续内容的编辑和修订。

第13章

PowerPoint课件播放与应用技术

本章主要介绍PowerPoint课件在教学中使用时需要注意的问题和技巧，主要包括：幻灯片的播放控制、如何标记演示内容、放映时如何查看备注内容（双屏放映），在应用课件时要避免成为课件的放映员，只是单击和复述课件内容，要引导学生与课件内容进行互动，才能发挥课件的使用。

13.1 概述

课件的通用性与教学的个性是一种矛盾。从课件设计与制作的角度来说，当然是追求课件能适用于不同的教师使用，体现课件共享价值，避免重复设计与制作。

但课件的应用效果并不仅仅取决于课件制作的水平和质量，很多时候，应用课件的教师，或者说教师应用课件的方法和方式才是决定课件应用的关键因素。

13.2 为什么要使用幻灯片的“遥控器”

使用课件进行教学时，很多教师因为要操作课件必须待在计算机前面，因此教师很容易变成“课件”的播放员，时间长了就会成为习惯，学生看到的、关注的是投影的屏幕，没有了师生之间的交流。

幻灯片的“遥控器”就是解决这个问题的一种装置，可以让教师离开计算机，也可以控制幻灯片播放，如图13-1所示。

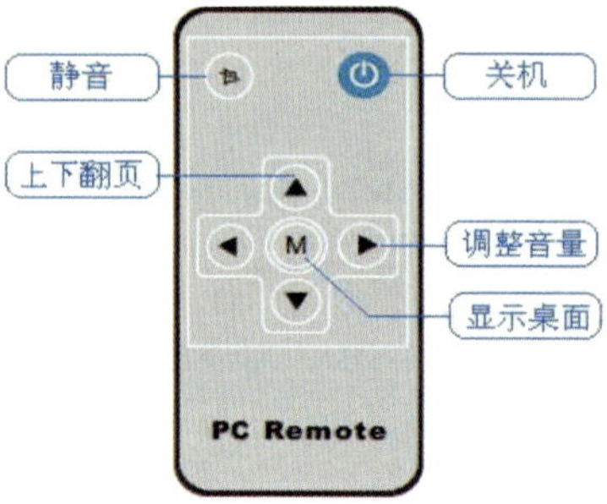

图13-1

现在大多数的幻灯片遥控器是通过在计算机上安装一个接收信号（大多数是射频信号）的装置来控制PPT课件的播放，使用起来非常简便。但现在的课件“遥控器”只能控制上下翻页，课件上面设置的超链接是没有办法精确控制的。

现在控制PPT课件播放多了一种选择，可以利用智能手机应用程序（APP）进行课件的放映控制（具体软件下载与应用地址：http://cn.smartmouse.cn/）。

此类程序的原理是利用智能手机的Wi-Fi或蓝牙功能，与计算机（或笔记本电脑）建立起相应连接就可以利用手机控制计算机中的PPT演示了。因为此类软件功能与界面处于不断的更新中，有兴趣的读者可以自行研究，在此就不具体介绍了。

13.3 教师要做些什么

很多人认为，在教学中使用多媒体课件会让教师减少一定的劳动（不计设计与制作过程），让教学变得省时省力。的确，设计合理的课件在一定的程度上可以代替教师的部分功能，但也远非很多人所想的那样简单。教师在教学过程中变成了一个课件的播放者或者课件的复读机，这是有问题的。

使用多媒体课件，虽然给我们带来了很多便利和一些想不到的展示效果，但也有可能在课堂中失去了老师的身影，如图13-2所示。

图13-2

课件代替不了教师的肢体语言，也代替不了教师与学习者之间的交流。使用课件，教师应当站到学习者与屏幕之间（要注意是否遮挡），与学习者进行交流。不要经常性回头或背向学生观看屏幕（或面向屏幕解说），不要让课件局限你的教学思路，很多情况下，老师使用课件是要解决特定的问题，而不是完全根据课件去实施自己的教学，要让课件适应你的教学。教师要离开计算机，不要永远待在多媒体展台前。

13.4 如何标记和更改课件中的内容

很多习惯于使用粉笔和黑板的老师在心理上对课件的应用有一定的排斥：课件在放映的过程中很难根据实际需要更改一定的内容，它们想提示哪一部分内容是重点，也变得非常困难，除非在课件设计与制作过程中就把这些“重点”信息标注出来。

更不要说在应用课件过程中，教师能根据实际情况对课件内容进行修改和编辑，很多情况下，课件只是按设计好的过程，将内容机械地重现。这也不难理解为什么有一部分老师不喜欢使用课件，认为课件所起的作用有限了。

1. 对课件重点内容进行标注的方法

对课件中的内容进行标注并不困难，PowerPoint自身就为我们提供了笔迹标注功能。不知道你是否留意了，在PowerPoint放映模式下，窗口的左下角有一组控制按钮，那里就有“笔迹”功能，如图13-3所示。

注意 PowerPoint 2010隐藏控制按钮的方法:选择“文件-选项-高级”，在打开的对话框中取消勾选“显示快捷工具栏”命令。

你可以选择画笔的类型，还可以随意选择画笔的颜色，这样幻灯片就和黑板一样，你也可以“随心所欲”地标注了。

在标注完之后，你可以选择是保留这些标注信息（也就是墨迹），还是擦除这些信息，如图13-4所示。在课件播放过程中，编辑课件内容的方法有以下几种。

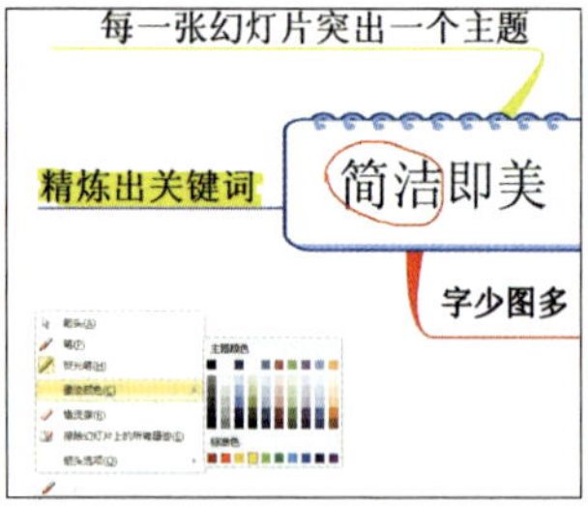

图13-3

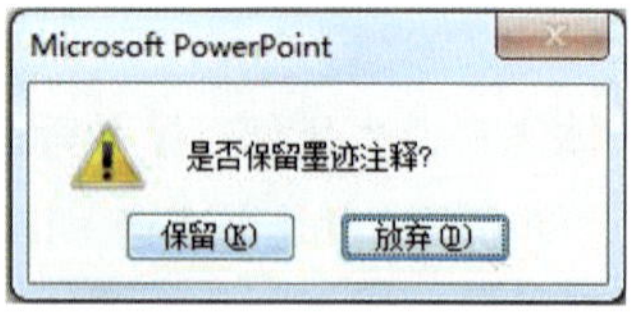

图13-4

如果你认为在课件放映过程中去选择笔迹功能不方便，你可以使用Ctrl+P组合键，快速调用笔迹功能。在放映模式下按E键可以擦除笔迹。

另外在PowerPoint课件放映过程中，如果在按下Ctrl键的同时，按下鼠标左键可以改变鼠标的指针形状（激光笔），也可以起到一定的提示作用。

如果你觉得使用PowerPoint自带笔迹功能不能满足你的要求，则可以使用第三方软件，如电子教鞭和PicPick截图软件中的电子白板功能。

2. 在课件放映时，修改和编辑课件内容的方法

在PowerPoint播放课件时，如果想对课件内容进行修改与编辑，是一件很麻烦的事情。通常我们会选择先退出课件播放（快捷键是Esc键），然后找到要编辑的内容进行修改，在这里有几种简单的方法可以解决这样的问题。

（1）在课件播放前，先按住Ctrl键，这样课件会出现两个窗口，一个是编辑窗口，一个是放映窗口，如图13-5所示。

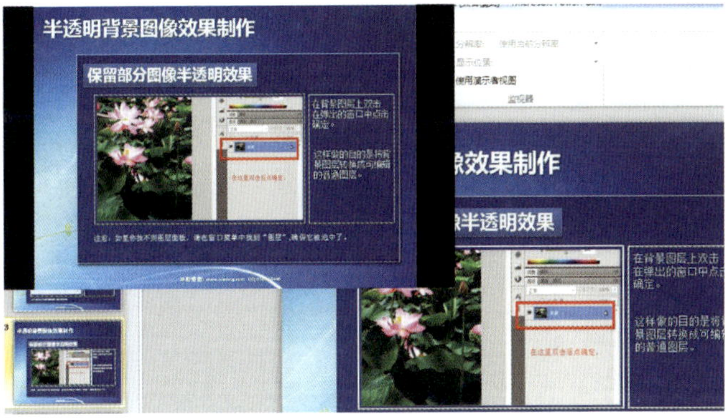

图13-5

这样你就可以随时根据播放的效果来编辑内容了。

这样做并不适合在实际教学中应用，因为放映的窗口太小，而且是在窗口的左上角，只能用于预览课件制作效果。

（2）可以使用Alt+Tab组合键，在课件的编辑与课件的放映程序中切换，如图13-6所示。

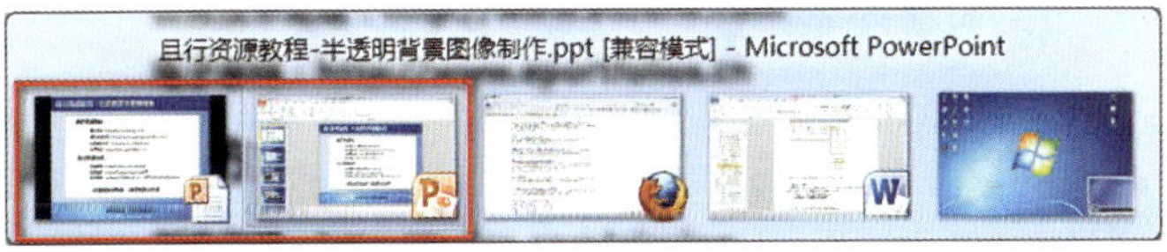

图13-6

应用这种方法，可以不必退出课件的放映状态，就可以对课件内容编辑，如果配合

使用Shift+F5组合键（从当前幻灯片放映的快捷键）会更方便。

（3）利用课件的阅读视图编辑课件内容，如图13-7所示。

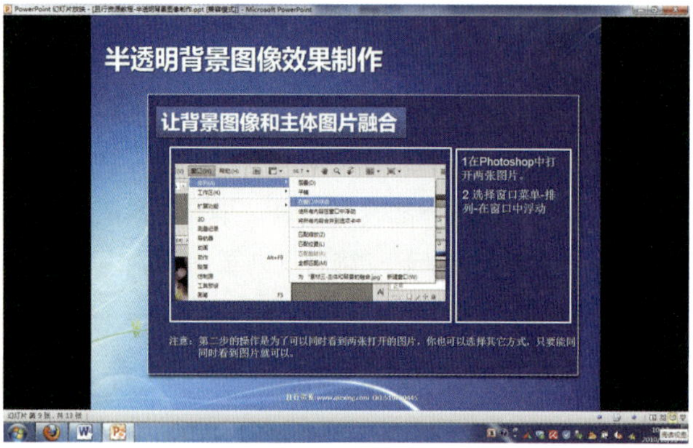

图13-7

一般我们使用PowerPoint的普通视图（也就是编辑视图）、幻灯片浏览视图和幻灯片放映视图，很少留意幻灯片的阅读视图。幻灯片的阅读视图实际是带有标题、任务栏和控制按钮的播放窗口。通过阅读视图的控制按钮，可以非常方便地在幻灯片的编辑和阅读状态中切换。

进入幻灯片的阅读视图有以下三种方法。

（1）按住Alt键的同时单击幻灯片放映。

（2）在幻灯片普通视图下，依次单击Alt→D→V键。

（3）在幻灯片“设置放映方式”对话框中选择窗口模式，如图13-8所示。

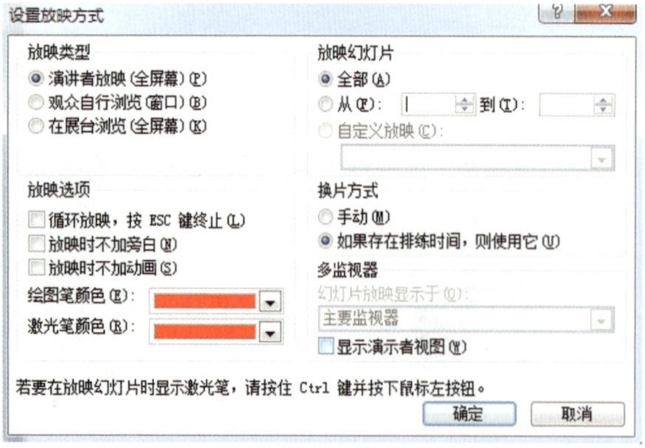

图13-8

案例64：自由掌控播放时间——你用过PowerPoint的排练计时吗

在PowerPoint放映选项卡中有一项“排练计时”功能，使用排练计时可以在幻灯片放映时记录下每一张幻灯片的播放时间（这些时间可以根据需要进行控制），这样在下次播放幻灯片时，幻灯片会使用排练计时的时间来控制幻灯片的播放，如图13-9所示。[1]

使用“排练计时”可以让课件在放映时自动放映，与使用自定义动画和幻灯片切换来实现的自动放映相比，它在时间控制上更灵活，不需要对课件进行编辑和修改，如图13-10所示。

图13-9

图13-10

如果你需要将PowerPoint的课件放到网上，则一般需要将其转换成视频或网页格式，在转换前，使用排练计时，能够为每一张幻灯片找到适当的呈现停留时间。

相比排练计时功能，PowerPoint 2010还提供了录制幻灯片演示的功能。录制幻灯片演示不仅可以包括演示的时间，还可以包括演示时记录的标注和旁白，如图13-11所示。

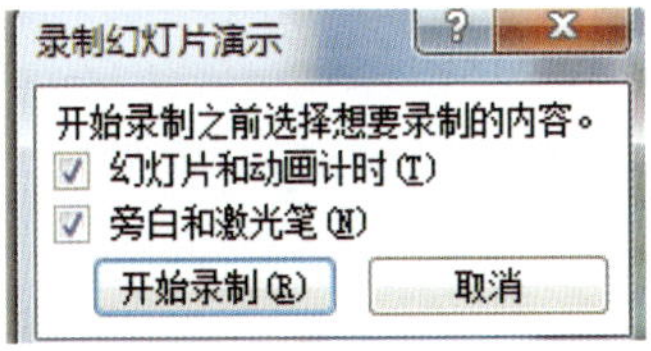

图13-11

旁白和计时可增强基于Web或自动运行的课件放映的效果。如果计划使用Power-

1. 参考：http://down.qiexing.com/2010/10/ppttime.html。

Point创建视频，为了要使视频更生动一些，使用旁白和计时是一种非常好的方法。可以使用旁白将课件的讲解存档，以便在以后观看。

此外，还可以在幻灯片放映期间将旁白与激光笔的使用一起录制，按Ctrl键+鼠标左键单击可以控制激光笔的显示。

注意

如果要录制幻灯片的旁白，必须有麦克风和进行相应的设置，录制成功后在相应的幻灯片上会出现一个声音图标，通过声音图标可以对旁白进行预览或重新录制。

案例65：只有播放者才能看到的备注

备注是PowerPoint中的一项重要功能，备注可以为幻灯片提供更多的注解。

通常使用幻灯片展示课件内容时，我们并不希望在幻灯片上填满内容，此时可以使用备注。使用备注最主要的目的是为演讲者提供说明，这样不用担心在解说时遗忘或漏掉一些内容，如图13-12所示。

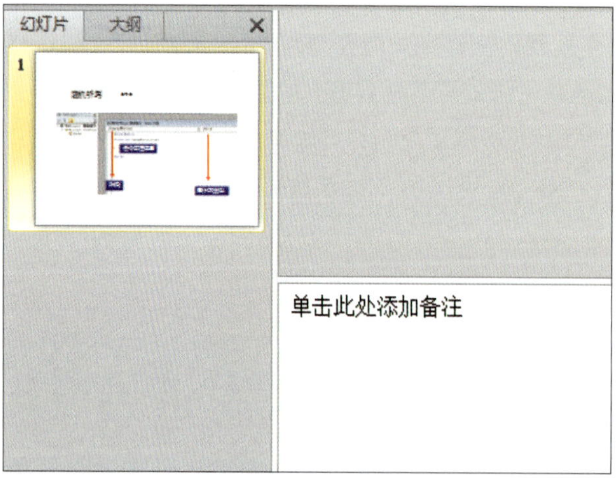

图13-12

如果对幻灯片添加了备注，那如何查看呢？通常我们在放映幻灯片时备注信息同时也会出现在投影的屏幕上，能不能只在自己的演示机器上显示备注信息，而在投影的屏幕上看不到备注呢?

实现此效果方法很简单：只要切换一下课件的放映方式就可以了。在课件放映时，勾选“使用演示者视图”复选框即可，如图13-13所示。

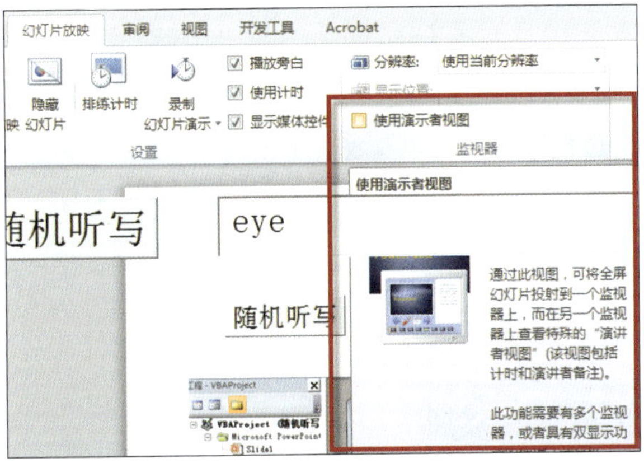

图13-13

在PowerPoint 2013中无须设置，在投影放映时自动进入演讲者备注，并可预览下一张幻灯片，控制预览窗口、放映窗口和备注窗口的大小。

案例66：将幻灯片当作黑板或白板

在13.4节中讲到PowerPoint的信息标注功能，很多老师在教学过程中习惯于使用粉笔和黑板。其实在PowerPoint中也有黑板的功能（即在放映时设置黑屏和白屏）。

在PowerPoint放映视图下，按B键可以进入黑屏模式，即幻灯片内容将隐藏，只显示纯黑色屏幕，按W键进入白屏模式。

在黑屏（或白屏）模式下，你可以将鼠标当成粉笔，如图13-14所示。

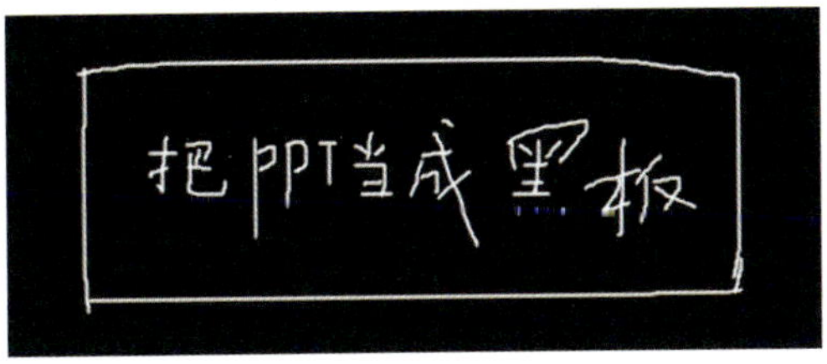

图13-14

13.5 一个课件，多处使用——使用隐藏幻灯片和快速跳转

如果你的课件要面对不同的教学对象，例如你在课件里为不同的班级设计了不同难度的教学内容，那么你要做多个课件吗？利用幻灯片放映的隐藏功能，你可以轻松解决这个问题。

你可以为不同的班级，不同的教学群体设置不同的封面，以及教学内容。只需要在放映前，将那些不需要显示的幻灯片设置为隐藏效果即可，如图13-15所示。

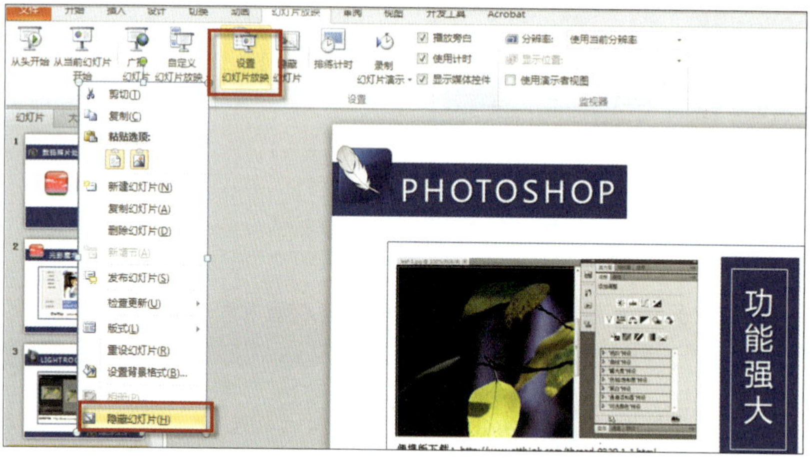

图13-15

可以在幻灯片放映选项卡中设置隐藏幻灯片，也可以通过在幻灯片窗格中使用鼠标右键菜单设置。隐藏的幻灯片，在放映视图下，按H键可以取消隐藏。

教师在使用PPT课件时如果需要快速跳转，使用数字键与Enter键可以快速跳转到相应的幻灯片，比如课件使用中需要回到第3张幻灯片，按数字3和Enter键，则跳转到第3张幻灯片。

也可以使用片自定义放映功能，为不同的班级创建不同的自定义放映。

案例67：让课件内容循环播放

在PowerPoint中，默认情况下放映到最后一张幻灯片时会提示单击鼠标或按Esc键退

出提示。

但有一些内容，如会议及演讲（图13-16所示），需要循环播放，怎么办呢?

（1）首先需要在幻灯片的切换中设置幻灯片的切换方式和时间，如图13-17所示。

（2）在幻灯片放映选项设置中，选中“循环放映，按Esc键终止”复选框，如图13-18所示。

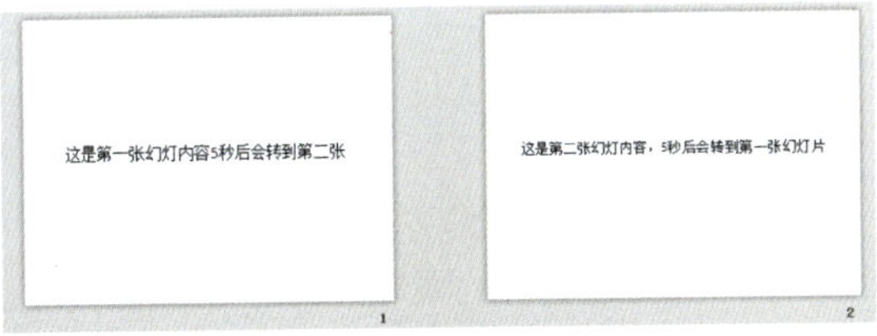

图13-16

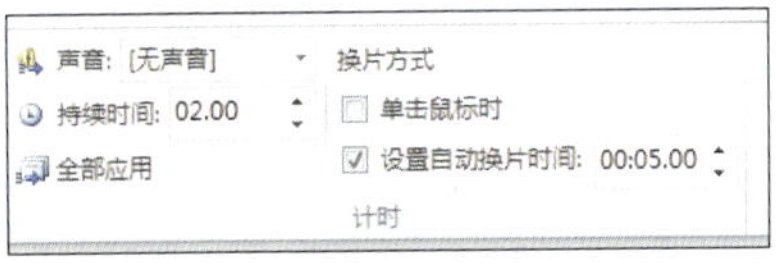

图13-17

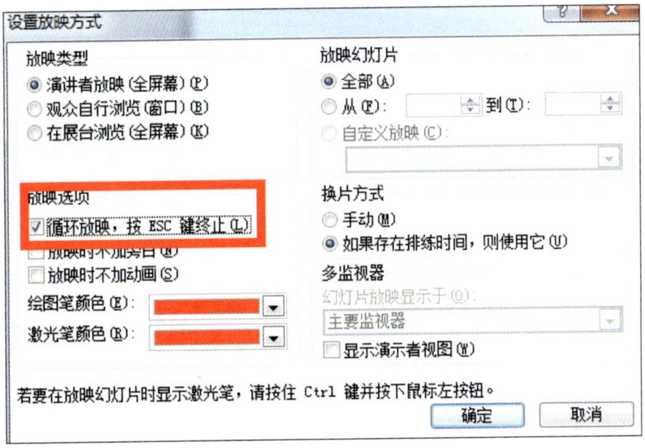

图13-18

13.6 进行适当的安全性设置——取消弹窗警告

打开课件时，有时总会弹出一些提醒或确认的信息，让人不胜其烦（如图13-19和图13-20所示）。

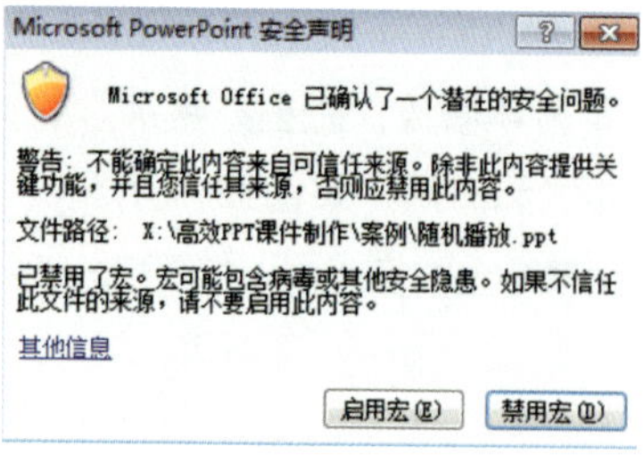
Microsoft PowerPoint 安全声明
Microsoft Office 已确认了一个潜在的安全问题。
警告：不能确定此内容来自可信任来源。除非此内容提供关键功能，并且您信任其来源，否则应禁用此内容。
文件路径：X:\高效PPT课件制作\案例\随机播放.ppt
已禁用了宏。宏可能包含病毒或其他安全隐患。如果不信任此文件的来源，请不要启用此内容。
其他信息
启用宏(E)
禁用宏(D)

图13-19

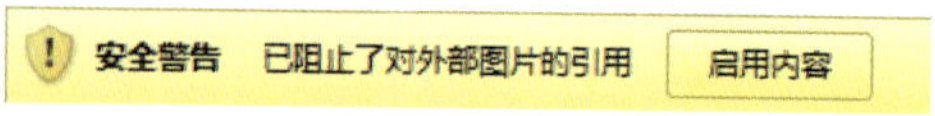
安全警告
已阻止了对外部图片的引用
启用内容

图13-20

可以在PowerPoint信任中心进行设置，将这个问题解决。

在PowerPoint信任中心可以对PowerPoint运行环境安全进行设置，包括指定的信任作者，指定的信任位置，ActivX控件运行的条件，以及宏运行的限制条件等，如图13-21所示。

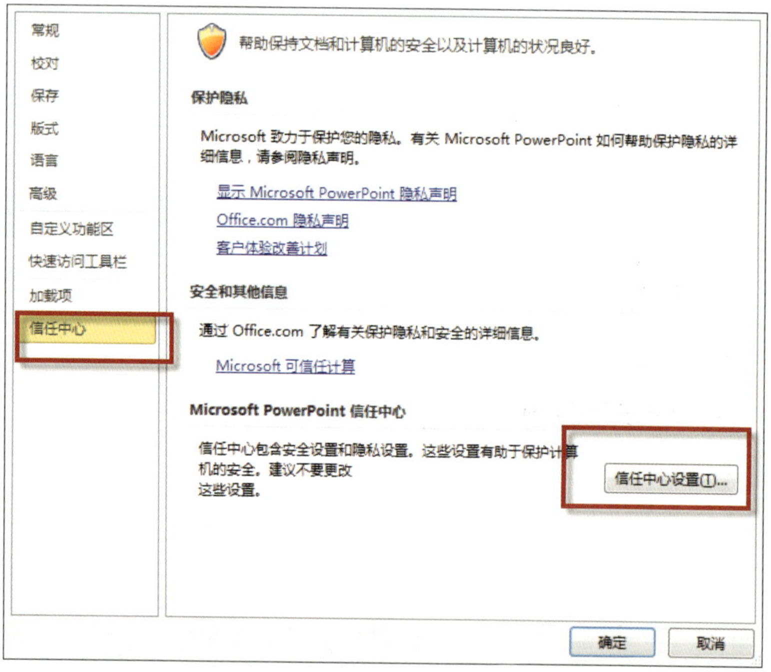
常规
校对
保存
版式
语言
高级
自定义功能区
快速访问工具栏
加载项
信任中心
帮助保持文档和计算机的安全以及计算机的状况良好。
保护隐私
Microsoft 致力于保护您的隐私。有关 Microsoft PowerPoint 如何帮助保护隐私的详细信息，请参阅隐私声明。
显示 Microsoft PowerPoint 隐私声明
Office.com 隐私声明
客户体验改善计划
安全和其他信息
通过 Office.com 了解有关保护隐私和安全的详细信息。
Microsoft 可信任计算
Microsoft PowerPoint 信任中心
信任中心包含安全设置和隐私设置。这些设置有助于保护计算机的安全。建议不要更改这些设置。
信任中心设置(T)...
确定
取消

图13-21

将放映的课件放在信任的安全位置，设置如图13-22所示。

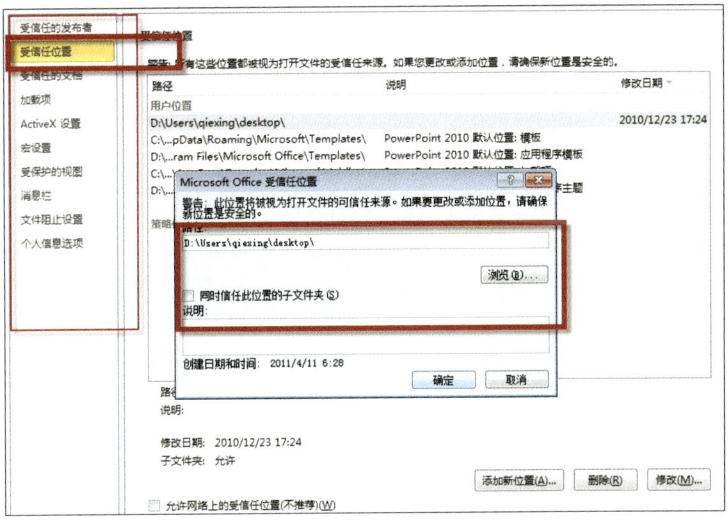

图13-22

13.7 几个与课件播放相关的重要快捷键

1. 重要的F5键

F5是课件播放快的捷键，PPT一般打开时不会进入放映状态，按一下F5键就可以了。

2. 灵活的Shift+F5组合键

按F5键每次都是从第一张幻灯片开始放映，而铵Shift+F5组合键是从当前幻灯片开始放映，更灵活。使用数字键+Enter键，在幻灯片放映状态下可以快速跳转到指定（数字）位置。

3. 意想不到的W/B键

在用PowerPoint展示课件时，有时需要学生自己看书讨论，这时为了避免屏幕上的图片影响学生的注意力可以按一下B键，此时屏幕变为黑屏。学生自学完成后再按一下B

键即可恢复正常。按W键也会产生类似的效果。

4. 让你像使用黑板一样使用PPT：Ctrl+P组合键

还记得前面介绍的幻灯片批注和标注的功能吗？按下这个组合键，你就能在放映幻灯片时写写画画了，重回使用黑板的感觉了。可以按E键擦除内容。

5. 能代替激光笔的Ctrl+鼠标左键组合键

按下这个组合键，幻灯片上会多出一个红点，可以使用鼠标随意移动它。

6. 再按Esc键

Esc键是退出或忽略的功能键，如果你想结束放映，可以按一下Esc键，同样如果你不想使用激光笔的功能，也可以按一下Esc键。

7. 数字键+Enter

快速跳转到指定幻灯片。

第14章

PowerPoint课件制作相关的软件与服务

本章主要介绍在PowerPoint设计和应用过程中常用的辅助工具，主要包括PowerPoint Viewer（播放工具）、iSpring、Flip PowerPoint（转换为SWF工具）、美化大师（辅助设计和素材管理）、ZoomIT（辅助演示）、WPS（替代PowerPoint）等。

14.1 PowerPoint Viewer

如果你做了一个课件，到了使用的地方却发现机器没有安装PowerPoint软件怎么办？如果你使用PowerPoint 2007或2010制作了一个PPTX格式的课件，到了教室才发现教室的多媒体安装的是PowerPoint 2003，又要怎么办？

除前面介绍的将课件打包和转存其他格式的方式以外，最安全的方法是携带一个PowerPoint播放软件：PowerPoint Viewer。

PowerPoint Viewer可以帮助你在没有安装PowerPoint的计算机中正常打开、运行课件。

PowerPoint Viewer仅在没有安装PowerPoint软件的计算机中才会自动关联PowerPoint的文档，也可以通过PowerPoint Viewer查看指定文件，具体设置如图14-1所示。

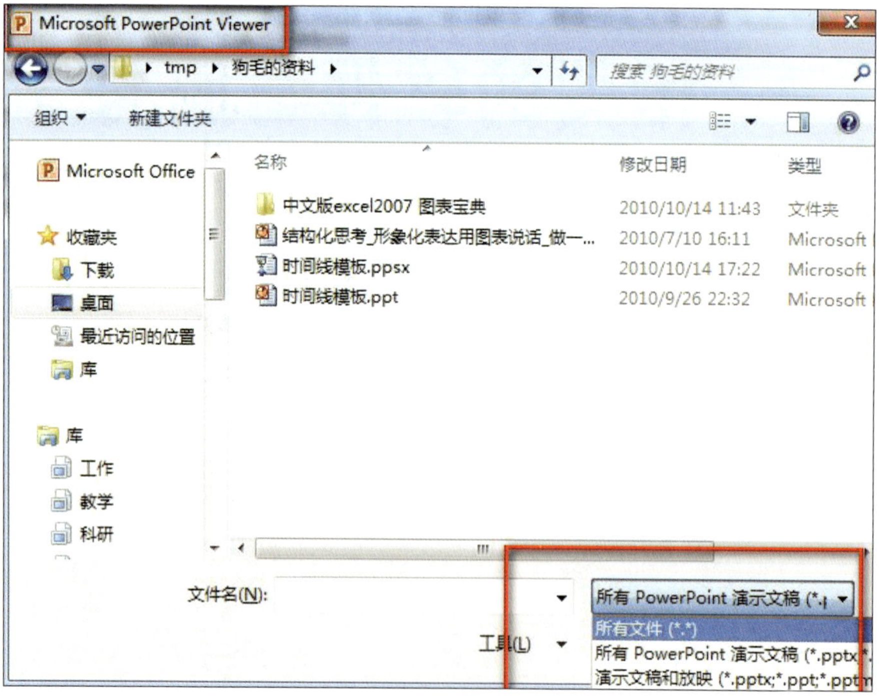

图14-1

使用PowerPoint Viewer播放课件的窗口可以根据需要调整位置与大小，如图14-2所示。

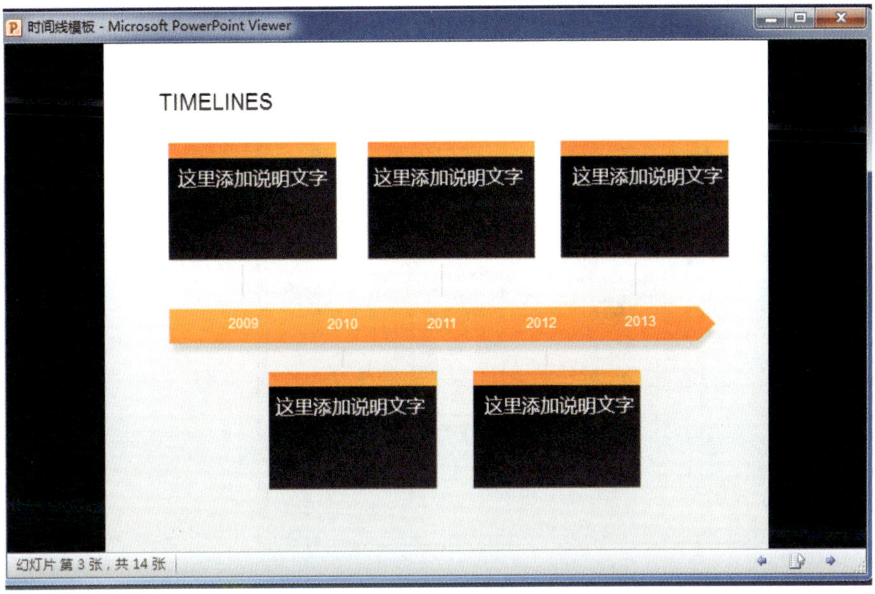

图14-2

这种窗口即相当于幻灯片的阅读视图。

使用PowerPoint 2010制作的课件为保证在更多的机器上能够使用，通常会在最后发布时选择另存为PowerPoint97-2003放映文档格式，在最大程度上保证格式兼容。也可以准备一个PowerPoint文件格式兼容包，让PowerPoint 2003也可以打开、编辑PowerPoint 2010格式的演示文档。

14.2 iSpring：将PPTt转换为Flash

iSpring是一款免费的将PPT演示文档转换为Flash影片格式(SWF)的工具，会保留原有的可视化与动画效果，也支持超级链接、动作设置及嵌入的音频视频信息播放控制，将PPT转换成FLASH，能够有效避免了别人篡改内容，方便网络发布，能够嵌入到更多第三方软件工具中使用。

1. 软件的安装

iSpring Free的安装非常方便，下载之后直接按提示安装即可，在安装过程中可以更改文件安装的位置。安装完成后会自动提示运行iSpring Free，如图14-3所示。

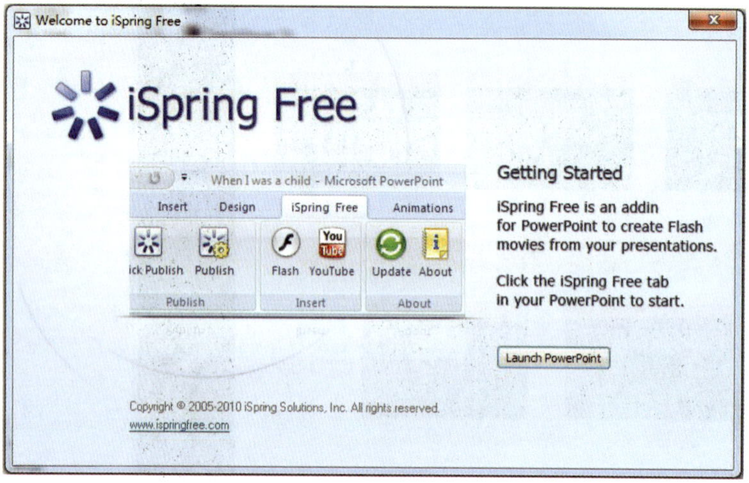

图14-3

2. iSpring Free应用

iSpring Free是以插件的形式运行在PowerPoint中的，使用的时候只需要切换到iSpring Free选项卡就可以了，如图14-4所示。

图14-4

3. 将PowerPoint文档转换为SWF格式

将PowerPoint文档转换为SWF格式的方式有以下两种。

Quick Publish，这一种是以系统默认的设置进行转换，无须设置，使用简便，但也缺乏一定的灵活性。

Pubish可以进行一定的设置，如标题、输出位置、Flash的播放方式与背景等，如图14-5所示。

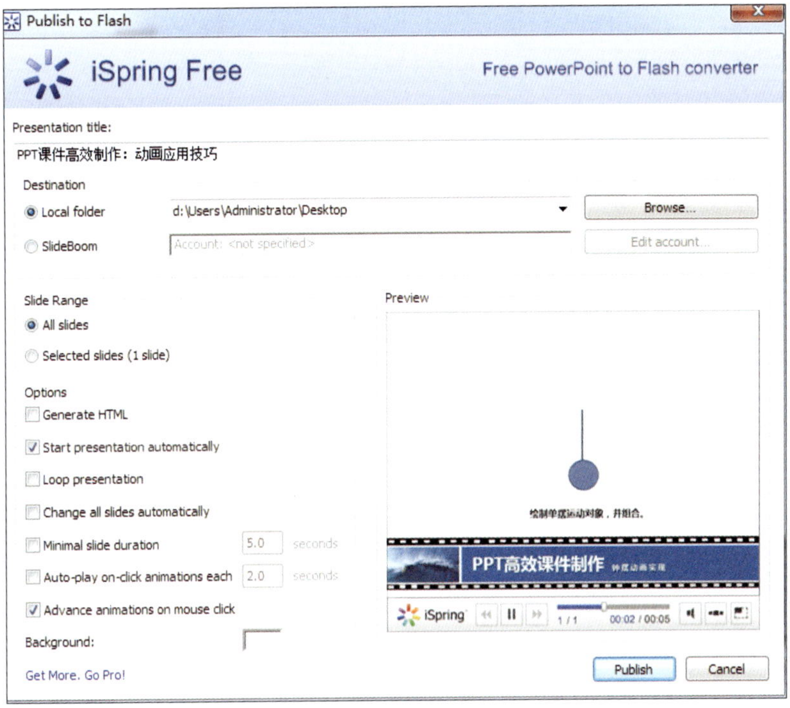

图14-5

Presentation title：用来设置演示文档的标题。

Destination：指定SWF文件输出位置，Local folder是存储在本地计算机上。

Slide Range：设置转换幻灯片的范围，All slides指所有的幻灯片。

Generate HTML：是否输出HTML格式的网页文件。

Start presentation automatically：是否自动播放。

Loop presentation：循环播放。

Minimal slide duration：幻灯片持续最短时间。

Auto-play on-click animations each：动画播放时间设置。

Advace animations on mouse click：单击鼠标时可以实现幻灯片切换。

Background：设置背景。

按照要求进行设置后，单击Publish项，完成PowerPoint与Flash之间的格式转换，如图14-6所示。

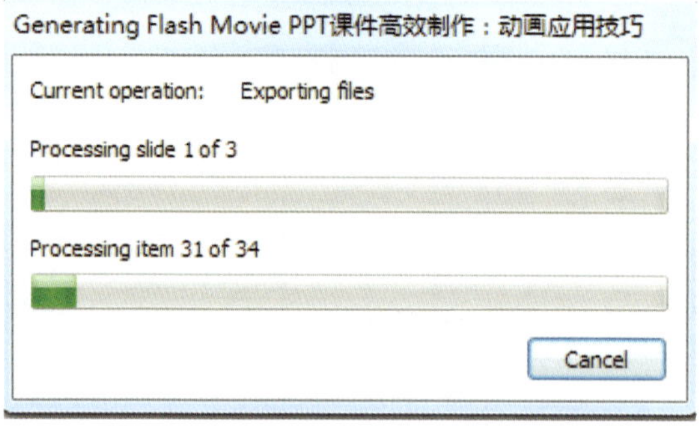

图14-6

4. 播放SWF格式的课件

转换后的SWF格式课件，可以直接使用Flash player打开，在课件内容的下方，有控制播放的导航条，还可以设置声音的音量大小、是否全屏等，如图14-7所示。

图14-7

14.3 Flip PowerPoint：像书一样的PowerPoint

Flip PowerPoint可以将PowerPoint中的幻灯片转换为图片，并借助Flash动画将其展示，Flash动画模拟了翻书效果，浏览幻灯片的内容如同看书一样。

而且Flip PowerPoint还可以为PowerPoint设置导航目录以及其他的外观效果，效果如图14-8所示。

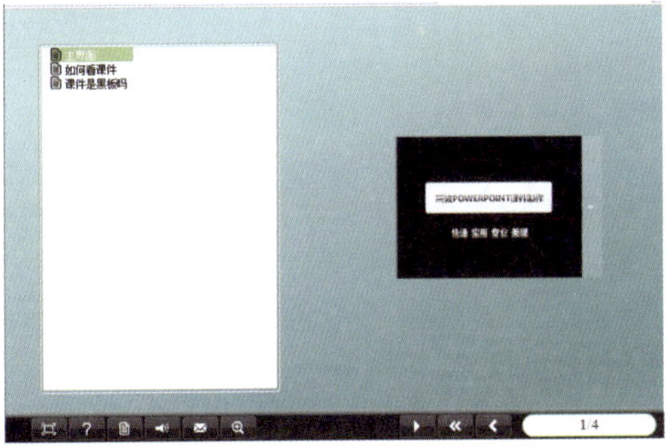

图14-8

Flip PowerPoint使用非常简单，只需要导入要转换的PowerPoint文件（可以指定幻灯片范围）后，设置好目录与外观、图像质量等内容，选择一种格式就可以将所做的PPT转换成书一样的动画。

14.4 Camtasia把PowerPoint使用过程录制成视频

PowerPoint提供了另存为视频以及为幻灯片添加旁白的方法，但如果能“真实”地将PowerPoint课件使用过程录制下来，并添加必要的提示等其他内容，能够将PPT课件（演示过程）转换为视频。在视频处理一章中介绍到使用FastStone Capture录制与编辑视频，而Camtasia具有与其相同的功能，但功能更丰富，目前流行的基于PowerPoint制作微课的方法就离不开这个工具。

Camtasia是一款非常优秀的屏幕录制软件，在安装时它会在PowerPoint中加入一个插件，可以直接使用此软件对PowerPoint内容进行录制，如图14-9所示。

图14-9

（1）在PowerPoint中加载Camtasia，加载后的效果如图14-10所示。

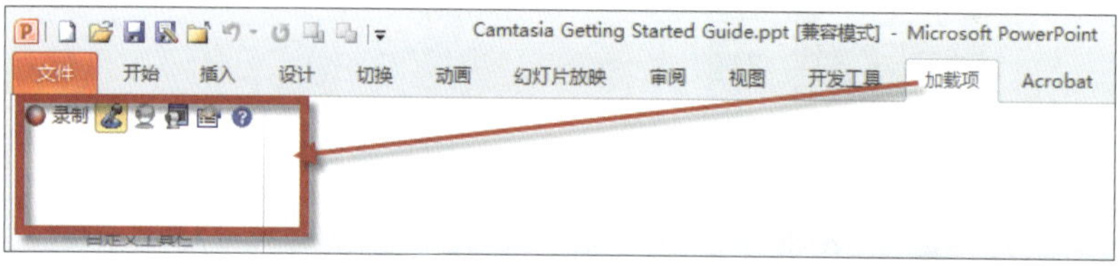

图14-10

（2）使用Camtasia软件录制屏幕时，其控制面板显示如图14-11所示。

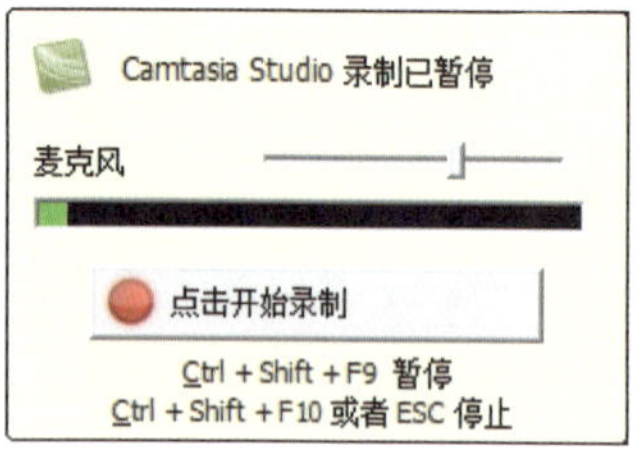

图14-11

使用录制屏幕的方式录制PowerPoint，并不会局限于录制PowerPoint演示的内容，它会记录下一切计算机屏幕上的操作。

（3）使用Camtasia录制PowerPoint有以下优点。

可以记录在PowerPoint中鼠标以及键盘等操作，并可以设置强化显示；

Camtasia可以对录制的内容进行剪辑；

Camtasia对录制的内容可以选择各种输出格式，如swf，avi，gif，mp4等，内容压缩比高，且能自定义输出画面的大小，现在输出视频格式一般选择为MP4格式。

14.5 优秀演示辅助工具ZoomIT

在PPT放映演示过程中，按Ctrl+P组合键可以做笔迹批注，但对于文本的输入，色彩选择以及标注形式选择很不完善，有时还会遇到PPT课件演示（投影）内容学生看不清，而ZoomIT可以解决以上问题！它集屏幕缩放、笔迹批注和计时三个功能于一身，小巧绿色，无须安装。

试一试按Ctrl+1和鼠标左键、Ctrl+2组合键，再试一试按Ctrl+3组合键就可以掌握具体操作方法了，非常简单，如图14-12所示。

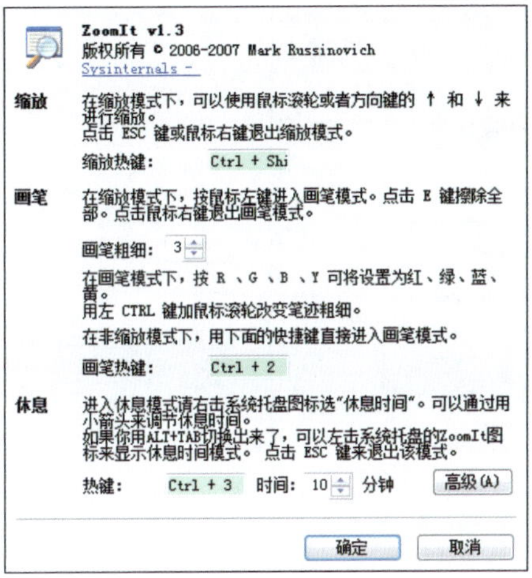
ZoomIt v1.3
版权所有 © 2006-2007 Mark Russinovich
Sysinternals -
缩放
在缩放模式下，可以使用鼠标滚轮或者方向键的 ↑ 和 ↓ 来进行缩放。
点击 ESC 键或鼠标右键退出缩放模式。
缩放热键：
Ctrl + Shi
画笔
在缩放模式下，按鼠标左键进入画笔模式。点击 E 键擦除全部。点击鼠标右键退出画笔模式。
画笔粗细：
3
在画笔模式下，按 R 、G 、B 、Y 可将设置为红、绿、蓝、黄。
用左 CTRL 键加鼠标滚轮改变笔迹粗细。
在非缩放模式下，用下面的快捷键直接进入画笔模式。
画笔热键：
Ctrl + 2
休息
进入休息模式请右击系统托盘图标选"休息时间"。可以通过用小箭头来调节休息时间。
如果你用ALT+TAB切换出来了，可以左击系统托盘的ZoomIt图标来显示休息时间模式。 点击 ESC 键来退出该模式。
热键：
Ctrl + 3
时间：
10
分钟
高级(A)
确定
取消
图14-12

ZoomIT在使用过程中可以缩放幻灯片放映显示比例，还能够标注演示内容。

注意

此软件不限于PPT演示时使用，可以用于任何时候，因为它针对的是计算机屏幕的操作，如果你是一个教师或需要经常使用多媒体演示的人，这款软件对你会非常有帮助，此类软件还有很多，可以选择一个适合自己使用的，如红烛教鞭、辅助演示助手等，具体请参考：http://www.qiexing.com/post/ppt-presnet-tool.html！

14.6 WPS演示：有时可以代替PowerPoint

WPS是金山公司开发的国产办公软件，与微软Office类似，它包括了文字处理、电子表格和演示文档。

WPS完全双向兼容微软Office的格式，利用WPS演示可以打开PowerPoint 2003/2007/2010制作的课件。它很小巧，甚至比PowerPoint Viewer都要小，所以完全可以使用WPS代替PowerPoint Viewer。它制作的文档可以存储为PPT格式，也可以保存成自己的格式，但都可以被PowerPoint正常打开运行，如图14-13所示。

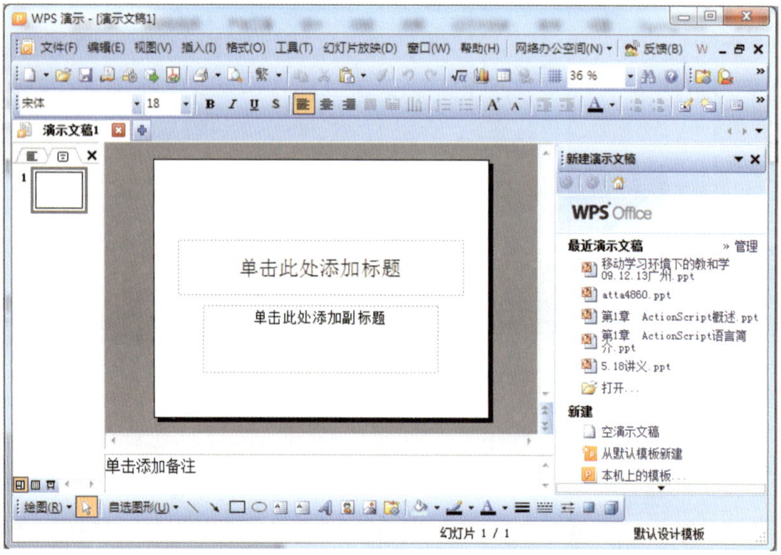

图14-13

推荐大家使用WPS制作课件基于以下几个原因。

（1）WPS完全与PowerPoint双向兼容，操作习惯与PowerPoint 2003一致，无须花费额外的学习成本，而且对个人用户使用是免费的。

WPS更小巧，启动速度更快，运行时占用资源更少，支持多标签页操作，在文件之间切换更方便。

（2）WPS很多操作更简便，更人性化，比如在幻灯片插入Flash动画，插入背景音乐，在WPS演示中都可以一步完成，具体操作如图14-14所示。

（3）WPS具有丰富的课件制作资源与在线素材管理功能。

利用WPS演示，可以非常方便地获取在线素材，并且能够自己组织其结构，这些都是在线保存的，不会丢失，如图14-15所示。

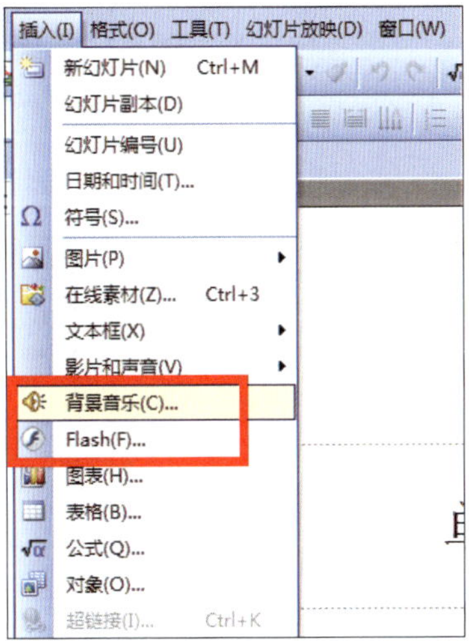

图14-14

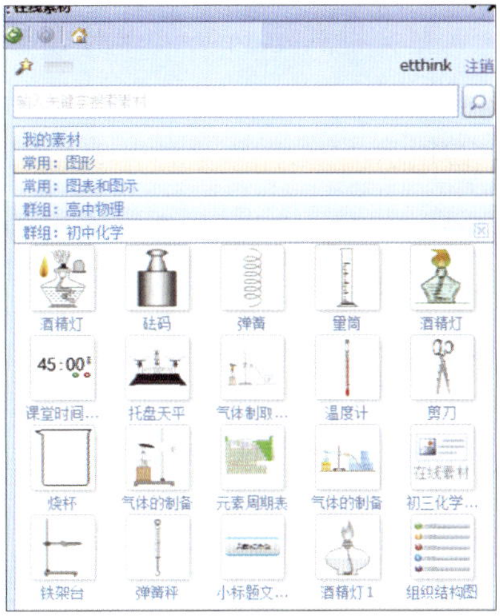

图14-15

（4）WPS具有在线免费存储空间。

WPS演示提供了网络存储空间，利用网络存储空间可以很好地备份文件，在不同的计算机上编辑与使用文件也更方便，省去了使用U盘的麻烦，还能很方便地分享文件与网络上的共享联系人，具体设置如图14-16所示。

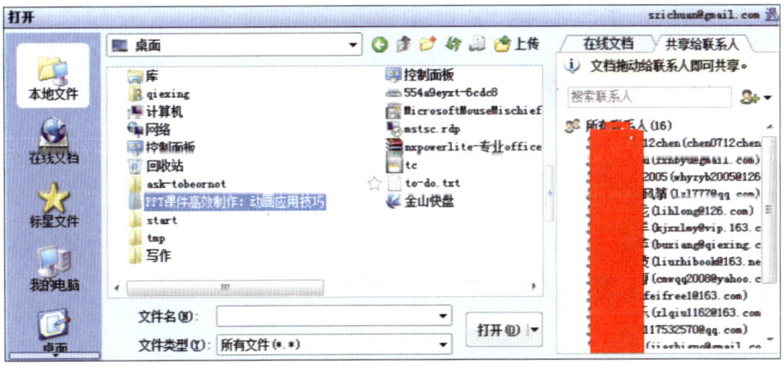

图14-16

WPS完全兼容PowerPoint 2003、2007以及2010格式的文件，有时可以将WPS作为PPT课件的播放器和兼容包。

14.7 PPT美化大师——让PPT更好看一些

PPT美化大师是为提高PowerPoint制作效率和美化幻灯片而推出的一款插件，安装后会在功能区添加一个“美化大师”功能区和一个侧边栏（可以设置是隐藏的还是显示的），如图14-17所示。

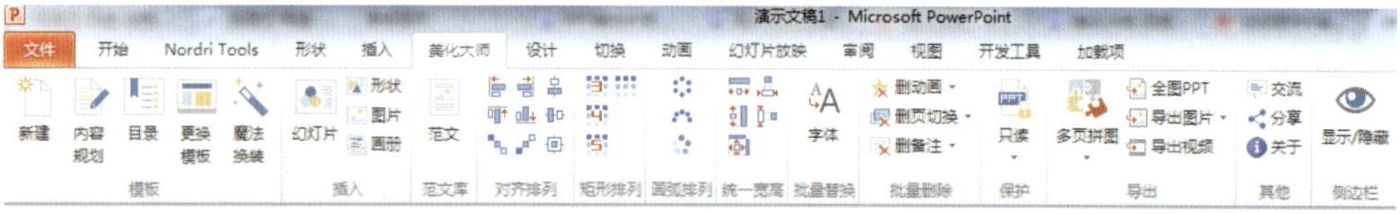

图14-17

美化大师提供了丰富的幻灯片模板、设计素材，并且提供了很多高效命令，如目录页设计、对齐操作、替换文字字体、一键删除动画和备注内容等，如图14-18所示。

图14-18

美化大师可以对PPT导出视频和图片提供支持，并且支持幻灯片拼图，能一键设置幻灯片为只读状态，不用再担心别人篡改编辑PPT。

第15章

PowerPoint课件制作相关的学习资料

15.1 关于多媒体课件的一些对话

课件的使用已经越来越普遍，但很多教师和学生对课件及课件的使用看法多有不同，有人钟爱，有人憎恶；有人对课件制作与应用乐此不疲，也有人毫无热情，只为应付。

到底如何理解课件和使用课件呢？我们来看一看下面这一段典型的对话。

问：很多老师在课堂里使用PowerPoint制作的演示文档，课件是不是就是PowerPoint制作的演示文档。

答：课件可以使用各种软件来制作，PowerPoint只是其中一种非常见的制作工具，它可以用来做课件，也可以用来做别的，所以不是所有的PPT文档都是课件，课件也不是只有PPT这种形式，PowerPoint只是集成工具，将你的教学内容、过程和策略变成幻灯片而已。

问：学习课件制作要学会使用很多软件吗？又要处理声音，又要做动画非常麻烦吗？

答：对计算机操作不是很熟练的老师来说，做课件的确是一件很“麻烦”的事儿，但老师做课件一般并不需要专业的图像、声音、动画视频处理，而是要能找到自己所需要的素材，将这些素材按一定的策略组织起来，所以重点只学习一种多媒体集成软件就可以了，比如PowerPoint。

对普通老师而言，做课件更是一个积累的过程，有了自己的素材库以后，制作课件会很方便，也会越做越好，课件也越能体现你的教学设计思想。

建议在学习制作课件时，一定要养成收集和管理素材的习惯。平时在上网时，看到与自己学科相关的一些材料，如图片、动画、视频、动画以及与教学设计相关文档资料等都要分类保存，随着时间的积累，以后做课件就不需要为素材伤脑筋了。

虽然课件不能让你一劳永逸，但可以帮助你快速积累自己的教学经验，与教案相比，课件能集中体现设计者的教学特点，对内容的把握，也能为学生提供学习帮助和支持。

问：使用课件就能提高教学效果吗？

答：使用课件不一定能提高教学效果，课件在很多时候只是一种教学的方式，一种辅助教学的工具，决定教学效果的是使用这种工具的人，看他使用是否得当。当然课件的设计水平也会影响教学效果：如果一个课件只是教材内容的复制，它凭什么能提高教学效果呢？

问：使用PowerPoint制作的课件保存成什么样的格式好？

答：使用PowerPoint制作的课件在默认情况下会保存成演示文档的格式，使用此种格式的好处是可以非常方便地编辑课件与切换播放状态。

演示文档的格式不适合为学生制作操作练习类的课件，因为学生在使用时，会在编辑状态下提前看到各种提示与反馈，建议保存成PowerPoint放映格式。

如果可能，则利用第三方软件将课件转换为SWF格式也是非常不错的方法。现在还流行一种在线视频形式的学习内容，PowerPoint也很适合制作这种形式的资源，通过保存选项或第三方软件，可以将PPT课件转成视频。

问：如何能用PowerPoint快速制作出一个好课件？

答：正如前面书中对好课件标准的评价一样，可能好课件需要达到的标准有很多，但对于教学用课件，下面几点很重要。

（1）不要把课件做成堆积内容的“杂货铺”，课件的最大功能并不是展示内容，就算是展示内容也是以一种直观的方式展示（不同于教材展示内容的方式）。课件是用来解决传统教学方法不太容易解决的问题：直观表达、演示过程、提供示范、激励学习者参与、创设情境。

所以在开始制作课件时就要想：你的课件用什么方式，解决什么问题。做到这一点，你的课件就不会差了。

（2）不要把课件做成广告宣传画，课件要求的是简洁，它不是演示的广告，它是教师教学的辅助工具，要有明确的内容导航。

追求太多的视觉效果在很多时候并不能帮助你提高教学效果。对于课件界面的要求标准是：不难看就行。

（3）先设计或修改一套或几套自己用的模板/母版，可以在最大程度上保证你的课件风格统　。

（4）按你的教学思路将素材和加工的教学内容放到幻灯片里。

（5）设置好内容导航方式，方便不同的人使用课件，也方便自己使用时控制内容。

问：为什么播放的PowerPoint课件动画不流畅，有时会停顿？

答：动画播放不流畅大多数原因是PowerPoint课件所占存储空间较大，播放的多媒体内容，特别是大量对象同时被添加大量自定义动画效果，如图片、声音与视频等素材需要性能较高的计算机配置所引起的，解决这样的问题，请参考前面章节中关于图片、字体、声音和视频的压缩方法。

问：为什么制作的PowerPoint课件中使用了VBA功能，但却看不到效果?

答：这是由PowerPoint的安全设置所引起的，可以在PowerPoint选项中进行相应的安全项设置。

15.2 从哪里可以找到需要的课件

大家都习惯使用百度搜索信息，但通常我们使用的都是默认的“网页搜索”，从那么多的搜索结果中找到自己需要的课件并不是一件很容易的事儿，而且即使找到了自己想要的课件，但提示因种种原因不能下载更让人“崩溃”。

1. 使用filetype

实际上大家在使用搜索引擎的时候，可以指定搜索的文件类型为filetype +文件扩展名，这样单击搜索结果的超链接就可以直接下载文件了，因为课件有很多是PPT格式的，只要在搜索的关键词后面加上filetype:ppt就可以了。如果你想找一个动画，可以搜索filetype:swf，想找教案文档就搜索filetype:doc或pdf，如图15-1所示。

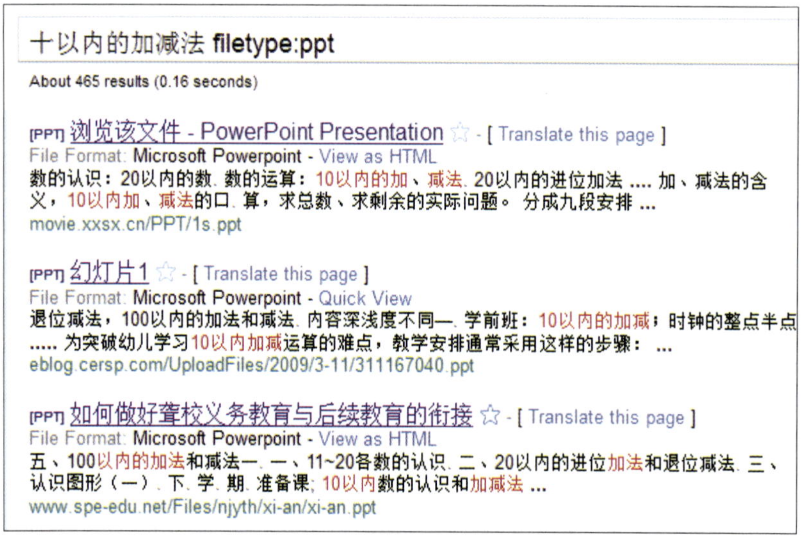
十以内的加减法 filetype:ppt
About 465 results (0.16 seconds)
[PPT] 浏览该文件 - PowerPoint Presentation - [Translate this page]
File Format: Microsoft Powerpoint - View as HTML
数的认识：20以内的数. 数的运算：10以内的加、减法. 20以内的进位加法 .... 加、减法的含义，10以内加、减法的口. 算，求总数、求剩余的实际问题。 分成九段安排 ...
movie.xxsx.cn/PPT/1s.ppt
[PPT] 幻灯片1 - [Translate this page]
File Format: Microsoft Powerpoint - Quick View
退位减法，100以内的加法和减法. 内容深浅度不同—. 学前班：10以内的加减；时钟的整点半点 ..... 为突破幼儿学习10以内加减运算的难点，教学安排通常采用这样的步骤： ...
eblog.cersp.com/UploadFiles/2009/3-11/311167040.ppt
[PPT] 如何做好聋校义务教育与后续教育的衔接 - [Translate this page]
File Format: Microsoft Powerpoint - View as HTML
五、100以内的加法和减法一. 一、11~20各数的认识. 二、20以内的进位加法和退位减法. 三、认识图形（一）. 下. 学. 期. 准备课; 10以内数的认识和加减法 ...
www.spe-edu.net/Files/njyth/xi-an/xi-an.ppt

图15-1

如果一些作品是通过压缩方式上传的，无法直接通过文档搜索获取，则在网络上还可以通过人际交往获取资源，例如关注课件制作爱好者的博客、微博、微信或公众号，可以获取信息推送。

2. 使用百度文库（http://wenku.baidu.com/）[1]

百度文库是百度提供文档分享的资料库，很多网友上会在其中传一些文档资料免费分享，其中当然有很多是教学用的PowerPoint课件，如图15-2所示。

（图片来源百度文库页面截图，时间：2010年11月17日 04:54）

图15-2

3. 在教育技术人论坛下载优秀的课件作品

教育技术人论坛自2007年起，收集和整理了各学科、专业的一些优秀数字化资源（课件）以及课件制作素材，如图15-3所示。

图15-3

可以按类别浏览自己需要的课件，也可以直接在发布资源（你也可以将自己的作品上传到这里）下方的搜索中查找，因为课件的下载链接地址一部分是通过网盘（如百度网盘）分享的，下载时请看清提示和要求，如图15-4所示。

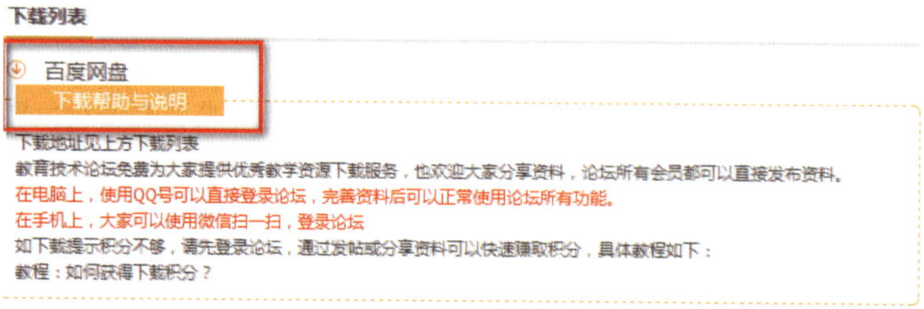
下载列表
百度网盘
下载帮助与说明
下载地址见上方下载列表
教育技术论坛免费为大家提供优秀教学资源下载服务，也欢迎大家分享资料，论坛所有会员都可以直接发布资料。
在电脑上，使用QQ号可以直接登录论坛，完善资料后可以正常使用论坛所有功能。
在手机上，大家可以使用微信扫一扫，登录论坛
如下载提示积分不够，请先登录论坛，通过发帖或分享资料可以快速赚取积分，具体教程如下：
教程：如何获得下载积分？

图15-4

15.3 提取PowerPoint课件中的素材[1]

一些PowerPoint课件中会有一些质量不错的素材，如背景图片、嵌入的声音以及Flash动画等，这些素材一般不能直接通过复制获取，怎么样能更好地获取这些素材呢？

解决此问题可以分为以下四步，如图15-5所示。具体介绍如下。

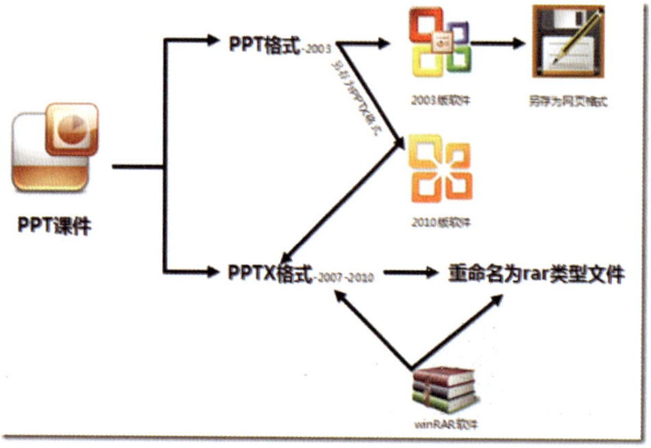
PPT格式-2003
2003版软件
另存为网页格式
2010版软件
PPT课件
PPTX格式-2007-2010
重命名为rar类型文件
winRAR软件

图15-5

1. 完整表述见http://www.qiexing.com/post/ppt-cai-Errata-1.html

（1）辨明课件存储的版本，如果课件是PPT格式而且你正好使用的是PowerPoint 2003，则直接看第2步吧。如果你使用的是PowerPoint 2010，则请看第3步。如果你的课件是PPTX格式的，则请看第4步。

（2）使用PowerPoint 2003打开PPT格式的文件，然后另存为HTML格式（即网页格式）。

（3）如果你使用的PowerPoint 2010，则应打开PPT格式的课件，另存为PPTX格式后，参考第4步。

（4）打开WinRAR软件，选择“文件”菜单中的“打开压缩文件”命令（在文件类型中选择所有文件类型）即可以解压PPTX格式的课件，在media文件夹中找到自己需要的素材。

- 启动WinRAR软件，如图15-6所示。
- 选择文件类型，一定是所有文件，这样才能打到PPTX格式的课件，如图15-7所示。

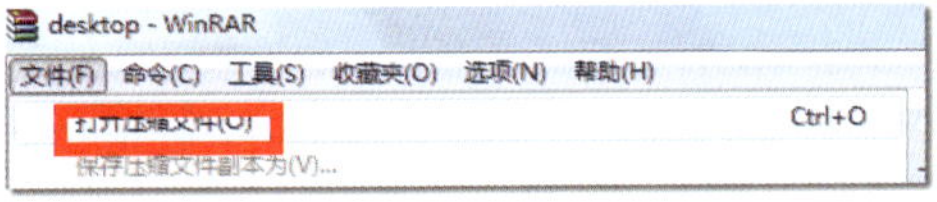

图15-6

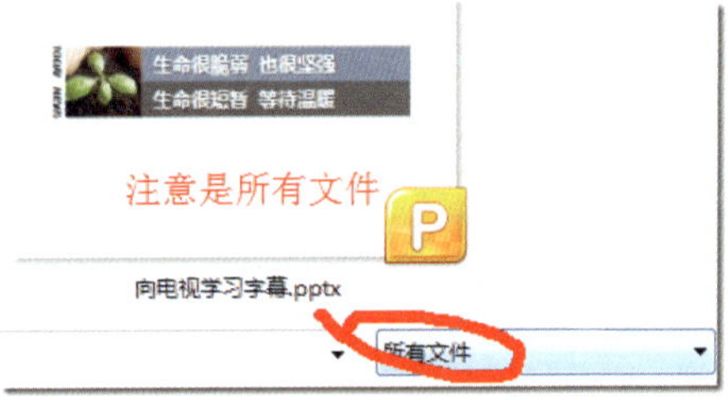

图15-7

- 打开后，在Media文件里就可以找到你想要的素材了，如图15-8所示。

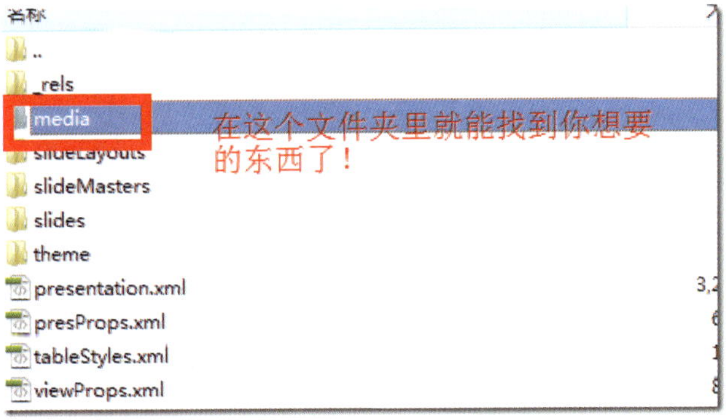

图15-8

技巧：有一种更方便的方法，把PPTX格式的课件后缀名直接修改为RAR格式，这样就可以直接用WinRAR软件提取文件中的素材。如果你的电脑中没有安装WinRAR软件，而是安装了好压一类的解压缩工具，则用前一种方法无法直接实现，只有修改文件后缀名（扩展名）（改扩展名一定要显示命名，可以在Windows工具的文件选项中设置：取消隐藏已经文件类型扩展名）。

原理：PPTX文件是基于XML格式的文件，从 Office 2007 开始推出的扩展名最后为 X 的文档格式是基于 ZIP 压缩的。

15.4 PowerPoint课件内容打印

利用PowerPoint制作的课件不同于普通的PowerPoint演示文档或利用PowerPoint制作的演示作品，很多时候学生需要用其作为课下学习的辅助材料，也有很多教师习惯于将PowerPoint课件作为文本教案的一部分，想把PowerPoint中的一些内容打印出来。

课件打印的内容与PowerPoint表现内容完全不同，它不需要课件的背景，也不需要什么色彩变化，怎样能让打印的PowerPoint简单明了、方便阅读呢？

PowerPoint讲义母版，就是用来控制幻灯片的打印外观的，我们可以利用幻灯片的讲义母版来设计打印的效果。

1. 讲义母版的设置选项介绍

从PowerPoint的“视图”选项卡中，选择讲义母版，进入幻灯片的讲义母版设置界面，如图15-9所示，其中各选项介绍如下。

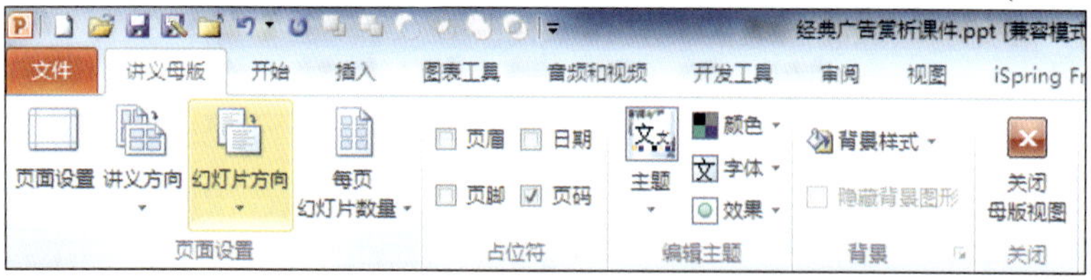

图15-9

页面设置：用来设置打印的纸张的大小以及方向。

讲义方向：一般纸质材料是以纵向来打印的，方便阅读和装订。

幻灯片方向：横向或纵向。

每页幻灯片数量：1～9个数字可以任意选择，根据幻灯片页面内容，以及文字大小设置。

占位符：是否在打印讲义上出现这些元素，一般会保留页码，可以对其进行位置和格式的调整与设置。

背景样式：选择纯白背景比较符合阅读习惯。

如图15-10所示是一个设置好的讲义母版外观。

图15-10

2. 幻灯片打印

下面介绍如何将设置好的讲义母版打印出来，如果一张纸打印一张幻灯片可能会太浪费了，可以在打印设置中选择合适的幻灯片张数。

在PowerPoint的“文件”选项卡中选择“打印”命令，如图15-11所示。

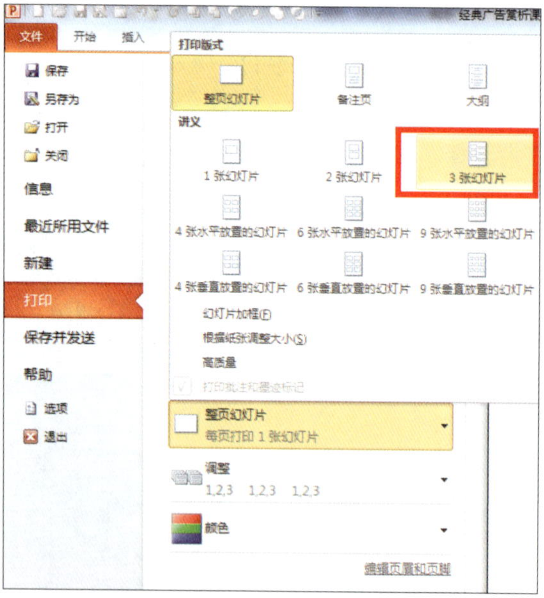

图15-11

将打印内容选择为刚刚设计的讲义母版即可。打印的效果如图15-12所示，选择每页纸打印3张幻灯片，留下的空白可以用来为讲义写备注。

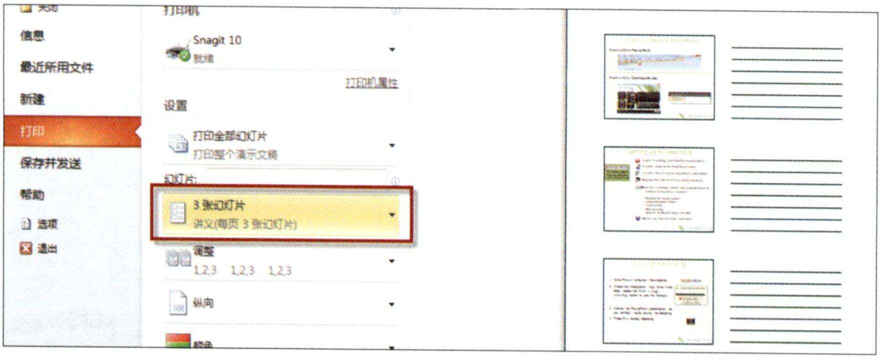

图15-12

打印时，可以将设置色彩的PPT转换为灰度或黑白色彩，或者在打印前将文档另存一份，将不需要的图形对象删除后（如删除或隐藏背景）再打印。

15.5 善用网络，在线学习PPT课件制作

学习在于积累，但很多人都期望在短时间内能学到自己所需要的东西，“我这个月要好好学习课件制作”——但实际上，一个月后，可能自己也不知道有没有去学，学到了什么。

人们往往都高估了自己在短时间内能完成的任务，却低估了十年能做的事情。比如自己经常计划三天把一本书读完，读完了又能做什么？

做课件是一件需要长期积累的事情，积累的不只是你对软件操作的技巧，更多的是你对教学内容的理解、设计经验以及应用的方法。

因此我们创建了一个在线的网络学习PPT课件制作的平台，每一星期会推出一个专题的学习活动，让我们能够长期坚持去做一个“积累”，也许若干年后，就功到自然成了！

1. 如何找到学习平台

记住作者的网站地址：http://www.etthink.com，或者直接在百度中搜索作者的博客“且行资源”后单击教育技术人论坛链接。如果你习惯使用微信，则也可以直接通过加入微信公众信号：etthink（见图15-13）获取教程信息和反馈，并且可以直接参加微社区问题讨论和交流。

学习微社区　论坛微博　微信公众号

图5-13

2. 如何参与学习

教育技术人论坛支持QQ账号和微信直接登录，在论坛可以下载PPT课件案例、作品和素材，有问题也可以直接发帖提问，另外论坛还提供了PPT应用能力测试练习等服务，如图15-14所示。

图15-14

15.6 课件制作中的常见问题

问：一个PPT，要实现里面有若干个模块，每个模块里含相应的信息包括图片和文字论述，点击每个模块进去可以浏览，如何设计？

答：有两种方法，使用链接，将这几个模块做一个目录页，添加超链接或动作设置跳转到相应幻灯片上，每个模块内容上还需要添加返回目录页的超链接。

推荐使用另一种方法，将这几个模板都独立做成PPT文件，然后通过插入对象的方式，将这几个模块内容放到一张幻灯片，可以实现单击浏览，浏览结束自动返回，如图15-15所示。

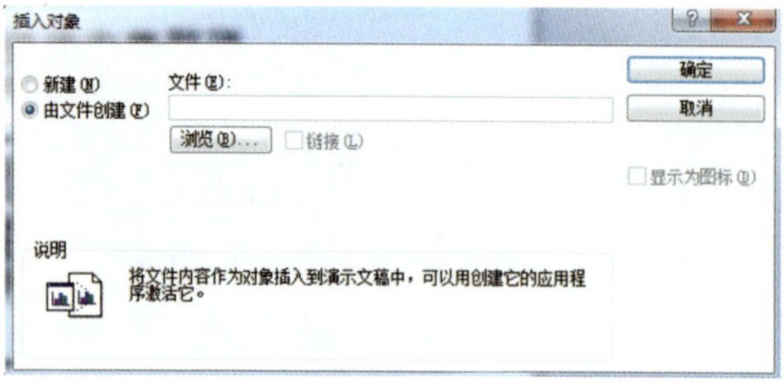

图15-15

问：PowerPoint 2003中的一些动画效果在PowerPoint 2010中被取消（隐藏）了，如何使用这些动画效果呢？

答：找一些包含这些动画效果的作品，或者在PowerPoint 2003特别设计一个包含这些动画效果的案例，然后将这些内容复制到PowerPoint 2010中，就能够通过动画刷将这些动画应用在其他对象上了。

问：最后一张幻灯片需要添加致谢信息，一般使用什么样内容。

答：致谢有多种形式和表达。如果是培训的PPT一般可以用 “敬请交流”或留下适当的联系方式。如果是汇报或者请别人指正批评的PPT，可以用“谢谢XX”，一般不用“谢谢欣赏”或“谢谢聆听”这种说法。

致谢

感谢此书的编辑张慧敏，没有她的鼓励和帮助，我自己可能没有勇气也没有机会写这样一本书。感谢王静编辑，本书的初稿在排版中有很多问题，是她的细心与耐心为读者提供了好的阅读体验。

感谢网络上一些认识和不认识的热心朋友们：网友北方，洛阳阿笑，BNULEO，蝇子王伟，情意阿英，亚选，阿呆，儒道佛……从本书的目录修订到书中一些问题的解决，都离不开大家的支持。

从2010年暑假提笔到现在已近半年，在这半年间自己一直思考着如何写成能为教师朋友们提供实际帮助的一本书，帮助教师朋友们从无休止的学习“软件操作”中解脱出来，我们的目的并不在于要学什么软件，而是要解决教学中的一些问题，解决一些课件制作中的问题。

如何从“课件制作技术”走向“解决问题的教学设计”是我一直努力的方向，但却因为自己的眼界和能力仍然没有解决好这样的问题，所以你可能在本书中还会看到很多地方是一些技巧的累积，但请朋友们在学习时养成一种思考的习惯：这种技术可以解决自己教学中哪些问题，可以解决课件制作中哪些问题。

我不会停止自己努力的方向，期待能与你在PowerPoint课件制作学习平台中相逢：http://www.etthink.com

再次感谢朋友们的支持与帮助！

作　者

2010年12月2日 写于安徽淮南